普通高等教育"十一五"国家级规划教材

教育部高职高专规划教材

实用旅游心理学教程

（第3版）

主编　李　昕

中国财政经济出版社

图书在版编目（CIP）数据

实用旅游心理学教程/李昕主编．—3 版．—北京：中国财政经济出版社，2010.5

普通高等教育“十一五”国家级规划教材．教育部高职高专规划教材

ISBN 978－7－5095－1208－1

Ⅰ．实…　Ⅱ．李…　Ⅲ．旅游心理学－高等学校：技术学校－教材
Ⅳ．F590

中国版本图书馆 CIP 数据核字（2009）第 004644 号

中国财政经济出版社出版

URL：http：//www.cfeph.cn

E－mail：jiaoyu @ cfeph.cn

社址：北京市海淀区阜成路甲 28 号　邮政编码：100142

发行电话：88190616　88190655（传真）

北京财经印刷厂印刷　　各地新华书店经销

787×960 毫米　16 开　16.25 印张　264 000 字

2010 年 5 月第 3 版　2010 年 5 月北京第 1 次印刷

定价：25.00 元

ISBN 978－7－5095－1208－1/F·1022

前言

本书是高等职业和高等专科学校旅游管理和酒店管理类专业的教科书。我们在编写此书的过程中，针对学生的特点和需要，力求做到理论系统、难易适度、实践性强。根据高职高专教学的特点和需要，本书分为理论篇和实践篇两部分，系统地介绍了旅游心理学的基本理论及在实践中的应用。其中，导论主要论述现代社会中旅游与休闲观念的变化、旅游产品的特性和学习旅游心理学的意义；理论篇根据中外旅游心理学研究的最新成果，重点讨论心理学的一些基本理论和旅游消费者的基本行为；实践篇运用心理学的一些基本理论和观点探讨了旅游工作者在旅游服务实践中应掌握的服务心理和服务艺术，并简要讨论了旅游工作者的心理保健问题。

全书共分为15章，每章后面都提供了与本章内容相关的“案例分析”或“参考信息”，帮助学生进一步理解和思考本章所讲的内容。每章还插入了若干“小资料”和“微型案例”，为学生提供了与教学内容相关的信息，帮助学生理解教学内容。

本书第1版和第2版为“普通高等教育‘十五’国家级规划教材，第1版于2001年6月出版，第2版于2005年6月出版。第1版和第2版的主编为李昕（大连大学），编者为李祝舜（华侨大学）和吴正平（北京第二外语学院）。第3版的主编为李昕，编者为郑岩。具体分工如下：李昕编写第一章至第八章；郑岩编写第九章至第十五章。全书最后由李昕整体修改、润色、定稿。

本书的修订工作得到了中国财政经济出版社的大力支持和帮助，在此表示衷心的感谢。同时也衷心地感谢多年来使用本教材的各个兄弟院校，感谢各位同仁和学子对本教材的大力支持和厚爱。

编　者

2008年10月于大连

目录

导　论

理　论　篇

实 践 篇

导论

第一章

旅游心理学引论

内容提示

- 经济的发展和社会的进步使人们的休闲观念发生了变化
- 两种不同的休闲哲学："为了工作而休闲"和"为了休闲而工作"
- 旅游产品的基本特征：无形性、不可分割性、变化性、不可贮存性和互补性
- 旅游心理学的研究对象
- 研究旅游心理学的意义

第一节
旅游与休闲观念的变化

自20世纪50年代以来，科学技术的飞速发展，带来了人类文明突飞猛

进，生产力的高度发达和世界经济持续高速的发展使人们的物质和文化生活水平得到了前所未有的提高。越来越多的人们认识到了度假、旅行、休闲及体验异邦文化在生活中的重要性。人们认识到，通过旅游活动，旅游者花费的是金钱、时间和精力，最终得到的是宝贵的回忆、美妙的感受和丰富的阅历，因此，当代人普遍把旅游当作现代社会的一种基本生活方式。在这种背景下，世界各国的旅游业都经历着一个空前快速的发展阶段，旅游和旅游业的重要性日益突显。根据世界旅游组织（WTO）的统计，在过去的50多年中，全世界的旅游入境人数增加了数十倍：1950年为2500万人；1970年为1.66亿人；1990年为4.58亿人；2000年为6.97亿人；2007年达到9亿人。世界旅游组织（WTO）预计2010年全球入境旅游人数将达到11亿人，2020年将达到16亿人。世界旅游及旅行理事会（WTTC）的统计数字显示，从20世纪90年代开始，旅游业已经超过了石油产业和汽车产业，发展成为世界第一大产业。1998年，全世界1/10的就业岗位是旅游业提供的，旅游活动占全球经济活动的6%。1998年，旅游业对全球国内生产总值（GDP）的贡献率为11.6%，预计到2010年，旅游业对全球国内生产总值（GDP）的贡献率将达到12.5%。中国的旅游业从20世纪80年代开始也进入了高速发展的阶段，旅游业已经成为中国国民经济中的重要产业，并显示出在21世纪将继续快速发展的迹象。据国内外有关方面的预测，到2015年，中国将成为世界上第一大旅游接待国、第四大旅游客源国和世界上最大的国内旅游市场。届时，中国旅游市场总量将达到30亿人次，全国旅游业增加值可达2万亿元左右，约占GDP的4.8%，约占服务业增加值的11%，旅游业对GDP增长的贡献率可达1个百分点，对服务业增长的贡献率可达2个百分点。旅游直接与间接就业总量将达1亿人左右，对社会就业增长的贡献率可达2个百分点。

面对旅游和旅游业的这种发展趋势，旅游业界的专业人员、从事旅游研究的学者、旅游专业的学生及广大旅游者完全有理由设想，如果旅游继续以当前的趋势和势头发展，在未来的50年或者整个21世纪中，旅游业将会继续成为世界第一大产业，并且将继续对社会的各个领域和人们的生活方式产生巨大的影响。

从某种意义上说，旅游不仅仅是一种休闲方式，它还意味着一种人生哲学和价值观，甚至意味着一种方法论。穷人有穷人的旅游方式，富人有富人的旅游方式。就总体而言，大多数家庭的可以自由支配的时间和可以自由支配的收入的多寡决定着旅游者对旅游和休闲的态度和旅游客源地的旅游需求。从20世纪50年代开始，由于生产力的高度发达和世界经济持续高速度地发展，人们拥有的可以自由支配的时间和可以自由支配的金钱越来越多。目前在发达国家，人们普遍享有一定天数的带薪休假权利，这是促进旅游需求的一个重要因素。生产力的高度发达和世界经济的飞速发展也使人们对旅游和休闲的看法发生了根本的转变。在20世纪初的工业化时代，人们并没有认识到旅游和休闲是人类本身天生就应该拥有的权利。那时候，人们只是认为休闲活动是必要的，因为通过休闲活动可以恢复工人的体力、调整精神状态，这样就可以提高工作效率。因此，人们把旅游和休闲活动当作养精蓄锐、提高劳动生产率的一种必要手段。这个时代的休闲哲学是“为了工作而休闲”（Play in order to work）。很显然，这种休闲哲学的中心是工作，而不是提高人们的生活质量。

然而，在后工业时代的信息化社会中，随着社会的进步、经济的现代化和财富的积累，越来越多的国家都满足了现代旅游度假的三个条件：(1) 工作时间被单独划分出来，并且标准化，每年至少有一次主要的休息时间，其长度足够工人“外出”度假；(2) 社会具有必要的交通工具（动力交通工具）运送度假者；(3) 工人能够负担得起度假的费用。因此，人们对旅游休闲的观念（即休闲哲学）也发生了显著变化。这个时代的人们普遍认为，提高生活质量是非常重要的，因此摒弃了原来那种低水平、低质量的“为了工作而休闲”的哲学，强调要“为了休闲而工作”（Work in order to play）。这个时代的人们普遍认为，旅游休闲活动是高质量生活的体现，努力工作的目的是为了获取旅游休闲活动的经济基础。通过努力工作可以赚得更多的金钱，这样就能够更好地进行旅游和休闲活动，就能够最大限度地提高生活质量，从而可以更好地享受人生。与“为了工作而休闲”的哲学截然相反，这种“为了休闲而工作”的哲学的中心是休闲，是要通过旅游休闲活动而提高生活质量。这种哲学认为，旅游和休闲是人类本身天生就应该拥有的权利，工作只是为旅游休闲活动创造经济基础的一种手段。这种旅游休闲观念得到全社会的认可后，其促进旅游的积极意义是显而易见的，可以极大地激励人们的旅游需求。

第二节
旅游产品的基本特性

任何行业都有本行业特定的产品，旅游业也不例外。旅游业通常被认为是一种“服务”产业，而服务产品的特性明显地不同于其他产品。旅游服务产品是由若干不同的服务元素组成的混合体。旅游服务产品区别于其他产品的特性主要表现在以下几个方面。

一、无形性

旅游作为一种服务产品，实际上是无形的。和有形的产品或商品不同，旅游服务产品在被购买之前或在被消费之前是看不到、尝不到、摸不到、听不到、也闻不到的。消费者购买旅游产品就是购买服务，因此，旅游者在购买无形的服务之前是无法对其进行质量检验的。旅游者多次重复购买某个旅游产品的原因，主要取决于前一次的旅游度假经历。旅游者在进入某一个旅游景点之前，可能手中只有一张该景点的门票和经营商对该景点内容的描述性宣传介绍。旅游消费者的实际旅游体验或经历完成之后，他们手中所拥有的证据，可能只是一张酒店的结账收据、一个登机牌、一件旅游纪念品或者其他有纪念意义的物品（例如照片等）。消费者购买并且消费了服务产品之后，从表面看，他们可能空手而离去，但是他们获得的是一种无形的经历和体验。这种经历和体验可能是幸福愉悦的，也可能是令人不愉快的。消费者在购买旅游产品和服务产品时，通常只了解其价格，看到某个旅游目的地及其提供的设施的几张图片或录像片，听信某个知名人士、亲朋好友或销售代理商对某个旅游服务产品的介绍。消费者购买了有形的产品之后，如果不满意可以退货或换货，但是购买并消费了无形的服务产品之后，只能退款或者请顾客免费再消费一次该服务产品或其他相关产品。

二、不可分割性

旅游服务具有不可分割性，即其生产和消费发生在同一时间里。旅游服务的不可分割性指服务的生产（如度假）和旅游消费是同时进行的。在制造业中，消费者不参与产品的产生过程。方便面是在工厂产生和包装的，但是消费者只是在超级市场或便利店购买方便面。生产方便面的工人看不到吃方便面的消费者，消费者要吃方便面，也不必到工厂去。产生和消费这两个活动是完全分开的。但是在服务领域，则是另外一种情况。例如，旅游度假产品和旅游者的度假消费活动是同时发生的。旅游者进行消费时，本人必须到场，否则消费活动就不能发生。也就是说，服务产品的生产活动和消费活动两者是不可分的，即旅游服务产品的生产过程就是旅游者的消费过程。旅游者活动的全过程就是其对旅游产品的消费过程，也是旅游产品的生产过程。旅游者结束旅游活动之时，旅游者对该产品的消费即告完成，该产品的生产过程也告结束。

旅游产品的生产者在生产服务产品时需要不断地和旅游消费者进行接触和交流，因此，生产者和消费者之间的这种相互作用和关系对顾客的满意度非常重要。某个旅游景区的风景可能十分漂亮，其环境也可能非常舒适，但是如果服务人员的态度很粗暴或经常发生服务失误事件，旅游者对此次旅游经历是不会满意的。

生产和消费的不可分性，还意味着消费者本身也是产品的一部分。顾客在消费过程中，不但与服务人员接触，而且还与其他顾客接触。这样，其他顾客也变成了产品的一部分，他们的行为也会影响服务质量。例如，一对情侣到餐馆就餐是希望享受一个幽静浪漫的夜晚，如果邻座的几位客人大声喧闹，就会使这对情侣十分扫兴。

三、变化性

旅游服务的质量具有很大的变化性，因为提供旅游产品要涉及生产者和消费者的直接接触，因此不可避免地会受到“人的因素”的影响，包括旅游服务人员的情绪和旅游者的期望值。旅游消费者的每一个消费过程都是一次独特的经历和体验，即使是同一个餐馆的同一道菜、同一个酒店提供的住宿设施、同一个旅游目的地提供的服务，也都可能会由于不同服务人员的不同作为或同一个服务人员的不同作为而产生不同的服务质量，从而使旅游者感知到完全不同的旅游经历和体验。当旅游者再次光顾同一个饭店时，很有可能会产生和上一次完全不同的体验，其原因可能是各种“人的因素”的总和，包括情绪、期望值、服务员工作技能的熟练程度等，这些因素既与生产者有关，也与消费者有关。所有这些都必然会影响消费者对服务质量的知觉和满意度。例如，一个旅游者在旅游度假地的一个餐馆中就餐，他需要的是完全的放松，期望自己所有的要求都能得到满足，而当班的服务员由于超时加班，感到十分疲劳，因此希望顾客能提出一些比较“合理”的要求。显然，消费者和服务者的预期是矛盾的。这种矛盾可能会导致不愉快的对抗，降低顾客的满意度，也会使目的地居民对旅游者产生不良印象。

四、不可贮存性

旅游服务产品不能贮存或保留，只有当旅游者购买它，并在现场对其进行消费时，其各种资源、设施及服务的结合才能表现为产品，才能有收益。如果没有人消费，就没有收益。旅游服务产品不像其他物质生产部门所生产的商品那样可以储存起来，以后慢慢出售。旅游产品在时间上是不可储存的。如果当天不能出售，其当天的价值就浪费掉了。例如，如果在某年某月某日，某风景区一日游没有游客参加，该一日游产品就不能产生任何价值；某大型游乐设施如果没人使用，该游乐设施就不能产生任何价值；某酒店客房如果没有人入住，该客房就不能产生任何价值；某民航航班如果没有人乘坐，该航班也不产生任何价值。简而言之，旅游服务产品如果在有效期间没有被利用，这些产品就会永远消失，无法弥补。

五、互补性

旅游消费者购买的旅游产品，通常都不是一项单一的服务，而是由多个相互补充的子产品组成的。旅游消费者在消费整体旅游产品的过程中，只要有一项或一方面的服务失败或不到位（例如，航班延误、酒店房间安排不当、某一顿饭菜不可口，等等），就十分可能影响旅游者的整个旅游度假体验。

表1-1简要概括了大多数有形的物质产品与无形的服务产品之间的典型区别。

表1-1　服务产品与物质产品的典型区别

服　务	物质产品
表现出来	制造出来
生产现场有顾客参与（不可分性）	生产现场不向顾客开放（可分性）
顾客前往服务的生产地	产品被运到顾客的居住地
购买者购买的是在指定时间和地点享受服务的暂时使用权	购买意味着获得了所有权，购买者可以随意使用和处置产品

续表

服　务	物质产品
服务在销售地不具备可触摸的形状，通常不能接受检查	产品在销售地具有可触摸的形状，可以接受检查
不可实地储存	可以实地储存

第三节
旅游心理学的研究对象和研究意义

旅游活动所涉及的人主要包括现实的旅游者、潜在的旅游者及旅游业中各个领域的从业人员，这些人在旅游活动中各自都有不同的心理活动，都可以表现出不同的心理行为。在旅游活动中，旅游者与“旅游产品”之间，旅游者与旅游设施和旅游资源之间，旅游者与旅游者之间，旅游者与旅游服务人员之间，旅游服务人员与旅游服务人员之间，旅游服务人员与旅游企业管理人员之间时时刻刻都发生着接触和联系，这些相互之间的人际接触和关系的发生取决于各自的心理活动。旅游心理学既研究在旅游活动中这些人的心理活动规律，又研究在旅游活动中这些人的行为规律。心理活动和行为是密不可分的，心理支配行为，而行为又反映心理。本书主要从两个方面对旅游心理学的理论和实践进行讨论和研究，即旅游者的旅游消费心理和行为和旅游业中各个行业领域的从业人员的服务心理和行为。由于旅游企业管理人员的管理心理和行为已经在管理学和组织行为学课程中进行了系统的论述和讨论，因此，本书对这方面的内容就不再重复讨论了。

一、旅游心理学的研究对象

（一）旅游消费心理和行为

旅游者是旅游活动的主体，是旅游业的主要服务对象。旅游者的行为趋向，对旅游业的发展和前途影响很大。在旅游活动中，作为消费者的旅游者，其各种行为无一不受到心理活动的支配，旅游者通常总是按照自己的兴趣、意图、偏爱等购买自己需要的、符合自己口味的旅游产品和服务。在旅游活动中，不论每次具体的消费行为是如何形成的，旅游者总是把自己那些稳定的、独特的和本质的心理特点反映出来。这些特点，也就是个性，构成了旅游消费行为的基础。分析旅游者的这些消费心理和行为，研究这些心理现象和行为的差异，就可以找出在旅游消费过程中旅游者的一般心理规律。了解旅游者的心理规律对正确理解并预测其行为有很大的帮助，从而为影响和引导旅游者的消费行为和提供有针对性的服务打下基础。

（二）旅游服务心理和行为

旅游服务是旅游业的灵魂，旅游业从业人员的服务行为体现着旅游企业的水平。服务水平的高低和服务质量的优劣直接决定着旅游企业的兴衰，是旅游企业能否在市场竞争中站住脚的关键。旅游者通过旅游活动获得美好的经历和体验，从而得到精神上的享受，达到消除疲劳的目的。因此，旅游者在旅游活动中对精神享受的追求更为强烈，往往对服务水平的期望值更高。这就决定了心理因素在旅游活动中起着非常重要的作用。只有旅游业服务人员本身具有良好的心理素质才有可能满足旅游者的心理需求。也就是说，旅游服务质量的优劣与旅游业服务人员的心理品质的好坏有极大的关系。“顾客至上”是旅游服务中应该遵循的一个重要原则，但是如果旅游服务人员本身不具备良好的心理素质，则很难具体实施这个原则。旅游心理学研究旅游业从事具体服务工作的人员的心理活动特点、应具备的心理品质以及如何培养和训练良好的心理品质。在整个旅游活动中，旅游业对旅游者的服务是通过行、游、住、食、购、娱各个具体环节实现的，因此，有必要研究旅游者在旅游活动中各个具体环节中的心理特点以及旅游业服务人员应采取的相应心理服务措施。

二、研究旅游心理学的意义

（一）研究旅游心理学有助于旅游业开展有针对性的服务，提高旅游业的服务质量

学习和研究旅游心理学对于提高旅游从业人员的心理素质，提高旅游服务的整体水平，有着积极的现实意义。旅游服务工作是依靠人来进行的，旅游工作者的心理品质直接影响旅游服务工作的质量。旅游企业职工是企业的主人，旅游事业的发展和服务质量的提高主要依赖全体旅游工作者的努力。为此，提高旅游工作者的心理品质对改善和提高旅游工作的质量至关重要。服务质量的优劣主要取决于旅游业从业人员的服务态度的好坏和技术水平的高低。良好的服务态度是提高服务质量的思想基础，精湛的技术水平是高质量服务的技术保证。这些都与人的心理品质有关。旅游心理学所揭示的人的心理规律对服务态度的产生和调节产生重要影响，服务态度的端正是提高服

务质量的内在动力。提高旅游工作者的心理品质，一方面取决于旅游工作者的实际工作实践，另一方面取决于旅游工作者对旅游心理学理论的学习。通过对旅游心理学的学习，旅游企业工作人员可以正确地了解自己，控制自己的情感，培养形成良好的心理品质，有助于提高旅游服务质量。

服务质量的优劣直接关系到旅游企业能否生存和发展。旅游者是旅游活动的主体，是旅游从业人员的服务对象。旅游者是旅游业赖以生存和发展的“衣食父母”。没有旅游者，旅游业就不复存在。赢得旅游者的多少是衡量旅游企业兴旺与否的重要标志。因此，要提高服务质量，首先就要了解旅游者的心理，掌握旅游者的心理活动及其规律。俗话说，“得人先得心”，要发展旅游业，就必须研究如何才能得人心。也就是说，必须要对所服务的对象有充分的了解。除了外在的客观因素之外，还需要了解旅游者内在的、深层次的人性方面的因素，也就是从心理学意义上的知觉、学习、动机、需要、态度、个性等方面来了解旅游者，区分各个不同民族、群体、职业、文化背景等造成的旅游者的个体心理差异。了解了不同旅游者心理倾向和心理特点，就可以自觉地、主动地、有针对性地对旅游者施加影响，提供最佳服务，从而赢得旅游者，使其乐于消费我们的“旅游产品”。这样就可以使各种不同旅游者在生理和心理上都能得到最大限度的满足。同时，旅游业中现代化的硬件设施并不能完全满足旅游者的需求，因为旅游者更看重的往往是优质的服务，是富有人情味的接待，是友谊和尊重等更高层次的满足。这就要求旅游工作者要着眼于通过优质、富有人情味的服务使旅游者通过各种旅游活动产生积极愉快的心理体验，形成美好而深刻的印象，真正达到世界旅游组织提出的“旅游促进生活质量提高”的目标。由此可见，学习和研究旅游心理学为提高旅游服务质量奠定了基础。

（二）研究旅游心理学有助于提高旅游企业的经营和管理水平

旅游企业竞争的核心是争夺客源市场，是争夺旅游者。旅游心理学可以在理论上指导旅游企业了解旅游者心理及变化势态，从而制定如何吸引旅游者，如何争夺客源的策略。旅游企业要想在激烈的市场竞争中立于不败之地，就要对市场环境进行科学的分析和预测，以制定切实可行的短期或长期营销策略。旅游心理学揭示的原理和规律可以帮助旅游企业分析旅游者的心理趋势，了解旅游者的需要和变化。旅游企业可以据此开展有针对性的旅游促销宣传，吸引旅游者；根据不断变化的市场走向，不断调整经营方针和策略，提高经营效果；在充分了解旅游者心理趋势的基础上进行科学的市场预测和决策。这样才能保持充足的客源，使旅游企业健康地发展。

旅游企业内部管理状况的好坏也是旅游企业能否在广大旅游者的心目中树立良好的形象，能否在市场经济的激烈竞争中取胜的重要因素。通过对旅游心理的学习和研究，可以了解旅游者的需求和动机、知觉、学习、个性、态度等因素对其旅游决策影响的心理学知识，使旅游管理部门和旅游企业内部的管理部门可以更有针对性、有预见性地做好行业管理和经营管理工作，提高旅游业的管理水平。在旅游企业中，人的管理是企业管理的首要部分。通过学习和研究旅游心理学的理论，可以有助于旅游企业的管理阶层对员工的心理进行深入的分析，帮助管理者了解员工的心理状态和个性心理，有针对性地做好员工的思想工作，进行心理引导，解决员工的心理问题；了解企业内部人际关系状况，帮助他们调整好人际关系，保持工作的协调一致，共同搞好工作，避免产生各种不必要的矛盾；有的放矢地运用激励理论调动全体员工的积极性和创造性，以实现组织目标。

（三）研究旅游心理学有助于科学合理地安排旅游设施和开发旅游资源

旅游设施和旅游资源是旅游业生存和发展的基础，但要将其变为现实的旅游产品的一部分，其前提是要为广大旅游者所接受、所利用。要做到这一点，就需要在安排旅游设施和开发旅游资源时遵循旅游心理学所揭示的原理和规律，安排旅游设施和开发旅游资源都应以满足旅游者的需要为前提。如果不考虑旅游者的需要，盲目安排旅游设施和开发建设旅游景区、景点，那么这些设施和资源就不会为广大旅游者所接受，因此，就不一定会有旅游者光顾，必然导致人力、物力的浪费，使旅游设施和资源发挥不出应有的效益。

成功的旅游产品在设施设计和资源开发上都十分注意考虑旅游者的心理因素，使旅游者通过旅游活动在心理上得到极大的满足，获得美好的经历。现代化的交通设施是在充分认识到旅游者需要安全、快捷和舒适的心理特点后，得到改进和发展的；现代化的旅馆设施充分考虑到旅游者的生理和心理特点，给旅游者创造了方便、恬静、舒适的生活环境。开发旅游景区、景点，设计大型娱乐设施首先也要考虑能否对旅游者产生吸引力。日新月异科学技术为旅游业提供了技术保证，使旅游业的现代化程度日益提高，但这并不能保证其一切都是合理的、科学的。旅游设施的安排和旅游资源的开发一定要考虑旅游者的心理活动规律，只有符合这种心理规律的安排和开发才是合理的、科学的，才可能获得效益。因此，在安排设计旅游设施，开发旅游资源时一定要考虑旅游者的心理因素，而旅游心理学所揭示的原理和规律为此提供了理论依据。

（四）研究旅游心理学有助于促进旅游者与旅游地居民、旅游地社区和旅游地政府建立和谐的关系

在旅游目的地的开发和发展的过程中，目的地社区和居民的心理行为也会逐步发生很大的变化。大量的旅游者进入旅游目的地进行度假休闲旅游活动，势必对旅游目的地地区的经济、文化、社会、环境等多方面产生影响。这些影响既有积极正面的因素，也有消极负面的因素。无论是哪方面的影响都会使目的地居民对旅游者的态度发生变化。研究旅游者的心理变化和行为变化的规律可以为旅游目的地社区和政府制定旅游发展决策提供理论依据，最大限度地消除旅游目的地居民对外来旅游者的抵触情绪，促进外来旅游者和目的地居民之间的融洽关系，在使旅游者获得美好体验的同时，提高旅游目的地地区居民的生活质量，促进旅游目的地地区社会的和谐和稳定发展。

［参考资料］

旅游业中的各个行业部门之间的关系具有共生性

旅行和旅游业的一个重要的特征是其整体中各个部分之间的相互关联性。一次旅行可能会包括乘坐一次飞机、租一次汽车、在旅馆中住一次、在餐馆吃几次饭和购买几件礼品。每一个环节都必须不出差错，这样旅游者才能得到一次愉悦的全程经历。

例如，假设史密斯夫妇决定从他们明尼阿波利斯的家出发，去佛罗里达奥兰多的迪斯尼世界度假。他们的全部旅行经历决定他们这次度假之旅的质量及他们是否能成为迪斯尼世界的回头客。例如，史密斯夫妇飞往佛罗里达的旅途可能很愉快，但是后来由于他们租来的汽车发动机过热，使他们滞留数小时，这使他们被迫缩短了那一天在“未来社区实验典型中心”（EPCOT）的游览时间。或者他们入住的饭店正在重新装修，所以游泳池和餐馆都关闭，通常赏心悦目的大厅装饰也被吊布和脚手架遮挡起来。更糟糕的是，假设他们在一个特别的高峰时间抵达魔幻王国，发现停车场已经关闭而且当天不再接纳任何游客。以上任何一个意外都会使他们的度假扫兴。

旅游业中的各个行业或者部门之间存在一种共生关系，即一种相互依存的关系。其中的任何一个部门要想成功地使史密斯夫妇满意，所有的部门都

必须做好自己的工作。如果饭店使他们感到不舒适，虽然史密斯夫妇在迪斯尼世界可能会玩得很开心，但是他们仍然会觉得这次度假稍嫌美中不足。如果饭店做得很好，但是迪斯尼公园拥挤不堪，他们的总体经历也可能是消极的。无论出现哪种情况，如果史密斯夫妇不再重游迪斯尼世界或者告诉他们在明尼阿波利斯的朋友们自己的迪斯尼世界之旅是一个扫兴的经历，那么从长远看，该地区的旅游生意将会受到影响。

（资料来源：《当今饭店业》（李昕主译），北京：中国旅游出版社，2004年，第57~58页。）

思考与练习

1. 讨论“为了工作而休闲”和“为了休闲而工作”这两种休闲哲学对旅游者行为和动机的影响。

2. 讨论旅游服务产品的特点及与旅游心理学的关系。

3. 旅游心理学的研究对象是什么？

4. 结合实际，讨论旅游心理学对旅游业的发展有什么意义。

理论篇

第二章

旅游者的知觉

内容提示

- 知觉的概念
- 知觉的特性
- 影响知觉的客观和主观因素
- 首因效应、晕轮效应和刻板印象
- 旅游者对旅游条件的知觉

第一节 知觉概述

知觉是人们理解和认识世界的过程。旅游者所作出的旅游决策，对旅游吸引物和旅游服务的评价，旅游需要的满足与否等，都与知觉过程所接受的信息及知觉者的心理特点密切相关。因此，要了解旅游者的行为和心理，就有必要分析和研究旅游者的知觉。

一、知觉的概念

知觉是客观事物直接作用于人的感觉器官，在大脑中产生的对这些事物的属性的整体反映。知觉以感觉为基础，知觉必须以各种形式的感觉的存在为前提，但是知觉不同于感觉。因为感觉反映的是客观事物的个别部分和个别属性，而知觉反映的是客观事物的整体和全貌。感觉的心理成分是单一的，而知觉的心理成分是复杂的。知觉所反映的不是感觉所反映事物的个别属性的简单相加，而是各种感觉按一定的关系集合的结果。旅游者知觉到的美丽如画的风景，就是以对各种具体的颜色、形状、动态、静态、声音、气味等的感觉为基础组织起来的。

二、知觉的特性

知觉的特性主要包括：选择性、理解性、整体性和恒常性。其中知觉的选择性和理解性与旅游行为的关系尤为密切。了解知觉的这两个特性有助于理解旅游者作出和实施旅游决策的一些心理和行为。

（一）选择性

人们周围的环境是复杂多样的，作用于感觉器官的刺激也是多种多样的，但人并不能注意到同时作用于感觉器官的所有刺激，也不能对作用于感觉器官的所有刺激都发生反应。人对外界事物的刺激，有选择地进行加工的能力称为知觉的选择功能。

知觉的选择功能可以是有意识的，也可以是无意识的。人们常常按照某种需要和动机，有意识地选择少数事物作为知觉对象，或无意识地被某些事物所吸引，使之成为知觉对象，对这些事物产生鲜明清晰的印象，而对周围的其他事物的印象较模糊。例如，打算出游的人，翻阅报纸和收看电视时所关心的是各地的旅游信息和旅行社报价，而对其他广告的印象很模糊。旅游者对旅游产品及促销广告资料的知觉过程也是一个筛选过程，只有那些比较突出的才能成为知觉对象。这就是旅游者往往对那些特色比较鲜明的旅游产品特别感兴趣的原因。从某种意义上说，知觉的选择功能是知觉防御的一种形式。知觉的选择性可以排除那些非本质的、无关的或从文化或个人的角度难以接受的事物。同时，人的感官能力有限，而周围刺激物五花八门，但人能同时清晰感知的事物很少，只有发挥知觉的选择功能，才能使知觉过程正常进行。知觉的选择性还受个人的认识水平、兴趣、需要等因素影响。例如，对同一出戏，儿童主要分辨出好人和坏人；成年人则从道德、艺术性等方面分析；戏剧评论家可能会从更深刻的艺术或技术角度进行分析。

（二）理解性

人的知觉并不是一个被动的过程。它不可能像照相或摄影那样精确地记录和反映出物体的全部细节。相反，知觉是一个非常主动的过程，它是借助过去的知识和经验，在知觉时的动机和兴趣的基础上，对感知的事物进行加工处理，理解客观事物的含义，形成整体的知觉印象。因此，对事物的理解是知觉的必要条件。不同的知识和经验，可以导致完全不同的知觉理解，而对某一事物的相关知识和经验越丰富，其知觉的内容就越深刻、越精确。例如，历史学家参观北京故宫博物院后，对故宫及其收藏的文物的认识要比普通人深刻得多，精确得多。

知觉的理解性可以使人的知觉过程更加迅速，节约感知的时间和工作量。同时也使知觉印象更准确、更完整。如果缺少相关的知识和经验，即使将每一次知觉都看作是学习的过程，其中的尝试和错误也不仅是一种浪费，而且最后得出的知觉印象也往往和知觉对象的实际状况相差很远。

知觉的理解性不但受知觉者所掌握的知识和经验的影响，而且也受言语的制约。在知觉对象的特征不太明显时，他人的言语指导，可以补充知觉的内容，使知觉更加完善，有助于知觉者对知觉对象的理解。在旅游活动中，导游员生动的言语解说可以帮助旅游者加深对景区景点内涵的深入理解，提高旅游者的审美鉴赏能力，提高旅游活动的品位和质量。

旅游者在理解知觉对象时，有时会出现一种错误的倾向，即“知觉歪曲”。就是在理解知觉对象时，加大了某些特征，减小或完全忽视了另外一些特征，从而形成了不正确的知觉印象。在现实生活中，人们通常希望避免矛盾或不和谐的信息，但客观事物并不能永远和人们的需要、动机等完全一致。当这二者出现矛盾时，人会设法歪曲地理解信息的含义，使之向背离客观实际的轨迹变化。人们通常说的“美不美，家乡水；亲不亲，故乡人”就含有知觉歪曲的因素。

三、影响知觉的因素

知觉是主体对客体的感知过程，基于上文描述的知觉的主要特性，知觉必然会受到知觉对象本身的特点和知觉者本人特点的双重影响，也就是说，知觉的印象同时受客观因素和主观因素的影响。

（一）影响知觉的客观因素

1. 知觉对象的刺激强度

旅游者面对的是一个错综复杂的感知环境。各种感知对象作为刺激因素交织在一起，但并不能全部引起人们的注意，而被纳入知觉世界。如果客观事物的刺激没有达到一定的强度，即没有独特的形象或突出的属性，就不能有效地引起感觉器官的反应，就不会引起旅游者的注意，因而也就不能被知觉到。通常，知觉对象的刺激强度越大，就越容易被清晰地感知到。因此，在旅游活动中，那些奇峰异石、寂静的森林、幽静的田园风光、独特的异邦风情、现代化的游乐场等等，都能以较大的刺激强度引起旅游者的注意，而被纳入知觉世界，从而给旅游者留下清晰深刻的印象。

2. 知觉对象和背景的关系

根据知觉的选择性，人们总是有选择地把一些事物作为知觉对象，使之突现在前面，对其获得清晰深刻的知觉印象，而另外一些事物则悄然隐去，给知觉者留下很模糊的印象。这些突现在“前面”的事物，被称为知觉的对象，而那些隐去的事物，则被称为知觉的背景。在知觉中，对象和背景的地位是可以互相转换的，主要取决于人的知觉选择。知觉对象和背景在强度、颜色、形状等方面的差别越大，知觉对象就越容易从背景中被区别出来。例如，万绿丛中一点红、耸立在广场上的巨型雕塑等，都很容易成为知觉对象。在图2－1中，A和B的大小是相同的，但是由于所处的背景不同，人们看上去就会产生差别：A与背景的差别大，因此看上去就显得大；而B与背景没有差别，因此看上去就显得小。

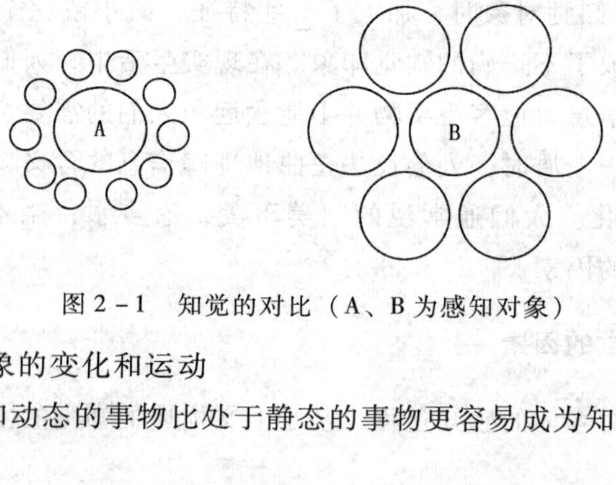

图2－1　知觉的对比（A、B为感知对象）

3. 知觉对象的变化和运动

处于变化和动态的事物比处于静态的事物更容易成为知觉对象。尤其是在固定不变的事物中，某个运动的刺激物容易成为知觉的对象。例如，夜晚城市街道上不断变化形状和色彩的霓虹灯招牌，就非常容易成为知觉对象。因此，很多城市都把竖立霓虹灯招牌做为创立城市独特风景线的一个措施。风景区空中运行的缆车、倾泻的瀑布、草原上奔驰的群马等，也都很容易成为知觉对象。

4. 对象的组合

人们感知外界刺激时并不是杂乱无章、无系统的，而是在感知一个有组织的整体。知觉对象的组合遵循如下原则：

（1）相似原则。形状或性质上具有相同或相似特征的物体容易被组合在一起，知觉为一个整体。例如，导游人员在知觉外国旅游团时，常常将西方国家的旅游团称为欧美团，是因为来自这些国家的旅游者，在外貌、文化背景、生活习惯等方面都很相似。又如，尽管承德、大连、庐山和青岛都是避暑胜地，但是人们却常常把大连和青岛组合在一起，因为这两个城市的共同特点是海滨城市。

（2）邻近原则。在空间上接近的事物，容易被人组合在一起成为知觉对象。如山海关和北戴河、北京和八达岭长城、香港和澳门等都是由于地理位置彼此接近，而被分别组合在一起，知觉为一个旅游景区或一条旅游路线。

（3）闭合原则。若干个知觉对象共同包围一个空间，有形成一个知觉单位的倾向。人们对具有共同包围一个空间的若干知觉对象，总是自觉或不自觉地根据自己的经验添加缺失的部分，力图使之成为一个完整的闭合图景。例如，经验丰富的导游员在介绍景区时，常常有意不说完整，给旅游者留下思考、想象和补缺的空间，从而造成一个更有意义的、圆满的知觉整体，增加旅游活动的情趣。

（4）连续原则。在时间或空间上有连续性的若干知觉对象，容易被组合在一起，知觉为一个整体。例如，桂林漓江沿岸的连续景点就被组合在一起，共同构成一个整体的知觉对象，即漓江游。

（二）影响知觉的主观因素

1. 需要和动机

通常，那些能够满足旅游者的需要，符合旅游动机的事物，容易引起人们的注意，从而易于被感知。反之，则容易被忽略，不易成为知觉对象。由于各类旅游者的旅游需要和动机不尽相同，所以即使在同一旅游区，他们感知的范围、对象以及最终的整体知觉印象也一定是多种多样的。例如，渴望显示自己社会地位的人和旨在休闲度假的旅游者在旅游活动中所关注的对象肯定不同，因而最终得到的知觉印象也肯定不一样。

2. 兴趣

知觉具有选择性，人们通常倾向于把自己感兴趣的事物作为知觉对象，而把那些自己无兴趣的事物作为背景，或排除在知觉之外。很显然，对历史感兴趣的旅游者和热衷于研究园林的旅游者在游览了承德避暑山庄之后，得到的知觉印象肯定不一样。因此，兴趣影响着知觉者的对象、知觉的程度和最终知觉印象。

3. 情绪

情绪影响人的心理活动，人的知觉也同样受到情绪的影响。旅游者情绪愉快时，其知觉主动性提高，会积极主动地去感知周围的大量景观，其知觉范围就会扩大。但当旅游者情绪低沉时，其知觉主动性就会降低，其知觉范围也就会缩小，甚至会留下消极的知觉印象。例如，人们和恋人在一起时或在喜庆日子里，由于心情愉快，会觉得时间过得很快，几小时、几天一晃就过去了。曾经有一些青年学生请爱因斯坦通俗地解释一下，什么叫相对论。爱因斯坦的回答非常精彩："如果你和一个漂亮的姑娘在一起坐了两个小时，你会觉得只过了一分钟，但是如果你坐在一个火炉上，即使只坐了一分钟，你也会感觉到已经过了两个小时。这就是相对论。"这个例子也同样说明情绪影响着人们对时间的知觉，人们常说的"欢乐良宵短，愁苦暗夜长"就是这个道理。

4. 过去的经验

知觉具有理解性，人们根据过去的经验，可以对知觉对象的意义作出理解和判断，迅速得出知觉印象，因此，过去的经验影响人们的知觉。在旅游活动中，旅游经验丰富的旅游者所获得的知觉可能更全面、更深刻，而缺少旅游经验的人所获得的知觉可能是简单的、表面的、笼统的。在旅游活动中，经验丰富的旅游者能获得更多的旅游收获，得到更高的审美享受。

影响知觉的主观因素除上述外，人的个性、经济收入、年龄、性别、职业、社会阶层、态度、信仰等也都会对人的知觉产生影响。

[小资料]

环境与知觉

一位著名的心理学家曾经作过这样一个试验，他把几个志愿者带到一间黑暗的房子里。在他的引导下，志愿者们很快就穿过了这间伸手不见五指的神秘房间。接着，心理学家打开房间里的一盏灯，在昏黄如烛的灯光下，志愿者们才看清楚房间的布置，不禁吓出了一身冷汗。原来，这间房子的地面就是一个很深、很大的水池，池子里蠕动着各种毒蛇。就在这个蛇池的上方，搭着一座很窄的木桥，他们刚才就是从这座木桥上走过来的。

心理学家看着他们，问："现在你们还愿意再次走过这座桥吗?"大家你看着我，我看着你，一时间冷了场。

过了片刻，有3个志愿者犹犹豫豫地站了出来。第一个志愿者刚一上去，就十分小心地挪动着双脚，速度比第一次慢了好多倍；另一个志愿者战战兢兢地踩在小木桥上，身子不由自主地颤抖着，才走到一半，就挺不住了；第三个志愿者干脆弯下身来，慢慢地趴在小桥上爬了过去。

这时，心理学家又打开了房内另外几盏灯，强烈的灯光一下子把整个房间照耀得如同白昼。志愿者们揉揉眼睛再仔细看，才发现在小木桥的下方装着一道安全网，只是因为网线的颜色极暗淡，他们刚才都没有看出来。

心理学家笑了："我可以解答你们的疑问了，这座桥本来不难走，可是环境对你们造成了心理威慑，于是，你们就失去了平静的心态，乱了方寸，慌了手脚。"

在生活中，人们不断地与外界的人和物接触，外界不断给人们各种各样的信息，而这些信息，就像上面的实验中的蛇和网子一样，对人们的心情以及决策产生不同的影响。

第二节
知觉的心理定势

心理定势指人在认识特定对象时心理上的准备状态，即心理上的定向趋势。心理定势是在人们产生认识之前就已经将事物的某些特征"先入为主"

地存在于自己的意识之中，使知觉者在认识过程中不由自主地在心理上处于一种准备状态。心理定势是导致知觉偏见和歪曲的影响因素。在旅游活动中，以下几种心理因素对旅游者的知觉产生影响。

一、首因效应

首因效应，即人们常说的“第一印象”。第一印象是指人们在首次接触某种事物时所形成的印象。人们通常根据第一印象将人或事物加以归类，然后再在这一类别系统中对该人或该事物加以推论并作出判断。第一印象给知觉者留下很深刻、很牢固的印象，形成了一种很难改变的心理定势，具有继续发挥作用的特点，对以后的知觉起着指导作用。人们在接下来的活动中，通常不自觉地带着这个“先入为主”的“有色眼镜”，把当前的印象同“第一印象”联系在一起，根据第一印象对当前事物进行归类并作出判断。因此，第一印象直接影响知觉者的后续知觉。知觉者获得良好的第一印象之后，对接下来的不良印象也不反感，而如果第一印象很糟糕，以后的良好印象也会罩上阴影。作为旅游工作者，在第一次与旅游者接触，提供服务时，一定要努力树立良好的形象，给客人留下良好的第一印象，使旅游者能对旅游服务产品获得良好的知觉。

二、晕轮效应

所谓晕轮效应，通俗地说就是以点概面。晕轮效应是指由对象的某种特征推及对象的整体特征，就像月晕一样，由于光环的虚幻作用，使人看不清其真实面貌。在认识的过程中，人们常从对象所具有的某个特征而泛化到其他一系列有关特征，也就是从所知觉到的特征泛化推及未知觉到的特征，从局部信息而形成一个完整的印象，就像晕轮或月晕一样，从一个中心点而逐渐向外扩散成越来越大的圆圈，所以称晕轮或月晕效应。晕轮效应可能从对象的某种特征推及出美化或丑化、夸大或缩小整体特征。

例如，美国心理学家凯利以麻省理工学院的两个班级的学生分别作了一个试验。上课之前，实验者向学生宣布，临时请一位研究生来代课。接着告知学生有关这位研究生的一些情况。其中，向一个班学生介绍这位研究生具有热情、勤奋、务实、果断等项品质，向另一班学生介绍的信息除了将“热情”换成了“冷漠”之外，其余各项都相同。而学生们并不知道这两种介绍之间的差别。下课之后，前一班的学生与研究生一见如故，亲密攀谈；

而另一个班的学生对他却敬而远之，冷淡回避。可见，仅介绍中的一词之别，竟会影响到整体的印象。学生们戴着这种有色镜去观察代课者，而这位研究生就被罩上了不同色彩的晕轮。

晕轮效应和首因效应都带有强烈的主观色彩，以主观推断代替客观现实，常常是一叶障目，只见树木不见森林，造成知觉偏见或歪曲。所不同的是，首因效应是从时间上说，使知觉者对前面的感知印象深刻，后面的知觉受前面印象的影响甚至支配；而晕轮效应则从内容上说，知觉对象的部分特征印象深刻，由此泛化为对象的整体印象。

在旅游活动中，旅游者很可能因为某项服务或某个服务人员的质量不高就推及到整个旅游企业，认为该企业整体服务质量很差。所以，旅游企业提供的旅游产品和服务时要尽量避免出现劣质产品和服务，以免旅游者通过晕轮效应认为该企业提供的产品和服务在整体上是低劣的。当然，旅游企业同样也可以通过晕轮效应推出优质产品和服务，提高企业的知名度。

三、刻板印象

刻板印象是指对人或事物所持有的呆板的、机械的、没有变通的印象。刻板印象不是一种个体现象，而是一种群体现象，是对某一群体的共同看法和印象。例如，商人常常被认为奸诈，有“无奸不商”之说；教授常常被认为是白发苍苍、文质彬彬的老人；江南一带的人往往被认为是聪明伶俐、随机应变的；北方人则被认为是性情豪爽、胆大正直的……我们在认识和判断他人时，并不是把个体作孤立的对象来认识，而总是把他看成是某一类人中的一员，使得他既有个性又有共性，很容易认为他具有某一类所有的品质。因而当我们把人笼统地划为固定、概括的类型来加以认识时，刻板印象就形成了。

刻板印象的积极作用在于它简化了我们的认识过程。因为当我们知道他人的一些信息时，常根据该人所属的人群特征来推测他所有的其他典型特征。这样虽然不能形成他人的正确印象，但在一定程度上可以帮助我们简化认识过程。但是在刻板印象的支配下所获得的知觉，只是一个概括而笼统的归类，具有一定的局限性，如果具体落实到某一个体或事物上，有时会有很大的出入或差别，因此，刻板印象常常阻碍人们的正确知觉，会带来一些负面效应，例如，种族偏见、民族偏见、性别偏见等。它常使人以点代面，凝固地看人，容易产生判断上的偏差和认识上的错觉。但是在另一方面，由于刻板印象的主要特点是对知觉对象群体的主要特征进行概括，所以在旅游实践中，它可以帮助旅游企业和旅游业从业人员了解其潜在客源国家、地区及群体的基本情况，有助于确定和设计有针对性的旅游产品和提供恰当的服务。

第三节 旅游者对旅游条件的知觉

旅游者作出旅游决策时要考虑很多因素，其中旅游条件是要考虑的重要因素。旅游者首要考虑的条件包括时间、距离、交通、旅游地等。旅游者对这些条件的知觉直接影响具体的旅游决策、旅游行为及对旅游收获的评价。

一、旅游者对旅游时间的知觉

旅游活动是特定情境下的一种活动。旅游者在从事这一活动时，对时间的知觉是很敏感的。国内很多学者都倾向于用“一快、二慢、三准时”来描述旅游者对时间的知觉，即旅途要快、游览过程要慢、旅游活动安排要准时。

(一) 旅途要快

旅途要快就是要用最短的时间完成旅程。在现代社会里，人们的一个共同特点是“钱多，时间少”，金钱花完了可以再挣，但是时间是不可再生的，因此，在有限的闲暇时间里要完成预计的旅游活动，就必须设法减少无意义的旅途时间，包括办理必要手续和候机（车）时间都不可太长。另外，大多数旅行过程本身也是枯燥无味的，所以旅游者总是希望旅行时间越短越好。这也是很多旅游者宁愿多花钱乘飞机也不愿意少花钱乘火车或轮船的原因。

(二) 游览过程要慢

游览是旅游活动的主要目的之一。在游览过程中，旅游者总是希望能有充裕的时间，从容地多观看、多欣赏到一些景色，慢慢品味，从而获得高质量的享受。匆匆忙忙地急驰而过，走马观花式的浏览，是不能领略和体验景观的美妙之处，是不能获得美的享受的。

（三）旅游活动安排要准时

旅游者希望整个旅游过程中的各项活动都能安排在计划之中，一切都要准时进行，如准时出发，准时返回，活动准时开始和结束。一切活动都要在预先限定的时间之内进行和完成，这样才不至于打乱原定的旅游计划。在“钱多，时间少”的时代里，时间就是金钱，不准时或超时的旅游活动安排意味着金钱的损失和浪费。同时，不守时的旅游活动安排会打乱旅游者生活和旅游的节奏，不但不能达到消除紧张疲劳的目的，还会给旅游者造成心理紧张和压力。因此，能否严格地按照旅游活动时间表进行旅游活动，是每一个旅游者都非常关注的问题。

[小资料]

“慢”游世界文化遗产 “漫”赏壮丽自然奇观

3月26日，新任加拿大安大略省旅游部部长范斯凯率代表团首次访问北京，拉开了“2008加拿大安大略省旅游部春季考察中国之行”的序幕。作为一名曾代表加拿大参加过1996年亚特兰大奥运会马拉松长跑比赛的著名运动员，范斯凯以运动员特有的激情祝福北京奥运，也为中国游客带来了“慢游”安大略世界文化遗产及“漫赏”壮丽自然奇观的全新旅游消费模式。

随着中国出境游客旅游习惯日渐成熟，中国出境旅游消费模式已逐渐由最初的“走马观花”向“深度体验”过渡，很多的游客更倾向于在一个目的地作长时间停留，慢慢地去体验别具特色的异国风情和历史文化。安大略省旅游部非常重视中国游客的需求变化，积极倡导“慢游”消费新模式，让游客真正从深度旅游中体验到度假休闲的乐趣。

“中国市场在整个亚太地区中始终处于举足轻重的地位。一年一度的加拿大安大略省旅游部春季考察团计划，不但可以让我们及时掌握最新的中国游客出境旅游的态势和需求，使我们可以和旅游业界同仁有更广泛而深入的沟通，还能帮助我们正确制订行之有效市场拓展计划。”范斯凯说：“近年来，到访安大略的中国游客数量一直呈稳步增长之势，安大略省2006～2007年度共接待中国游客近8.9万名，相比上年度增加了42%。”

此次安大略省旅游部访华代表团其他成员还包括安大略省旅游局总裁兼首席执行官罗宾·加勒特、安大略省旅游局亚太地区市场经理浜崎哈维等，他们联袂为中国游客介绍了安大略省闻名遐迩的“慢游”度假胜地——拥有176年历史的里多运河。该运河于2007年6月入选联合国教科文组织《世界文化遗产名录》，是北美最古老并且沿用至今的水上交通要道。该运河全长202km，北起渥太华，南至金斯顿，沿岸风光旖旎、历史古迹众多。在为期5天的水上行程中，游客们可以欣赏触手可及的水岸花园、田园风光，品尝美味佳酿，参观特色博物馆。

（资料来源：《中国旅游报》，2008年3月28日，第5版，略有删改。）

二、旅游者对旅游距离的知觉

旅游活动是在空间和时间中发生的。旅游者计算距离可能使用时间的长短做尺度，也可能使用空间的远近做尺度，但是不论用什么尺度来知觉距离，距离的远近都会影响旅游者作出旅游决策。尽管交通技术的进步使世界相对变小了（见图2-2），但是人们对距离的知觉对旅游者的决策和行为产生的基本作用仍然包括两个主要方面：消极的阻止作用和积极的激励作用。

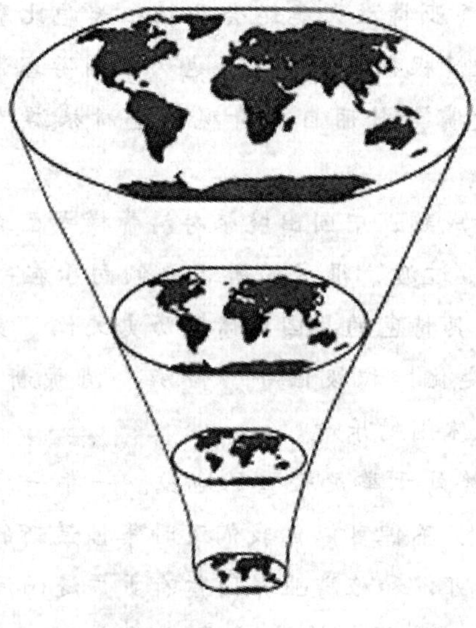

图2-2　交通技术的进步对旅行时间的影响

（一）阻止作用

旅游是一种需要付出代价的消费行为，旅游目的地的距离越远，旅游者要付出的金钱、时间、精力等代价就越大，所以远距离的旅游往往使人望而生畏。旅游者只有认为从旅游活动中所得到的收获大于所付出的代价或者认为自己有足够的基础完全可以承担得起这种代价时，他们才会作出旅游决策。因此，距离在旅游决策中起到了“摩擦力”的作用，使人们对外出旅游产生种种顾虑，抑制了人们的旅游动机，阻止了旅游行为的发生。通常，距离越远，旅游者付出的代价也就越大，而代价越大，旅游者的顾虑就越多，阻止外出旅游的“摩擦力”也就越大。从一定意义上讲，这就是到遥远的地方或出国旅游的人数总是少于近距离旅游或在国内旅游的人数、国内游客人数总是多于外国游客人数的原因。

（二）激励作用

距离对旅游行为的产生既有阻止作用也有激励作用。遥远的旅游目的地，去的人少，进入的机会也少，因此，对旅游者能产生神秘感、新奇感和陌生感。这种感觉本身对旅游者就是一种吸引力。当这种由神秘、陌生等因素构成的吸引力大于距离的阻止力，并且旅游者在时间、金钱、精力等方面又能承受时，距离就成为一种激励因素，激励或吸引旅游者到远方的旅游目的地去旅游。这就可以解释为什么在经济条件等因素许可的情况下，人们往往倾向于到外地或比较远的地方旅游的原因。例如，北方人愿意到海南岛观光，南方人愿意到东北或西北旅行，最近几年一些人倾向于出国旅游等，都是由于距离在发挥激励作用。

三、旅游者对旅游交通的知觉

交通工具是旅游条件的重要部分。现代旅游业的发展有赖于各种现代化交通工具的发展，而旅游者对交通工具的选择受知觉的影响。

（一）旅游者对飞机的知觉

旅游者总是希望旅行时间越短越好。因此，在经济条件允许的情况下，飞机往往是旅游者的首选交通工具。尤其在国际旅行中，飞机几乎成了必选的交通手段。旅游者对飞机的知觉印象主要与三个因素有关：时间、安全性和舒适性。乘飞机旅行的人对时间的关注主要体现在飞机的起降时间上。乘飞机的旅客都希望飞机在他们最方便的时间起飞，并按预定的方便时间到达目的地，以便充分利用有效时间，顺利完成预期的旅游计划。安全是乘飞机的旅行者关心的另一个主要因素。旅游者非常关注并收集有关航空公司和机型的飞行事故记录，以选择安全系数最高的航空公司和机型。旅游者关注的另一个安全因素是飞机中途着陆的次数，因为大家都知道，飞机起飞和降落时事故发生的频率最高。因此，航班临时增加中途着陆次数时，常常引起旅客的不满，甚至有的旅客会拒绝登机。另外，舒适的乘机环境和良好的服务也是旅行者非常重视的因素。机上服务人员热情友好、礼貌周到、体贴入微的服务会使人产生亲切感，并留下美好的印象，使旅游者乐于选择乘坐其航班。因此，世界各国的航空公司都非常重视机上服务质量，把向乘客提供人性化的优质服务当做提高市场竞争力的重要手段。

（二）旅游者对火车的知觉

中国人在国内旅游，大部分人选择乘火车，因为火车虽然不及飞机的速度快，但价格便宜、安全可靠、乘车方便，而且还可以欣赏沿途的风光。近年来，随着列车服务质量的提高和几次大规模的旅客列车提速，火车已成为很受欢迎的主要旅游交通工具。旅游者对火车的知觉印象主要受三个因素的影响：速度、时间、舒适度。旅游者乘火车出游总是希望火车的速度越快越好，中途停车的次数越少越好，因此，直达的旅游列车最受欢迎。人们外出旅游都希望火车的发车和到达时间能方便自己的观光和游览，有利于制订自己的旅游计划。近些年，铁路部门开通的旅客列车都尽量安排为朝发夕至、夕发朝至、朝发午至、午发暮至，等等车次，就是为了满足旅游者的这种心理需要。旅游者乘火车总是希望列车的舒适度高一点，这样才能保证旅途不疲倦，到达目的地后可以精力充沛地进行旅游。例如，旅游者通常希望列车上各种设备齐全，装饰美观高雅，卫生条件好，夏天有冷气，冬天有暖气，夕发朝至的列车应该有卧铺，车内空间宽敞不拥挤，乘务人员服务周到入微，等等。

（三）旅游者对旅游巴士的知觉

旅游者对旅游巴士的知觉主要受舒适度的影响。大多数旅游者都希望在旅游巴士上获得最大程度的享受和休息，所以，他们特别注意旅游巴士的舒适性。下列因素影响旅游者的知觉印象：车窗的宽敞程度，座椅的舒适性，车上减震装置的性能，车上视听系统的效果如何，车上是否配有导游员，导游员是否提供优质服务，等等。

（四）影响旅游者选择交通工具的因素

旅游者选择出行的交通工具时，关注的焦点体现在时间、价格和距离等方面。旅行距离在600km之内，旅游者通常选择火车，因为在这个距离之内，火车与飞机相比较，无论是在时间，还是在价格方面都具有优势，但是超过了这个距离，飞机的优势就突显出来了（见图2-3）。

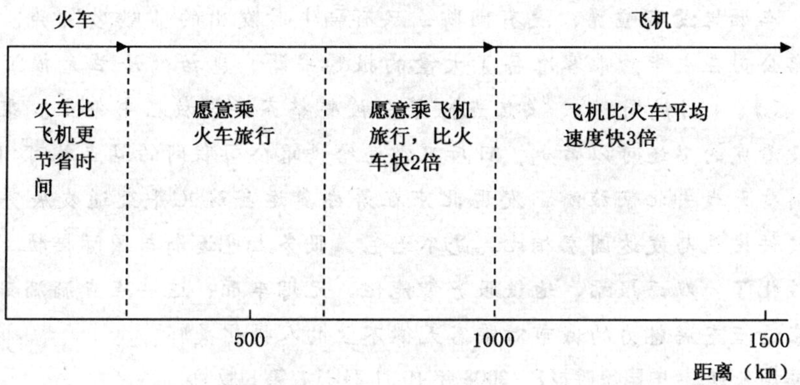

图 2－3　距离和时间因素影响旅行者选择火车或者飞机

［小资料］

国外人性化交通

第一次见到伦敦的公共汽车，印象深刻的就是其高大阔绰，尤其是坐在双层公共汽车的上层，居高临下，能将伦敦市区的风景尽收眼底。虽然车身高，但汽车的底盘却很低，乘客从站台不用抬脚就可以直接跨入车内，这大大方便了老人和小孩，更可贵的是由于站台和汽车底盘等高，残疾人可以很轻松地摇着轮椅上车，宽阔的车身还开辟出了轮椅、婴儿手推车专用空间，为这些出行不便的乘客提供人性化服务。

巴黎是一个繁华的国际化大都市，地铁方便快捷，四通八达。虽然线路复杂，可是一个初到巴黎的外国人却可以凭着一张地铁地图游遍巴黎。我从戴高乐国际机场出来，直接乘快线地铁到达巴黎市中心。我发现巴黎的街道不是横平竖直的，我辨不出方向，只好转入“地下”。一进地铁，对照地铁地图我就一目了然，很快找到了自己应该乘坐的线路。巴黎每一处名胜附近都有地铁出入口。地铁出入口处都树立着巨大的标志牌，多种文字详细标明了站名和附近街区的地图。在埃菲尔铁塔地铁出口处的标志牌上，我第一眼就看到了中文，倍感亲切。

德国城际高速铁路将德国130多个大小城市连为一体，为国民出行带来了极大的便利。德国的火车是在列车启动后检票，不用排队候车。我第一次坐德国的高速列车从汉堡到法兰克福。上车后，我第一感觉这不是车厢，而是一个阅览室。男女老少人手一份杂志、报纸或者小说，一个个都看得津津有味，车厢里没有喧嚣，没有闲聊，只有翻书时发出的“吵吵”声。德国的铁路公司在火车为乘客准备了大量的报刊书籍，包括《法兰克福汇报》、《图片报》、《明镜周刊》、《焦点》等全被整整齐齐摆放在书架上。乘客在车上没看完的书还可以带走，日后只需还给铁路公司联网的站点就可以了。

前些天我去北京旅游，发现北京在筹办奥运会这几年交通发展异常迅猛，硬件设施与发达国家相比，毫不逊色，服务上也逐渐与国际接轨，越来越人性化了，双语报站、地铁服务智能化、无烟车厢，这些点点滴滴都彰显出北京这座充满魅力的城市对乘客无微不至的人性化关怀。

（资料来源：《中国旅游报》，2008年10月24日，第8版。）

四、旅游者对旅游地的知觉

旅游目的地是旅游活动的发生地。了解人们对旅游目的地的知觉，有助于制订旅游资源开发计划，有助于制订旅游景区的促销方案，有助于提高旅游景区景点的整体管理和服务水平。旅游者对旅游目的地的知觉通常可以分为两个阶段：旅游决策阶段和旅游消费行为实施阶段。旅游决策阶段的知觉印象影响旅游者对旅游目的地的选择。在这一阶段，人们对旅游目的地的知觉印象不是以亲眼所见或亲身经历和体验为依据，而是以间接的信息为主，主要来自他人的经验或各种信息媒介，例如，亲友或同事对旅游景区景点的介绍、旅游促销广告、旅游手册、景区景点的宣传品、报纸杂志上的文章、互联网上发布的旅游介绍信息，等等。旅游消费行为实施阶段的知觉印象影响旅游者对旅游行为的满足感和享受感。在这一阶段，旅游者的知觉印象来自本人的亲身旅游经历和体验，以直接信息为主。旅游者在这两个不同阶段对旅游目的地知觉的特点提示旅游企业和从业人员，一要加大旅游宣传的力度，提高旅游促销宣传的质量，努力推出一个良好的景区景点形象；二要着力提高旅游产品的质量，以高质量的产品和服务赢得旅游者的满意，使其通过旅游活动获得美好的享受。

通常，旅游者对旅游目的地的知觉主要受下列三个因素的影响：旅游景观、旅游设施和旅游服务。旅游景观应具独特性和观赏性，这样才具有吸引力，例如，美丽的自然风光、宜人的气候、奇异的人文景观、独特而具参与性的旅游娱乐活动项目等。旅游设施应安全、可靠、方便、舒适，旅游设施应有机地与景观融为一体，增加美感，有助于旅游者获得美好的体验和享受。旅游景区景点应有一支高素质的旅游接待队伍，向旅游者提供最佳的优质服务，服务人员应该做到礼貌、周到、公平，要使旅游者在游览过程中通过服务人员提供的服务感觉到尊重，体验到享受。

［案例分析］

哈佛的憾事

一对老夫妇，太太穿着一套褪色的条纹棉布衣服，而她的丈夫则穿着布制的便宜西装，也没有事先约好，就直接去拜访哈佛的校长。

校长的秘书在片刻间就断定这两个乡下土老帽根本不可能与哈佛有业务来往。

先生轻声地说："我们要见校长。"

秘书很礼貌地说："他整天都很忙！"

女士回答说："没关系，我们可以等。"

过了几个钟头，秘书一直不理他们，希望他们知难而退，自己走开。他们却一直等在那里。

秘书终于决定通知校长："也许他们跟您讲几句话就会走开。"

校长不耐烦地同意了。

校长很有尊严而且不情愿地面对这对夫妇。

女士告诉他："我们有一个儿子，曾经在哈佛读过 1 年。他很喜欢哈佛。他在哈佛的生活很快乐。但是去年，他出了意外而死亡。我丈夫和我想在校园里为他留一件纪念物。"

校长并没有被感动，反而觉得很可笑，粗声地说："夫人，我们不能为每一位曾读过哈佛而后死亡的人都建立雕像的。如果我们这样做，我们的校园看起来会像墓园一样。"

女士说："不是，我们不是要竖立一座雕像，我们想要捐一栋大楼给哈佛。"

校长仔细地看了一下条纹棉布衣服及粗布便宜西装，然后吐一口气说："你们知不知道建一栋大楼要花多少钱？我们学校的建筑物超过 750 万美元。"

这时，这位女士沉默不讲话了。校长很高兴，总算可以把他们打发了。

这位女士转向她丈夫说："只要 750 万美元就可以建一座大楼？那我们为什么不建一所大学来纪念我们的儿子？"

就这样，斯坦福夫妇离开了哈佛，到了加利福尼亚州，成立了斯坦福大学来纪念他们的儿子。

讨论问题：

1. 用刻板效应的理论分析哈佛校长的憾事。

2. 讨论哈佛校长对斯坦福夫妇抱有偏见的原因。

思考与练习

1. 什么是知觉？

2. 举例说明知觉的理解性和旅游的关系。

3. 简述影响知觉的客观和主观因素。

4. 结合旅游实践，讨论首因效应和晕轮效应的作用。

5. 根据自己或他人的旅游经历解释为什么“旅途要快、游览过程要慢、旅游活动安排要准时”。

6. 旅游者对旅游目的地的知觉有哪些规律和特点？

第三章

旅游者的学习

内容提示

- 学习的过程就是人们适应个体和环境变化的过程
- 旅游者通过学习变得更成熟
- 成熟旅游者的主要表现
- 旅游消费中风险的学习
- 减少旅游者购买后疑虑的学习
- 旅游者如何学习

第一节 学习的概念

学习是影响人们行为变化的重要心理因素之一，学习的过程就是人们适应个体和环境变化的过程。人类的全部行为都包含着某种形式的学习。旅游活动中也不例外，学习对人们的旅游行为也产生很重要的影响。在旅游实践中，旅游者作为消费者会遇到各种各样的问题，例如，旅游目的地的选择，旅游方式的选择，住宿条件的选择，旅游日程的安排等，如何解决这些问题，满足自己的旅游需要，从而获得最大限度的满足和享受，都受到学习因素的制约和影响。人们对旅游产品的知觉是建立在学习的基础上的，通过不断地学习，掌握新知识和信息，积累经验，人们可以更有把握地作出旅游决策，成为更成熟的旅游者。旅游工作者通过分析旅游者的学习行为，可以有针对性地完善其旅游产品，满足旅游者的需要，适应日益激烈的旅游市场竞争。

广义的学习指人们不断获取知识、经验和技能，形成新的习惯，改变自己行为的过程，这种学习是较为持久的过程。狭义的学习指人们对客观现实的认识过程，通常指人们有目的、有计划、系统地掌握知识、技能和行为规范的活动。

学习在人们的消费过程中是非常重要的。人们的消费行为也主要是通过学习获得的。人们的态度、价值观、鉴赏力、举止行为、偏爱、事物的象征含义和情感都是通过学习获得的（见图3－1）。文化和社会等级观念通过学校、宗教组织及家庭和亲友为人们提供了学习的经历，极大地影响着消费者的社会方式和他们消费的产品的类型。政府和许多社会团体及组织都在试图帮助消费者学习“正确、恰当的”态度和行为，使人们正确地认识公众关注的很多问题，例如，环境保护、健康的饮食习惯、毒品问题、酗酒问题，等等。市场营销人员也想尽办法让消费者了解其产品的存在和产品的特性。

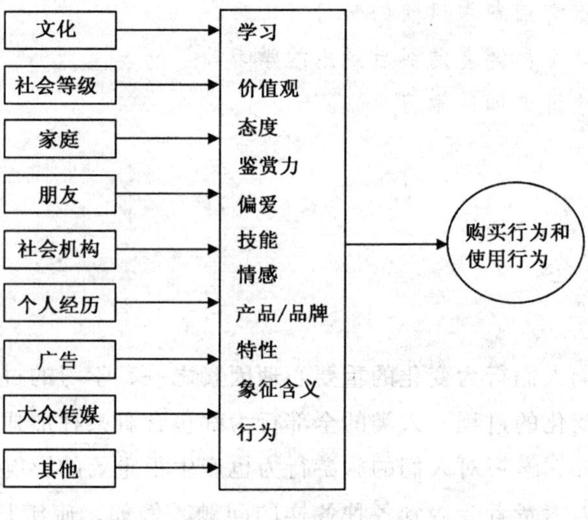

图3－1 学习是获得消费者行为的关键

学习的过程就是人们适应自身和环境变化，而改变自己原有行为，形成新的习惯。旅游行为本身就是一种习惯，通过学习，人们认识到旅游活动可以减少由于长期不断的紧张工作所带来的心理紧张，能通过旅游获得心理上的满足和享受，因此，人们就会继续进行旅游活动，从而成为习惯。

第二节
学习使旅游者从不成熟走向成熟

一、成熟旅游者的表现

现代旅游业在过去150多年中得到了异常迅速的发展，越来越多的普通民众都把旅游当作一种生活方式，积极地参与旅游活动，成为旅游者和潜在旅游者。和其他社会角色一样，旅游者也要经历一个从不成熟走向成熟的过程。随着旅游业的日益发达和旅游者本身经验的积累，旅游者通过学习，获得越来越丰富的间接旅游经验和直接的旅游体验，变得日益成熟。成熟的旅游者通过旅游行为，可以获得更多、更好、更高层次的满足和享受，提高自己的生活质量，让自己生活得更美好、更潇洒。

旅游界的专家通过研究，认为旅游者从不成熟走向成熟主要表现在以下几个方面：

（一）从茫然胆怯到老练自信

不成熟的旅游者，由于缺少旅游经验，既希望到陌生的异地去旅游，又有一种茫然胆怯的感觉，不敢贸然出游。这些人通常都希望加入旅行社组织的旅游团，以这种方式进行旅游。因为有组织的旅游团给人以安全感和保障感，旅游者交了钱后，一切活动都由旅游团来安排，旅游者不必为旅游活动的细节操心，个人的风险很小。随着人们更多地参加旅游活动，不断积累经验、增加见识，旅游者会逐渐变得老练和自信，越来越多的旅游者已不再满足于由旅游行社安排的那种固定的、事先安排好的旅游。他们逐渐倾向于那种按个人意志和兴趣去探索的个性化的旅游活动。因此，成熟的旅游者出游，往往倾向于选择不加入旅游团，而选择自助形式的旅游，宁愿做“散客”。

（二）从购买标准化产品到选购个性化产品

成熟的旅游者已不满足于那些无个性的、标准化的、大众化的旅游产品，如某某5日游、某某假日之旅、某某精彩3日游，等等。成熟的旅游者希望购买个性化的旅游产品；或购买整体“标准化”旅游产品中的部分片段，然后按自己的意愿进行组合，形成个性化的旅游产品。

（三）从前往众所周知的旅游胜地到自己去发现新的旅游目的地

成熟的旅游者往往不满足于因循守旧地蹈前人的覆辙前往那些已知的著名旅游胜地，他们更希望到一般游人很难到达的地方去进行探险式和探索式旅游，以发现新的旅游去处。

（四）从走马观花式的巡游到滞留型的细游

不成熟的旅游者通常希望在有限的时间里尽可能多看一些景区景点，因此，整个旅游过程匆匆忙忙，东奔西跑，以能到此一游为乐。成熟的旅游者更重视旅游目的地的内涵和深层次的内容，走马观花式的到此一游已不能满足其需要了。成熟的旅游者倾向于选定若干个旅游目的地，并滞留一段时间仔细游览，细细品味其内涵，以获得更深层次的精神享受和满足。

（五）从旁观者到参与者

“旅游”常常被说成是“观光”，但事实上，“旅游”决不仅仅是“观光”。成熟的旅游者已不再满足于在旅游活动中以旁观者的身份进行“观光”，他们要做参与者，要亲身进行体验。成熟的旅游者愿意购买“参与性旅游产品”或“体验性旅游产品”，旅游者能从参与性旅游中获得更多的新鲜感和自豪感，得到更高层次的享受和满足。例如，“丰收的草莓园”，“做一天农民”，“啤酒厂开放日”等参与性的旅游产品都很受旅游者的欢迎。

（六）成熟的旅游者更重视旅游过程，更具自主性

不成熟的旅游者只重视旅游的“结果”，而成熟的旅游者既重视旅游的“结果”也重视旅游的“过程”。他们希望整个旅游过程丰富多彩，希望自己来安排和组织活动。他们不希望旅游经营管理人员和服务人员包办一切，而希望给自己留有一定的自由度，以发挥自己的个性。因此，自助旅游日益受越来越多的旅游者的青睐。

旅游者通过不断学习变得越来越成熟，越来越精明。随着旅游者的成熟，旅游者对旅游业的要求必然会发生变化。但我国的旅游业还处在初级发展阶段，所以旅游者不可能一下子都变得成熟起来，总有成熟旅游者和不成熟旅游者之分。成熟的旅游者和不成熟的旅游者对旅游产品的需求是有很大差异的，旅游业必须有针对性地分别为成熟和不成熟的旅游者提供不同的旅游产品和服务，以满足他们的不同需要，使其都能通过旅游活动得到最大限度的享受。

二、旅游消费中风险的学习

旅游消费者的任何旅游决策都有可能产生预想不到的后果，令人心理不

愉快，也就是说，可能伴随着产生风险和不确定因素。由于最终的旅游结果可能与旅游者预想的不一样，于是旅游者作决策时，就可能觉察到风险。当一个人购买的价钱昂贵的旅游产品，既不能满足功能目标，又不能满足心理目标，那就既浪费了金钱，又浪费了时间。觉察到的风险，就会使人产生紧张情绪，甚至坐立不安。

（一）觉察风险的分类

觉察风险通常可以分为两大类：功能风险和心理风险。

1. 功能风险

功能风险涉及旅游产品的质量。当旅游消费者购买旅游产品和服务可能不如预料的那样满意时，就存在功能风险。例如：飞机出现机械故障，旅游巴士半路抛锚，某风景区因故突然不接待游客，酒店客房长途电话不通，卫生间无热水等。

2. 心理风险

心理风险指旅游者购买的旅游产品和享受的服务能否增强个人的幸福感和自尊感，是否会改善个人的自我形象。旅游产品具有象征性，旅游者购买旅游产品不仅注重自己在消费中的感受，还十分注重他人对自己所购的旅游产品的评价。旅游活动中的很多因素都具有明显的象征性，如交通工具、酒店、旅游服务项目、旅行社等。如果旅游者花钱购买了一个不符合时尚的产品或通过旅游没有体会到自尊和地位，就会产生心理上的不安，构成心理风险。

觉察风险的存在会影响旅游者的旅游决策，尤其是当旅游者要购买一次昂贵的度假旅游时，这种觉察风险就会使人坐立不安，产生心理紧张。但觉察风险并不等于实际存在的风险。事实上，实际风险再大，如果旅游者觉察不到，也不会影响旅游决策。

此外，还可以对觉察风险进一步进行细分为功能风险、身体风险、经济风险、社会风险和心理风险。表3－1是旅游消费者作选择旅游产品的决策时所面临的这些风险的基本内涵。

表3－1　旅游消费者作购买决策时面临的不确定性和风险的类型

风险类型	不确定性
功能风险	1. 产品意味着什么？ 2. 产品是否合适？ 3. 产品性能比其他竞争对手的产品更好吗？

续表

风险类型	不确定性
身体风险	1. 产品在使用中安全吗？ 2. 产品对他人有无人身威胁？ 3. 产品对环境有无危害？
经济风险	1. 在我有限的资金中，购买这个产品是合理的开支吗？ 2. 值得花这么多钱购买这个产品吗？
社会风险	1. 我的家庭和朋友会赞成吗？ 2. 我购买这个产品是否会使我信赖的人感到愉快？ 3. 我所认同的群体也使用相似的产品吗？
心理风险	1. 购买这个产品，我会感觉很好吗？ 2. 这个产品会引人注目吗？ 3. 值得购买这个产品吗？ 4. 我作出了一个正确的决策吗？

（二）觉察到风险的原因

旅游者通常在下列情况下觉察到风险：

1. 购买目标不明确

如果旅游者已经作出了出游的决定，但是对到什么地方去，采取什么旅游方式等还没最后决定下来。

2. 购买酬报不确定

如果旅游者已经确定了购买目标，但还不能肯定怎样选择才是最满意的。例如，旅游者已经决定去避暑消夏，但是到哪里去才能得到最好的回报呢？是去北戴河海滨、承德避暑山庄，还是去庐山呢？

3. 缺乏购买经验

一个从来没有外出旅游过的人，常常会面对众多的选择感到很茫然，不知所措，自然而然地会觉察到风险。例如，第一次打算出国度假时，旅游者就会由于缺乏经验而觉察到风险。

4. 积极的和消极的结果的影响

旅游者会觉察到任何旅游决策都会有积极的和消极的后果。例如，乘飞机旅行速度快，但飞机票价格昂贵，而且也不能欣赏沿途风光；乘火车旅行价格便宜，而且可以欣赏到沿途美丽的景色，但旅行速度比较慢。

5. 相关群体和伙伴的影响

个体旅游者的购买决策如果与相关群体或身边的同事、亲友、朋友等的购买决策不相同时，就会感知到来自相关群体或伙伴的压力，就会感知到风险。

（三）减少觉察风险的方法

因为旅游消费者的任何决策都可能觉察到风险，所以为了保证旅游活动更好地进行，使旅游者较少顾忌地去享受旅游带来的乐趣，旅游者逐渐学会了采取某些措施来消除或减少觉察风险。减少觉察风险的方法主要有以下三种：

1. 降低对旅游产品和服务的期望值

期望本身就意味着快乐，人们对旅游更是如此。旅游者总是把旅游产品和服务理想化，对所购买的产品或服务充满着幻想，否则，就不会兴致勃勃地去从事旅游活动，去接受服务了。然而事实上，由于种种原因，现实与期望往往是有差距的，有时会有很大的差距。如果期望值过高，往往因不能如愿而使人产生一种失望感。因此，成熟的旅游者应学会如何对待期望，应学会自觉地将期望值调整到一个合适的位置上，作好充分的心理准备，这样在做决策时就可以减少觉察风险了。旅游企业的促销人员也应该针对旅游者的这种心理，既要鼓励和启发旅游者的想象力，使其对旅游产品产生浓厚的兴趣，又应提醒旅游者，未来旅游活动可能会遇到一些不可预见的后果，应该作好充分的心理准备。这样才能避免旅游者乘兴而来，败兴而归。

2. 重复购买自己信赖的或名牌旅游产品

旅游产品是无形的产品，它不像有形产品那样可以用规范的质量标准来检验。因此，大多数与旅游相关的购买活动所包含的觉察风险相对也是比较高的。重复购买一种自己信赖的产品是消费者减少觉察风险的一种普遍方法。例如，一个旅游者在购买某一旅行社的旅游产品后，觉得不错，那么以后他每次出游就都选择购买这一旅行社的产品。他这样做，并不意味着对这家旅行社的产品百分之百地满意，而是这样的选择至少可以期待得到和上一次同样的服务。所以就没有必要选择别的旅行社，去冒不明内情的风险了。

认定名牌商标也是减少觉察风险的一种方法。旅游者通过学习认识到，依据对商标的声誉和对名牌产品的认可来作出购买决策，可以避免觉察风险。因为名牌产品的各项指标都是过硬的，其质量是经过实践检验，并得到公众认可的。所以为了减少或消除觉察风险，人们往往不倾向于购买自己不熟悉或从来没听说过的品牌的旅游产品。旅游企业认识到这一点是十分重要的。旅游企业应力争向旅游者提供优质的产品和服务，努力树立自己企业形象和品牌形象，创造真正过硬的名牌产品。这样才能在旅游消费者心目中树立一个值得信赖的、高质量的产品形象，赢得更多的旅游者。

3. 获取更多的信息

旅游者获取的信息越多越可靠，购买旅游产品时可能伴随的不确定因素就越少，他所觉察到的风险也就越少。旅游者在购买产品时，为了减少觉察风险，常常主动收集和整理信息。例如，一个从未到过欧洲的人，要到欧洲旅游，他所觉察到的风险是非常高的。为了减少这种风险，他应该积极主动地搜寻有关欧洲诸国的各种信息，如地理、交通、气候、风俗、礼仪、社会等信息，并加以归纳整理。力争在作决策时尽可能详细地了解欧洲。虽然旅游促销宣传广告、旅游手册等都是旅游者获取信息的重要渠道。但旅游者通常认为，通过人际关系可以收集到可靠的信息。例如，购买过该旅游产品的同事、亲友、家人等都是非常可靠的信息来源。

三、减少旅游者购买后疑虑的学习

觉察风险产生于旅游者作决策时，而旅游消费者在作出购买决策之后，仍然可能存在疑虑和后悔，旅游消费者的这种心理状态被称为购买后失调和不协调。这种失调通常出现在旅游者消费产品和服务之后或之前。

（一）产生购买后疑虑的原因

旅游消费者在心理上产生这种失调的原因主要如下：

1. 作旅游决策时，可供选择的对象多

旅游者作决策时，呈现在面前的各种可供选择的对象不止一个，旅游者在购买产品之前必须要在多个可供选择的对象中选择一个。这对旅游者来说是很困难的，因为可供选择的对象太多，虽然努力筛选，但由于个人的经验、知觉水平等因素所限，很难作出最佳选择。因而在作出了决定之后，很可能又发现了更为理想的对象。在这种情况下，自然会产生疑虑或后悔的感觉。

2. 旅游决策作出后，出现了意想不到的新情况

旅游者在作出消费决策后，也可能由于意外情况的出现，在心理上产生了不适的感觉。例如，购买了某一旅游产品后，自己的经济状况发生了变化，产生了不应购买这么昂贵的产品的感觉；旅游目的地的情况突然发生变化，不能提供预期的服务；其他信息突然闯入，显示自己原来所作出的决策不是最佳选择；朋友或熟人对自己所作的决策进行负面评论，等等。

（二）减少或消除购买后疑虑的方法

旅游者作出购买决策后，一旦出现心理上的不适，就会产生后悔、遗憾等疑虑现象。疑虑出现在消费行为发生之前，可能导致旅游者改变主意或取消预定的行动计划。疑虑如果出现在消费行为发生之后，会使旅游者对本次旅游产生极大的失望感和后悔感，导致旅游者永远不再购买该旅游产品。可见，减少或消除旅游者购买后疑虑十分必要。减少或消除旅游者购买后疑虑的主要方法如下：

1. 有选择地接受信息

旅游者可以选择接受那些支持自己旅游购买决策的信息，以巩固自己的信念，达到心理上的平衡。同时还要避开或放弃其他对购买决策可能产生负面影响的信息，要尽量忘掉已放弃的对象中的优点，记住其缺点，这样就可以巩固已作出的决策的正确性。简单地说，就是选择有利信息，放弃不利信息。例如，如果旅游者作出了参加国内某地7日游的决策后，就应故意忘掉去新、马、泰旅游的新奇性和刺激性，而有意识地去想到新、马、泰旅游价格很昂贵，所耗费的时间很长等证明自己决策正确性的因素。

2. 坚信自己的选择是正确的

旅游消费者如果断定，假定作出别的旅游选择，其结果也一定与现在的选择结果大致一样，不会有大的出入，就会减少后悔感。因此，用这种方式为自己的旅游决策辩护，可以减少或消除购买后疑虑，维护自己的心理平衡。

第三节
旅游者如何学习

旅游行为的变化是通过学习获得的，学习旅游行为的途径包括获取经验和取得信息两个重要方面。

一、通过经验学习旅游

旅游者从日常积累的经验中学习，一旦需要作出旅游决策时，平时积累的经验就成为重要的决策依据。旅游消费者往往希望把作决策所需要的时间和精力降低到最低程度，要做到这一点就必须对经验加以概括。但概括的结论并不一定正确，有时会以偏盖全，表现出片面性，因此，概括可能产生积极作用，也可能产生消极作用。但无论是积极作用还是消极作用，概括都会影响旅游消费者的后续决策和行为。例如，一个外地旅游者在大连旅游时，享受了市内几家酒店和景点的优质服务后，他头脑中可能会概括总结出，大连市的旅游服务是一流的，是信得过的。同样，一个外国游客在入境的口岸城市经历了不愉快，如服务水平低下、卫生状况差、管理混乱等，这位游客就会推断出，中国的旅游服务是不会令人满意的。

旅游企业应该利用旅游消费者的这种概括倾向，有针对性地引导旅游者作消费决策，采取措施将自己的各种产品和服务联系起来，或采取措施避免或割断这种联系。引导旅游者通过概括把对某些高水平的产品和服务的经验推及到其他产品和服务上去，用这种手段创造系列品牌和名牌旅游产品，以吸引更多的旅游者，扩大旅游产品的销售量。同时，设法使某些不合格产品和劣质服务与其他旅游产品和服务区分开，以免概括所产生的消极作用破坏其他产品和服务的声誉，影响旅游企业的形象。

二、获取信息的过程也是学习旅游的过程

当旅游者接触与旅游相关的信息，并对其进行归纳总结，用来解决旅游所涉及的问题时，学习旅游的过程就开始了。在某种意义上，学习是信息处理的结果。在信息处理的过程中，学习者的记忆发生了变化（见图3－2）。当今是信息时代，每时每刻都会有大量的新信息出现。但是旅游者所关心的只是其中的与旅游或者休闲度假相关的信息，旅游者通常从两个主要渠道获取这些信息：商业环境和社交环境。

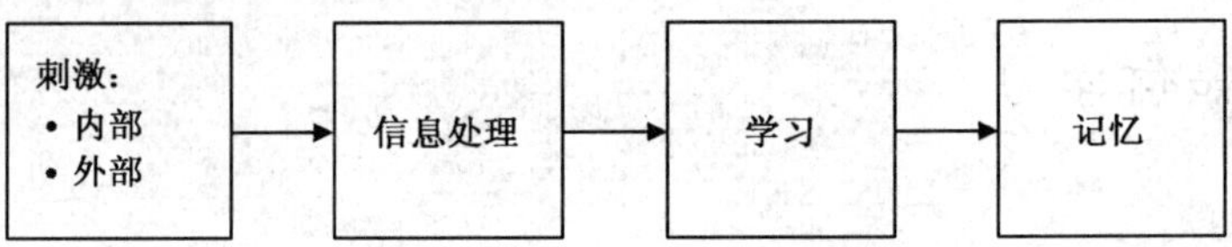

图3－2 学习是信息处理的结果

（一）商业环境

旅游商业环境通常包括旅游企业本身制作或在传播媒体上发布的旅游广告或宣传品，及旅游促销人员的推销行为。传播信息的手段既包括传统的图片和语言文字，也包括目前广为流行的数字多媒体。旅游信息既可以出现在传统的报纸、杂志、无线电广播、电视上，也可以出现机场、车站、公路、街道等处的广告牌上，还可以出现在互联网或其他无线寻呼网上。由于制作

技术和手段的不断提高，旅游信息的制作越来越精美，图文、声象并茂，创意越来越新颖，因此，丰富多彩的旅游信息可以激励和强化旅游者或潜在旅游者的旅游动机和兴趣。旅游信息的传播符合旅游企业进行市场促销时通常所采用的 AIDA 原则，即吸引力（Attraction），产生兴趣（Interest），激起购买欲望（Desire to act），付诸购买行动（Action），因而对旅游者可以产生深刻的影响。旅游企业正是利用这一原则向人们提供旅游信息，有目的、有针对性地利用旅游者或潜在旅游者兴趣能动性的特点，引导旅游者或潜在旅游者对旅游产品产生兴趣，激起购买欲望，使其作出购买决策。

对缺乏旅游经验的人，旅游商业信息更具影响力。这些信息可以帮助没有经验的旅游者消除疑虑，学会如何作出重大旅游决策。但成熟的旅游者往往对旅游企业提供的商业信息持批判分析的态度。这些旅游者因为有丰富的旅游经验，能从信息中找寻没有提及的另一方面，即消极的一面。在现实中，有些信息在过分强调产品某些特色时，也不自觉地向旅游者暗示了其产品消极的一面，例如航空公司如过分强调飞机的安全措施，无意中就提醒人们乘飞机旅行有风险。因此，旅游促销人员应充分认识到商业信息不仅是消费者学习旅游的重要来源，还可能给旅游消费者带来消极的负面影响的这一特点。成熟的旅游者还不满足于被动地接受信息，他们往往倾向于主动搜寻信息，辨别信息内容的准确性，不盲目相信那些夸张和含糊其辞的广告宣传。旅游企业应着力营造值得信赖的商业环境，树立良好的企业形象，实事求是地向旅游者提供真实可靠的信息，决不能用虚假的或夸大其词的信息误导或欺骗旅游消费者。

（二）社交环境

旅游消费者的社交环境主要包括家人、亲友、同事、熟人等。社交环境是旅游者获取信息的主要来源。社交环境所提供的信息不同于商业环境的信息。旅游者往往更乐于接受和相信从社交环境中获得的信息，因为亲友、熟人等提供的信息通常被认为是第一手资料，是这些人的亲身经历和体验。这些信息不附带商业目的，没有出于商业利益考虑的掩饰和夸张。研究表明，来自社交环境的信息对旅游者和潜在旅游者动机的影响最大。例如，日本交通公社的一项调查显示，在影响旅游者决策的各种信息中，有 69% 的信息来自朋友和熟人的介绍，远远高于商业环境提供的信息的比例。社交环境提供的信息还具沟通性，信息的提供者和信息的接受者可以双向沟通，相互交流。在社交环境中，旅游者可以随意地向信息提供者提出问题，询问各种细节，这就使信息的理解过程加快、通畅，从而有助于减少风险和消除疑虑。

［案例分析］

做一个成熟的旅游消费者

近年来，旅游市场出现了前所未有的好势头，然而在这大好的势头后面，也存在着诸多的问题，如假日旅游爆棚各条热线，旅游接待难以为继，旅游价格无序竞争，旅游投诉明显上升等。这其中有旅游硬件设施的不完善原因，同时也存在一个旅游消费的成熟问题。

成熟消费的品牌意识

一个成熟的旅游消费者，在消费时首先应考虑的是，该旅行社的品牌形象。因为好品牌的旅行社，在游客消费路途中所提供的旅游服务与没有品牌的旅行社是不一样的，如乘坐的航班、出行坐的车子、住宿的宾馆、陪同的导游等，在碰到问题时处理的方式也不一样。另外，品牌好的旅行社，都有自己的特色服务，它们在某一领域都有自己的独到之处。虽然有的价格上比一般的旅行社贵些，但享受的消费乐趣是不一样的。而现在许多旅游者在选择旅行社时，还很少考虑到这一方面的问题。

成熟消费的价格意识

价格是一个最敏感的问题，许多人在出游时往往有一种习惯性思维，要在价格上与旅行社讲价格，拼命压价，总认为旅行社的赚头很大，不压掉点钱，心里就不踏实，最好的结果是旅行社基本不赚。其实这种想法是有误区的。随着旅游业的快速发展，竞争也日益激烈，透明度较之以前大大提高，很难有暴利。据了解，现大旅行社组一次团，毛利一般在7%～8%，某旅行社做一个张家界团，每人20元的赚头，到东南亚每人赚50元，因此纯利只有千分之几。但游客的压价和竞争的激烈，迫使旅行社一再降价，但降价结果表面上是便宜了，实际上是“羊毛出在羊身上”，在旅程中吃不含、机场建设费不含、接送车不含（到机场的）、部分景点门票不含、还有到国外小费不含，再多加些购物点，以此来弥补损失，但旅客也往往会因此与旅行社和导游产生不愉快。例如，前段时间某地一家旅行社组织一批歌迷到上海去听某歌星的演唱会，原本准备用进口空调车接送客人，测算成本是每人30元，因游客执意要便宜10元，最后用了20元的普通车，结果车在路上抛锚，迟到了半小时左右，这把听歌的情绪也破坏了。所以，一个成熟的消费者，在旅游消费时不能一味讲价钱，该让旅行社赚的钱，还是要让旅行社赚。

成熟消费的个性意识

旅游是一种身心愉悦和放松，但事实上国内的游客很难做到这一点。大多数情况下，国内游客总是要到临出行时才考虑选择旅行社、选择线路，旅游时间也喜欢凑在高峰期，出游的线路喜欢热门景点，其实这些都不算是明智的做法。国外消费者出国旅游，一般提前半年做好计划，在国内游一般提前一个月左右。另外，旅游是一种文化的体现。国外游人出游前，喜欢对游览地的文化和风土人情先作一番了解，出游的时间也不是排得很挤，他们喜欢有专题的旅游。但国内游客在这一点上差些，往往了解不多，走马观花，导游在做介绍，客人却忙于拍照或购物，旅游回来便累得动弹不得，并且对个性化的旅游不感兴趣。旅游消费应充分体现个性化，如自助游、文化游、休闲游、探险游等等，游客都能在旅游中获得无穷乐趣。

（资料来源：http：//www.unn.com.cn/GB/channel20/47/489/504/200010/27/4372.html。）

讨论问题：

1. 从品牌意识、价格意识和个性意识的角度，讨论成熟旅游者的旅游行为。

2. 你认为成熟的旅游者希望通过旅游获得什么样的体验？

思考与练习

1. 什么是学习？为什么要学习？

2. 结合旅游实践，讨论成熟旅游者与不成熟旅游者的不同。

3. 根据成熟旅游者和不成熟旅游者的特点，讨论旅游企业应如何有针对性地开发产品和提供服务。

4. 旅游者在作决策时为什么能觉察到风险？旅游企业可以采取什么对策来帮助旅游者减少各种不同类型的觉察风险？

5. 结合自己或别人的旅游经历，讨论购买后疑虑的产生的原因和减少购买后疑虑的方法。

6. 旅游者的经验对旅游决策有什么影响？

7. 旅游企业在提供信息、发布旅游促销广告时应做些什么？

第四章

旅游者的需要与动机

内容提示

- 需要的概念和分类
- 马斯洛的需要的层次论
- 需要的单一性和复杂性
- 人对高质量生活的需要
- 旅游动机的过程
- 旅游动机的多源性
- 激发旅游动机的手段和措施

第一节 旅游者的需要

人们为什么要进行旅游？探讨这个问题涉及旅游消费行为的动因。随着社会的发展和人们生活水平的日益提高，人们对高层次的生活水准和生活方式的需要，越来越强烈，需要已经成为人们旅游的最基本、最核心的内在动因。研究旅游者的需要可以揭示人们从事旅游活动的内在动力，有助于深刻理解人们的旅游行为，有助于对旅游行为进行预测和有针对性地引导。

一、需要的概念

需要是个体缺乏某种东西时产生的一种主观状态，也就是个体对一定事或物的需求和追求。人的生存和发展必须依赖一定的条件，条件不足时就会导致生理上或心理上产生匮乏状态，就会出现不平衡。当这种不平衡达到一定程度时，就必须进行调节，这时人就会感到需要的存在，产生恢复平衡的要求。需要是人类活动的基本动力，它激发人们朝一定方向行动，并指向某种具体对象，以求得自身的满足。人们原有的需要满足之后，还会有新的需要出现，周而复始，呈现出动态的发展过程，体现了人类永不满足，勇于进取，创造美好未来的精神状态。

人的各种需要复杂多样，相互关联，形成了一个庞大的需要体系。对人的各种需要，学术界有各种不同的分类方法，主要有两种，即按需要的起源分类和按需要对象的性质分类。

（一）按需要的起源划分，可以分为自然需要和社会需要

1. 自然需要

自然需要又称为生理需要，是人类对维持生命和繁衍后代的必要条件的要求。如对饮食、睡眠、休息、御寒、避暑、阳光、空气等的要求。人类获得这些物质后，就可以对其生理系统进行调节，从而达到生理上的平衡。

2. 社会需要

社会需要指人类在一定社会环境中，对劳动、知识、社会道德、审美、宗教信仰、成就、尊重等方面的需要。人类对这些因素的需要是为了达到心理上的平衡。社会需要是人们在成长过程中通过对各种经验的积累和学习获得的，可以反映出在一定社会条件下，个体对社会生活的要求。

（二）按需要的不同对象划分，可以分为物质需要和精神需要

1. 物质需要

物质需要指人们对物质和物质产品的需要。在物质需要中，既包括自然的需要，如饮食、空气、阳光等，又包括社会的需要，如工作环境、文化娱乐用品、交通工具等。人的物质需要是随着社会的进步和生产力的发展而不断提高和发展的。

2. 精神需要

精神需要指人们对精神生活和精神产品的需要，如对知识、审美、艺术鉴赏、宗教信仰、道德、友谊、荣誉、地位、成就、自尊等方面的需要。

物质需要和精神需要是相对的，又是密切相关，互相交叉的。例如，某人买一套公寓住宅是为了物质上的需要，但同时他又要求住宅的外观要漂亮，房间的内装修要高雅，要上“档次”，这就是在满足精神上的需要。某

人购买了家庭影院系统后，他就拥有了“物”，即这套家庭影院系统；通过观看DVD影碟，他得到了精神上的享受；他拥有的这个“物”同时又使他得到了一种“购买了价格昂贵的新潮产品”的优越感，获得了另外一种精神上的满足。

二、需要层次理论

人类的需要一直是心理学家们研究的对象。其中美国心理学家马斯洛的需要层次理论是比较有影响、比较有代表性的学说。马斯洛把人类多种多样的需要归纳为五大类别：生理的需要、安全的需要、社交的需要、尊重的需要和自我实现的需要。这五种需要按照其发生的先后顺序，由低级至高级呈金字塔形依次排列（见图4-1）。

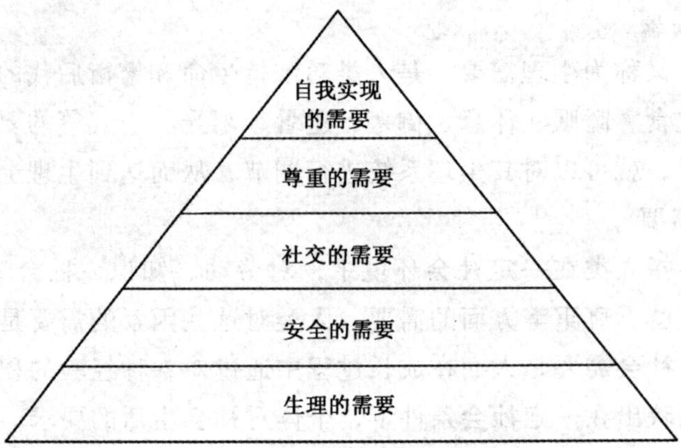

图4-1　马斯洛的需要层次关系图

马斯洛认为，人永远是有所求的，一种需要得到了满足，另一种需要就会紧跟着出现。人的需要总是由低层次向高层次呈上升的趋势，高层次需要的出现总是以低层次需要为条件。生理需要相对得到满足之后，就会出现安全需要。在生理和安全需要得到满足之后，就会出现社交的需要（即爱与归属的需要）。跟在社交需要后面的是尊重的需要，最后才是自我实现的需要。总之，只有低层次的需要得到满足之后，高层次的需要才会出现。只有低层次的需要得到满足之后，追求高层次的需要才会成为激励因素，成为推动行为的动力。

（一）生理的需要

生理需要是人的最基本需要，是维持个体生存和发展的一种基本需要，是应当最先得到满足的需要，如食物、睡眠、住所、御寒等需要。生活在贫困线上的人们关心的首要问题是低层次的生理需要，只有解决了生存问题，才有可能考虑其他需要。一个温饱无法得到保障的人，首先想到的是解决吃饭和穿衣问题，是不会在意自己是否会得到别人的尊重的。

（二）安全的需要

人的基本生存条件得到保障之后，也就是生理需要基本满足后，就会出现安全需要。人们之所以愿意接受熟悉的事物，不愿意接受不熟悉的事物，是因为陌生也就意味着不安全。人们都希望有一个安全、稳定、有秩序的生存环境，都希望保护自己免受各方面的危害。安全需要包括生命财产的安全、职业安全、社会治安、福利保障、劳动保护措施等等。如果这种需要不能得到满足，人就会产生危机和恐惧感，就谈不上社交和尊重等更高层次的需要。

（三）社交的需要

社交需要又称为爱与归属的需要，这里的爱是指广义上的爱，这里的"爱与性并不是同义的"。社交的需要包括社会交往；渴望自己有所归属，成为某一群体或阶层中的一员；希望与同伴或他人之间保持友谊和融洽的关系；渴望得到别人的关怀和友爱；希望家庭生活美满和谐等。这一层次的需要如果不能得到满足，人就会感到孤独和失落。在现代社会中，随着物质生活的日益富裕，人们更加重视感情生活，因此人们的社交需要也越来越迫切。

（四）尊重的需要

当社交需要得到满足之后，人们就会产生尊重的需要。人们既希望受到尊重，也希望有自尊。例如，人们都希望有稳定、体面的地位，都有对个人的声望、名誉等的欲望，都希望能通过努力表现出自己的能力和才华，都希望个人取得的成就和自身的价值得到社会的承认。人们尊重的需要得到满足之后就会感到自身的价值得到了实现，因此就会充满了自信，对未来和社会满怀信心。如果尊重的需要不能得到满足，人就会感到自卑和无望。人们接受高层次的教育，努力开拓自己的事业，进行旅游活动等在一定程度上也是在满足自己尊重的需要。

（五）自我实现的需要

自我实现的需要是人所追求的最高目标，是最大限度地开发自身的潜能，实现自己的理想和抱负的需要。但人的潜力各不相同，因而自我实现的需要也是因人而异的，不能期望所有人的自我实现的价值都是一样的。任何人只要实现了“自己愿意成为的人”的愿望，就意味着“自我实现”。事实上，能满足这种需要的人只占很少数。

上述五个层次的需要还可以进一步分成两大类。生理需要、安全需要、社交需要和尊重需要可以统称为缺失性需要，因为人是由于缺少了什么或失去了什么，才产生了这些需要。而自我实现的需要是性质完全不同的另一类需要。人之所以有自我实现的需要，并不是由于缺少了什么，或失去了什么，而是因为自身的潜能还没充分发挥出来，自身的价值还没有完全实现。因此，自我实现的需要又称为非缺失性需要或者成长的需要。在某种意义上，缺失性需要可以通过“索取”来满足，而非缺失性需要则只能通过“奉献”来满足。只有通过创造，通过奉献，通过施爱的过程，人的潜在才智和能力才有可能充分发挥出来，人的自身价值才有可能完全得以实现。

三、需要的单一性和复杂性

人的需要是一个复杂的现象，心理学的研究成果认为，人们对需要既希望保持单一性也追求复杂多样性。

（一）需要的单一性

需要的单一性又称需要的一致性。人们总是期望在生活中保持平衡、和谐和一致，希望日常生活稳定，不动荡，力求避免冲突，还希望生活中的一切都有规律性和预见性。如果在生活中出现不一致或非单一性的事物，人就会产生心理紧张。这时，人们就会期望寻求预知的、一致的事物来抵消这种不一致造成的紧张和不安。

由于需要的单一性，人们就学会了在生活中加倍小心地避免可能出现的不一致或非单一性。在旅游中，人们对行、游、住、食、购、娱各个环节都希望有预见性和稳定性，不希望出现意外或变故。所以旅游者往往希望参加由信誉可靠的旅行社组织的旅游团，走传统的旅游路线，游览著名旅游景区或景点，下榻提供标准化服务的星级酒店，光顾国家定点旅游购物场所购物，参加自己熟悉或传统的娱乐活动。

（二）需要的复杂性

需要的复杂性指人们对新奇、意外、变化和不可预见的事物的追求和向往。人的生活是复杂多样的，过于单一刻板的生活并不会给人带来满足，而会使人感到厌倦，使人在心理上感到紧张和不安。因此，在生活中人们除了要求单一性之外，还有追求复杂性的愿望，希望自己的生活更加丰富多彩，期望通过生活中的复杂事物给自己带来心理上的更多满足和愉悦，提高生活的质量。不同的需要所对应的旅游类型也不相同，古特雷斯和鲍德斯对其进行了比较（见表4－1）。

表4－1　旅游者的需求及相对应的旅游类型

基本需求	旅游类型
沐浴阳光，放松身心	阳光、沙滩旅游
探索异域文化的奥秘	文化旅游
从事运动	运动旅游
挑战大自然	探险旅游

对复杂性的要求成为人们外出旅游的基本动力之一。旅游使人们离开了单一刻板的日常生活环境，使生活增加了变化，添加了不可知因素，满足了人们对复杂多样事物追求的心理需要。同样，人的这种对复杂性的需要驱使旅游者愿意去以前从未去过的地方，选择与众不同的旅游方式，在旅游过程中尝试那些非常规、非标准化的条件和服务，乐于去探索未知的旅游目的地。通过这些手段去感知复杂的事物，获得全新的经历，从而获得心理上的满足。

（三）需要的单一性和复杂性的平衡

需要的单一性和复杂性是相互对立的一组矛盾，但两者存在很大的互补性。在现实生活中，人们并不仅仅需要单一性或复杂性，人们需要的是单一性和复杂性的有机结合。单一性的需要在一定程度上要用复杂性来平衡；复杂性的需要在一定程度上要用单一性来平衡。人人都离不开这种平衡，只不过侧重的程度不同而已，也就是说，平衡点的位置不同而已。一些人的平衡点可能会偏向单一性，而另一些人的平衡点则可能会偏向复杂性。如果偏离了这个平衡点，人们就会产生心理紧张和不安。如果每天都从事非常单调一致的工作，人们就会产生厌倦感，从而导致心理紧张，这些人就渴求用复杂性来保持需要的平衡。如果每天都在相当不可预见的、多样复杂的环境中工作，每天都要处理全新的问题，人们又会产生恐慌感，从而导致心理紧张，这时需要用单一性来保持需要的平衡。

旅游活动实际上是起着“平衡剂”的作用。旅游者通过旅游活动，从两个方面纠正日常生活中单一性与复杂性的失衡。生活太单一的人在旅游中需要用复杂性来平衡；生活太复杂的人在旅游中需要用单一性来平衡。旅游动机正是在旅游者的这种单一性和复杂性双重需要的刺激下产生的。

四、人对高质量生活的需要

在当今世界，生产力的高度发达带来了人们物质生活水平的迅速提高。经历了30年的经济改革，我国人民的生活水平也有了显著提高，已开始向小康水平迈进。人们基本上解决了温饱问题之后，就有进一步提高生活质量的需要，希望能过上高质量的生活。什么样的生活才算高质量呢？根据马斯洛需要层次论的理论，人们满足了基本生存需要之后，就要去追求更高层次需要的满足。因此，毫无疑问，满足高层次的需要才是高质量的生活。高和低是相对的，对于已经得到生理需要满足的人来说，安全需要是高层次的满足；而得到了安全需要满足之后，社交需要又成为新的高层次的满足；依次类推。在物质生活上得到满足的人，会去进一步追求精神上的满足，同样，缺失性需要得到满足之后，人们追求的高层次满足则是非缺失性需要。人们进行旅游活动的本身就是在追求一种高层次的满足，是在追求一种高质量的生活。

高质量的生活就是幸福生活，追求高质量的生活，追求人生的幸福是人类的本能。那么究竟什么构成了幸福？幸福的要素是什么？心理学的研究成果认为，亲切感、自豪感和新鲜感是人生幸福的三大要素，正是这三种满足感构成了高质量的生活。不论旅游者主观上是否意识到这一点，事实上，所有的旅游者都希望在旅游中获得更多的亲切感、自豪感和新鲜感。

（一）亲切感

亲切感的最重要来源就是人与人之间真诚的爱，这里的“爱”，是广义上的爱，指人与人之间的关心爱护，真诚相待，相互理解，宽容和尊重，等等。在马斯洛的需要层次中，亲切感可以归为社交需要。在五个层次中，它正好位于中间，是追求更高层次满足的前提。在现实世界中，这种爱不是太多了，而是远远满足不了需要。大多数现代人，已从繁重的体力劳动中解放出来，但大多数人仍然觉得“活得不容易，很累”，其原因就是精神负担太重了：激烈的竞争导致人际关系紧张，人情淡薄；生意场上的尔虞我诈，使人们普遍感到隔膜和冷淡。简而言之，就是缺少亲切感。人们外出旅游的目的之一就是要暂时摆脱一下这人世的红尘，寻找一个远离尘世的世外桃源。希望在这个新世界里能找到亲切感——广义上的爱，期望能享受到高质量的生活。因此，旅游企业的接待和服务人员应该努力为旅游者创造一种轻松和谐的气氛，为旅游者提供富有亲切感的旅游服务，以爱心对待旅游者，与旅游者建立起最佳的人际关系，使旅游者通过旅游能体验到人间的纯真情感，在整个旅游过程中自始至终都能感知到亲切感。

（二）自豪感

自豪感是人们对有机会表现自己，突出自己，并由于自己的表现而受到别人的肯定评价和赞扬的一种满足感。一个有自豪感的人，就是一个对自己感到满意的人。一个缺乏自豪感的人，无论物质生活方面得到多大的满足，也不会有幸福感。旅游活动给人们提供了一个展现自己，突出自己，增加自豪感的机会。一些在日常生活中被人呼来唤去、在生活上十分节俭的无名小卒，在旅游中之所以要住进酒店的总统套房，就是要表明，自己是与总统级的人物一样尊贵、一样重要的。其实这就是在满足他们的自豪感。旅游企业针对旅游者对自豪感的需要，不但要为旅游者提供供其享受的产品，还要想尽办法为旅游者提供一些可以用来向别人夸耀或展示的东西，让旅游者有机会通过旅游行为，向别人展示，自己在旅游中的表现和作为是值得自豪的。

（三）新鲜感

人并不是只要丰衣足食就会感到幸福的，人的本性是要不断地寻找新的事物、新的世界。新鲜感是人们对生命力的感受，寻求到新的天地会使人感受到生命的活力，感觉到世界充满了生机，从而会对生活更加充满信心。新鲜感对所有热爱生活的人都是非常重要的。因此可以说，不断开拓和发现能给人以新鲜感的生活才是高质量的生活，新鲜感是人生幸福的标志之一。

新鲜感也是相对的，在我们今天的生活中，新事物不断涌现，各种变化层出不穷，但很多人并未觉得自己的生活充满了新鲜感。这是由于人们并不总是把属于自己的生活当作理想去追求，而是向往不同于自己原来生活的全新生活方式。用“围城”的理论可以形象地说明这个问题。“城里”和“城外”的人都认为对方的生活方式是新鲜的，是具有吸引力的，因此，就竭力要“进城”或“出城”去体验对方的生活。例如，为了获取新鲜感，城里人跑到乡村、田野、草原、森林去返朴归真地享受大自然，而乡下人却赶到城里来体验以林立的高楼、浓重的商业气息和紧张快捷的生活方式为标志的现代生活。因此，来自拥挤的大都市的人可能会追求愉悦的海滨度假，来自乡村的人可能会乐于追求都市小憩。同样也是出于对新鲜感的追求，普通平民百姓羡慕上流政要的特权生活，而这些大人物又渴望平民百姓那种不受拘束的自由生活。在一些经济欠发达地区，人们普遍厌倦牛车或驴车等落后的交通工具，向往那种以汽车代步的现代生活，而来自发达地区或外国的游客却偏要在此地体验一下乘坐被人们戏称为“牛轿车”或“驴吉普”的牛车或毛驴车的滋味。在现实生活中，“城里”和“城外”的人几乎无处不在，因此人们的旅游要求也是五花八门的，但有一点是相同的，即向往和追求与自己生活方式不同的生活模式，寻求新鲜感的满足。为此，旅游工作者面临的课题是，如何迎合旅游者的这种求新心理，想办法让“围城”内外的人都能在旅游中找到新鲜感，从而享受到高质量的生活。

第二节 旅游者的动机

一、动机与旅游动机

动机是发动和维持人的活动，并使活动指向一定目的的心理倾向，动机产生于人的某种需要。当人产生某种需要时，就会出现心理上的紧张或不安，这种心态就成为一种驱动力，于是就产生了动机。有了动机之后，就要选择或寻找目标，确定了目标之后，就要发生为满足需要而进行的行为。需要和动机紧密相连，但又有差异。仅有愿望而不付诸行动的需要不能成为动机。只有当愿望被激起并维持人的活动时，这种需要才成为动机（见图4-2）。

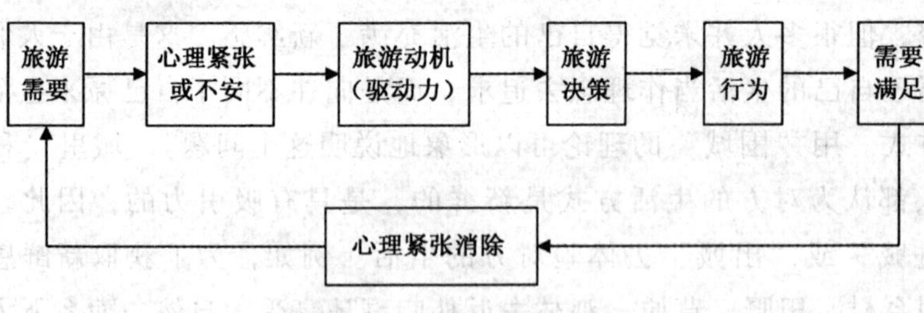

图4-2 旅游动机的过程

人的行为实质上是满足需要的活动，由于需要的存在，才有满足需要的活动。需要的产生到需要的满足构成了行为的过程。这在任何环境中都是一样的，旅游环境也不例外。随着社会的不断前进和发展，人们不断会有新的需要，因而也就会不断产生新的动机。这个过程是永远不会停止的，是永无止境的。一个人不再产生新的动机之时，也就是其生命终止之时。

旅游动机是推动人们进行旅游的内部驱动力。旅游动机是在旅游需要的刺激下，直接推动人去进行旅游活动的内部动力。在现代社会中，人们的精神经常处于紧张状态，造成了巨大的心理压力，在内心中就产生了不平衡，因此，人们普遍渴望能对这种不平衡的身心状态进行调节。旅游活动是公认的有效调节人们心理状态的活动。一个人一旦产生了旅游需要，旅游动机就推动其为满足旅游需要而进行种种努力，把行为指向特定的方向：作出旅游决策，发动旅游行为，维持旅游活动的进行并达到目的，满足旅游需要，最终消除心理紧张。不管旅游动机如何复杂，其实质都是为了满足人的多种旅游需要。

旅游动机的产生必须同时具备两个方面的条件：主观条件和客观条件。主观条件是个体的内在条件，即人对旅游的需要。但是人们具备了旅游动机的主观条件后，如果客观条件不允许，并不一定能够形成旅游动机，因而旅游行为最终也不一定能够发生。客观条件就是外在的诱因或刺激条件。旅游动机产生的客观条件主要可以归为三类：时间条件、经济条件和社会条件。

（一）时间条件

人们外出旅游必然要占用时间，如果不能摆脱公务或工作，没有供自己自由支配的闲暇时间，人们就难以产生旅游动机。我国已经实行了每周五天工作制，又实行了三个大节日及三个传统节日的休假制度。这些时间条件已与发达国家相当。实践证明，这些时间条件对中国人旅游动机的产生起着很重要的作用。

（二）经济条件

旅游是一种消费行为，如果财力有限，经费不足，旅游行为就无法实现。旅游是人们生活水平和生活质量提高的一个重要特征，人们在基本生活得到保障之后，才会有旅游的动机。在一个温饱尚不能满足的社会是不可能产生大量的旅游需要和动机的。一个国家或地区经济的发达程度与外出旅游的人数成正比。按照国际经验，当一国人均 GDP 达到 800 ~ 1000 美元时，居民普遍会产生国内旅游动机；当人均 GDP 达到 4000 ~ 10000 美元时，居民会产生国际旅游动机。中国社会目前正处在从温饱型向小康型迈进的阶段。统计数据显示，2007 年中国人均 GDP 已经达到了 2460 美元，居民的消费结构开始向发展型和享受型转变。对照国际经验，这正是旅游需求开始全面释放的时期，因此中国人也正处在普遍产生旅游动机的起始阶段。在一定意义上，国内旅游，已经成为城乡居民的“家常菜”，而出国观光，则成为富裕起来的中国人的“节日大餐”。

（三）社会条件

社会条件指人们生活的社会环境和背景。旅游作为现代人的一种生活方式，不可能脱离社会环境和背景的影响而独立存在。在一个旅游风气浓郁的社会环境中，人们的旅游动机将会十分强烈。反之，如果旅游在社会中没有形成风气，人们对旅游的评价太低，人们的旅游动机就很难产生。

美国旅游信息中心对不同的美国人的旅游倾向进行了调查，其调查结果如表4－2所示。

表4－2　不同美国人的旅游倾向差异

旅游倾向比较高	旅游倾向比较低
已婚	寡居
男性	女性
35～44岁	65岁以上
研究生学历	中学未毕业
专业人员/管理人员	蓝领
拥有自己的住房	租住房子
家庭收入为50000～75000美元	年收入低于10000美元
双薪家庭	无薪水人员

二、旅游动机的多源性

旅游动机是建立在旅游需要的基础上的，旅游需要的多样性决定了旅游动机也必然丰富多样。依据动机在旅游活动中所起的作用，旅游动机也可以分为主导性动机（或称基本动机）和辅助性动机（或称次要动机）。主导动机在旅游活动中处于主导和支配地位，决定人们到哪里去旅游和用什么方式旅游，而辅助性动机对主导性动机起补充作用。

旅游决策往往是多种动机促成的，但通常只有一个主导性动机，而辅助性动机则可以有多个。如果条件满足，旅游主导性动机和辅助性动机可以同时实现。例如，一个人作出到海滨度假的决策，其主导性动机可能是出于健康的动机，要到海滨休养、疗养。同时他也会出于一些次要的动机，如探索海滨奥秘的探索动机、获取新鲜体验的动机和追赶旅游时髦浪潮的动机等。

通过旅游行为，这个旅游者的主导性动机和辅助性动机就可以同时实现了。主导性旅游动机和辅助性旅游动机也不是一成不变的，两者可以在一定条件下相互转化。当某种刺激的强度加大后，辅助性动机可以转化为主导性动机，而原来的主导性动机则会变为辅助性动机。

除了主导性动机和辅助性动机之外，还可以将动机分为另外两个类别：表面动机或明显动机；隐藏动机或潜在动机。表面动机或明显动机通常都与社会上流行的价值观保持一致性，例如，旅游度假的动机、购买汽车的动机，等等。隐藏动机或潜在动机则是那些消费者本人没有意识到或者不愿意公开申明的动机。例如旅游可以显示自己的社会地位；一套漂亮的服装可以显示出自己与众不同的审美鉴赏能力，等等。不论是表面动机，还是隐藏动机，都会对消费者的消费决策产生影响，因此旅游企业应该认真对消费者的各种动机进行研究，找出对消费决策产生最重要影响的动机。图 4－3 简要描述了这两种动机对消费决策的影响。

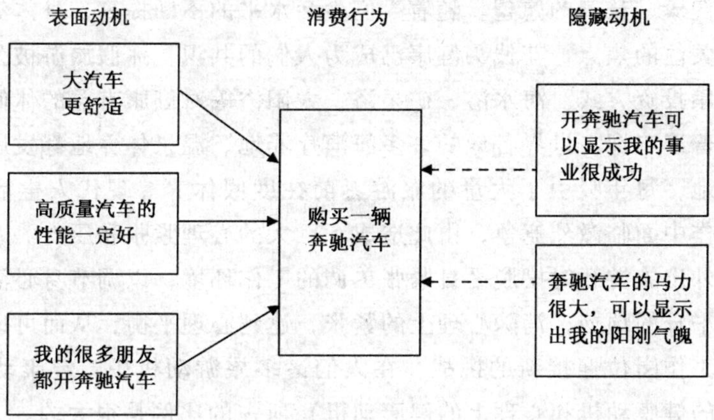

图 4－3　表面动机和隐藏动机与消费行为的关系

旅游是复杂而具有高度象征性的社会行为，旅游者要通过旅游活动来满足自己的各种需要，因此，人们外出旅游的动机也是丰富多样的。现代社会人们的生活需要复杂多样，旅游行为与人们的生活密切相关，现代生活的许多需要都可以成为旅游动机的一部分，这就决定了旅游动机也必然是多源的。表 4－3 是 2003 年对美国度假旅游者所作的度假动机调查的结果。从旅游实践出发，为了更好地理解旅游者的活动规律，认识并预测旅游行为的方向，促进有效地开发和建设旅游业，通过对现代旅游者种种旅游行为的研究，旅游动机大致可以归纳为如下几类（参见表4-3）。

表4-3　美国度假旅游者的各种旅游动机

旅游动机	%	旅游动机	%
消除紧张	70	有时间与朋友在一起	23
与配偶在一起	60	了解历史/文化	23
享受没有日程表的自由生活	59	度假是生活的重要部分	21
看/做新事情	56	获得浪漫时光	21
获得生气和活力	33	喜欢独处	16
获得新视野	31	享受户外生活	14
愿意被人服侍	24	检查身体	10

（一）健康的动机

健康动机是人们为了使身心得到调整和休养而产生的一种外出旅游的动机。健康动机包括两个方面：生理上的健康动机和心理上的健康动机。人人都有追求健康、长寿的愿望。随着人们生活水平的不断提高，身体健康日益成为人们关注的焦点，花钱买健康已成为人们的共识，休假旅游被公认为是明智的健康投资方式。海水浴、矿泉浴、太阳浴等对健康有益的休假方式受到人们的普遍欢迎。世界各地的许多海滨疗养地、温泉休养地都发展成了旅游度假胜地，每年吸引了大量的旅游者前往度假休养。现代人生活节奏紧张，在工作中面临激烈竞争，由此造成了巨大的心理紧张和压力。人们都希望能通过外出旅游暂时摆脱平日紧张单调的工作环境，以调节身心活动的规律，忘记平日的烦恼，消除心理上的紧张，达到心理平衡，从而可以精力充沛地返回工作岗位迎接新的挑战。在人们诸多旅游动机中，健康动机（包括生理上的健康动机和心理上的健康动机）所占的比例是很大的。

（二）探索的动机

好奇和探索需要是人的共同特征，人们对未知的事物总是充满了好奇心，有探索其奥秘的欲望。现代社会信息传递手段日趋现代化，人们足不出户就可以了解各国风情，看到五彩缤纷的外部世界。但是这不但不能满足人们探索的需要，反而进一步激发了人们要身临其境，亲身体验的欲望。旅游为人们提供了满足探索需要的机会，通过旅游，人们可以在世界各地寻求不同的经历和体验，领略各种独特的风光，了解异地的人文风情和政治制度。由于探索动机的驱动，人们乐于参与一些有一定冒险性的活动，喜欢到人迹罕至的地方，选择一些有刺激性的活动。因此，富有吸引力的旅游活动应充满乐趣和神秘色彩，应成为满足人们好奇心的舞台和乐园。

（三）追求自尊的动机

在日常生活中，由于多种原因，人们的自尊需要并不能得到满足或得到充分满足，通过旅游则可以对此起到一定的补偿作用。旅游产品是极富有象征意义的产品。购买某一层次的旅游产品本身就可以赋予旅游者以声望、地位或与众不同的感受，旅游者也可以以此作为向他人炫耀的资本。任何一个旅游者都希望通过旅游活动改善自我形象，提高自我地位，从而获得更大的自尊。例如到国外度假、在旅游过程中下榻豪华酒店等，这些行为本身就是个人取得成功和成就的象征，可以充分满足个人自尊的需要。追求自尊的动机，往往驱使旅游者去追求购买某种与众不同、层次略高于现实生活的旅游产品，以满足在现实生活中未能实现的自尊需要。在现代社会中，旅游又是一种全新的时髦生活方式，是社会的潮流。人们都希望通过这种时髦活动引起他人的仰望和羡慕，以期提高自己的声望和地位。人们为了赶时髦、得到尊重，就要去旅游，否则就会被认为是落伍了。这种追赶潮流和时髦也都是源于自尊的动机。

（四）追求乐趣和快乐的动机

愉悦快乐的感受是人人都向往的体验，也是驱动人们从事旅游的一个重要动力。在旅游消费过程中的行、游、住、食、购、娱每一个环节无不贯穿着乐趣与愉悦。旅游已日益成为现代人的一种生活方式，成为人们体验快乐和愉悦的一种主要方式。每一次旅游活动给人们留下的美好经历和回忆又成为人们策划下一次旅游活动的动力。

（五）学习的动机

获取新知识、增长见识、丰富阅历是人们外出旅游的又一个重要动机。从古至今，教育的价值对任何潜在的旅游者都具有很大的吸引力，因为旅游有助于满足人们尚未满足的智力需要。人们认识到，单凭书本和媒体介绍的信息来了解世界是远远不够的，旅游是一本全息百科全书，通过旅游人们可以学到平时学不到的直观生动的知识。随着受教育程度的提高，人们的这种为受教育而旅游的倾向也越来越强烈。

（六）社会交往的动机

社会交往是人的本性，通过旅游这一象征性的社会行为，人们可以结交新朋友，探亲访友，寻根问祖、得到团体的接纳，从而满足个体对归属和爱的需要。在现代社会中，尽管人们的生活日益富裕，但高效率的工作模式带来的一个重要负面影响就是人与人之间的交往日益减少，造成了人们孤独感日益加重。其结果使人们逆反出对社会交往的加倍需要。经过一段紧张繁重的工作之后，人们迫切需要通过人际交往寻求友爱与亲情。在一个普遍采用高技术的社会里，到处都需要有补偿性的深厚感情。社会上的高技术越多，就越需要创造有深厚感情的环境，也就是需要用人的柔性来平衡技术的刚性。科学技术的高度发达还造就了一个个性化十足的社会生活，这也同样带来了一种逆反性的对社会交往的需要。这些逆反性的社会交往需要在21世纪会远远超过20世纪，人们由此产生的旅游动机也会更加强烈。归属需要在旅游中还表现为追宗归祖的动机，例如每年来中国的旅游者中就有相当一部分是海外的华人、华侨、在中国出生或居住过的外国人，这些人到中国旅游，在很大程度上都有怀旧或归土的心理。

（七）热爱和亲近大自然的动机

大自然是新鲜感的最大、最丰富的源泉，人们需要不断地从大自然中汲取生命的活力。在现代社会中，科学技术的高度发展使高度技术化的影响渗透在人们社会生活的方方面面，这使得人们普遍对技术产生一种反叛的心理，而对自然的东西，对大自然产生更强烈的亲近感和需要。当处于农业经济时代时，人们整天都与大自然打交道，但同时又与自然为敌，提出要改造自然，要战胜自然。而现在高度技术化和高度城市化的生活暴露出了许多文明的弊病，紧张而单一的工作压力和劣质的人际关系使人们普遍感到窒息，感到“透不过气来”。在都市生活不堪其苦的现代人对大自然的需要超出任何一个时代，人们都迫切地要去亲近自然，希望能投身于大自然，从大自然中寻求新鲜感和亲切感，甚至有人提出要“回归大自然”。这种热爱和亲近大自然的动机自然而然地促成了人们的旅游行为。

上述是现代旅游者的主要旅游动机，但这并不排除还有其他旅游动机，例如，商务动机、宗教动机、审美动机、购物动机、冒险动机等。旅游动机因人而异，是多种多样的，旅游行为也并不是只受一种动机驱动的，常常会有几种旅游动机同时存在，以某种动机为主，兼有其他旅游动机。

三、旅游动机的激发

如前文所述，旅游动机的产生是多种复杂因素互相作用的结果，它既受主观因素的影响也受客观因素的制约。激发旅游动机就是针对影响旅游动机的主观和客观因素采取相应的措施，通过适当的刺激，唤起人们的旅游欲望，把旅游者已经形成的或潜在的旅游需要和旅游动机调动起来，促使潜在旅游者积极参加旅游活动。激发人们的旅游动机可以采用以下手段或措施。

（一）倡导现代旅游观念，鼓励旅游消费

要激发旅游者和潜在旅游者的旅游动机，首先应该倡导树立全新的现代旅游观念，使人们认识到旅游不是一种奢侈的消费行为，旅游不属于“吃喝玩乐”型的不健康追求，旅游更不是“游手好闲”者的无聊之举。相反，旅游是人类自然、永恒追求的一种消费活动，是现代人的一种生活要素，是现代生活中不可缺少的一个组成部分，是现代人生活的必需。在生产力发展，国民收入提高的基础上，应该鼓励人们进行必要的旅游消费，以刺激旅游动机的形成。如第一章所述，在现代社会中，人们普遍持有“为了休闲而工作”（Work in order to play）的观念，认为旅游休闲活动是高质量生活的体现，努力工作的目的是为了获取旅游休闲活动的经济基础。通过努力工作可以赚得更多的金钱收入，这样就能够更好地进行旅游和休闲活动，就能够最大限度地提高生活质量，从而可以更好地享受人生。旅游不但是提高国民的物质文化水平的一个重要消费领域，还可以起到刺激扩大内需，拉动经济增长的作用。目前，世界上大多数国家实行的每周五天工作制及带薪休假制和中国目前实行的大小“黄金周”休假制度，实际上都是鼓励旅游消费的措施。

（二）加大旅游宣传的力度

想方设法为旅游者提供最新信息，帮助他们认识旅游的价值。旅游宣传可以创造需求，引起人们的注意和兴趣，唤起人们的旅游欲望，促使人们作出旅游决策。在信息社会中，旅游宣传的手段多种多样，既可以利用传统的媒介，如在报纸、杂志、书籍、手册、广播、电视上发布旅游广告和信息，或在街道、机场、车站竖立大型广告牌，在公共汽车等交通工具上喷涂旅游广告，还可以利用最先进的互联网页即时用多媒体方式发布最新的旅游信息。这些宣传手段都可以使旅游产品在潜在旅游者心目中建立并保持经常性的良好形象，从而可以极大地激发旅游者和潜在旅游者的旅游动机。世界各国都认识到了旅游宣传的重要性，都在加大旅游宣传的力度。每年各国旅游部门都投入巨资进行旅游宣传，所获得的经济效益也是巨大的。以 1997 年为例，每投入 1 美元的旅游宣传费用，意大利可以产出 3475 美元，约旦可以产出 1990 美元，中国可以产出 1452 美元。

（三）努力开发有吸引力的旅游产品

旅游动机的激发与旅游产品是否有吸引力密切相关。风格独特、别具一格的旅游产品可以满足旅游者追求新鲜感的欲望，在旅游者心目中形成强烈的表象，诱发旅游者的想象力，使其产生外出旅游的动机。开发特色旅游产品和创新传统旅游产品是激发人们旅游动机的关键之一。具有吸引力的旅游资源或旅游产品应具备如下特征：

1. 自然性

尽可能保持旅游资源或旅游产品的原始自然风貌，满足旅游者亲近大自然的心理需要。

2. 独特性

个性是旅游产品的魅力所在，因此旅游产品的设计要突出个性、特色和独特的感染力。

3. 民族性

越是民族的，就越是世界的，因此那些具有典型民族风格、地方特色的旅游产品对旅游者充满了吸引力。

（四）提高旅游服务质量

提高旅游服务质量可以消除旅游者在整个旅游过程中的种种不便和顾虑，使旅游者在心理上获得亲切感和自豪感。这也就是高效率、高质量地为旅游者解决在行、游、住、食、购、娱诸方面可能遇到的困难，并提供富有人情味的、体贴入微的服务，使旅游者在旅游过程中处处感到方便和满意。用全方位的高质量服务激发旅游者和潜在旅游者的旅游动机。

[案例分析]

旅游广告媒体投放策略

在旅游产品不断丰富、市场竞争日趋激烈的同时，信息传播技术也在突飞猛进，作为广告信息接收方的消费者也出现了分众化的趋势，广告主在制定广告目标、安排媒体投放策略时，在预算范围内选择好适合自身特点的媒体，已成为越来越重要的问题，只有通过精细化操作才能把握市场机遇、赢得竞争。

旅游广告竞争渐趋激烈

随着国民经济的持续稳定增长，人民生活水平的不断提高，越来越多的人选择旅游活动来满足自身的需求。与此同时，旅游产品的供给也在持续地增长，新景区、新线路层出不穷，高端与中低端齐头并进，长线、短线空前丰富。

在消费者有了更多选择的同时，旅游营销也从产品营销向品牌营销过渡，在这个过程中，广告成为旅游品牌营销竞争的得力手段。近年来，我国多数旅游企业对此已经开始重视，纷纷在旅游广告上大量投入。初始阶段往往也能获得满意的回报，但随着旅游市场竞争的日益激烈，这一阶段的旅游广告由于雷同化操作，广告手段相互模仿而作用明显下降，因此，如何制定适当的营销战略和广告战略、如何选择适当的媒体组合进行投放，成为旅游企业亟待重视的问题。

在经典的市场营销理论中，营销组合 4p 策略是由产品（product）、价格（price）、促销（promotion）、渠道（place）构成，广告正是作为一种促销工具成为市场竞争中的常用武器，旅游广告同样也在旅游市场营销中担此重任。

不同媒体的广告特性及比较分析

在充分肯定利用广告作为旅游营销工具的同时，还应对不同媒体的广告特性有所了解，以做到精准靶向、量入为出。首先，报纸作为主导性媒体其广告主要有以下特点：(1) 时效性强，信息传播迅速；(2) 发行量大，覆盖面宽；(3) 灵活性高。此外还有累积效应明显等特点。由于这些不可替代的优点，使得报纸是性价比最好的广告投放选择。对于旅游产品来说，选择不同地域不同阶段进行促销宣传，版面大小可视策略要求选择整版、半版、1/4 版或通栏版面。相比之下，杂志的发行量和信息传播宽度则要狭窄，从编辑发稿到出版发行，周期长，信息传播缓慢，且表现手段单一。但杂志的独到之处是受众定位明显、针对性较强。

电视旅游广告可谓图文并茂，是集图像、声音、文字为一体的传播媒体。近年来，我国大连等多个旅游城市的电视形象广告一时成为多彩的电视广告文化景观，但电视广告的价格相对较高，并非所有旅游产品广告主都能承担得起。广播广告虽然覆盖范围广，而且有一定的针对性，但其稍纵即逝的特点决定它只能作为一种补充手段，广播广告的内在特点使得它适于短期密集投放，尤其适合旅游产品的短期促销，最常见的是节假日期间短线旅游线路广告投放密度较之平常明显高出。

值得注意的是互联网广告近年异军突起，由于信息传播迅速、受众数量庞大、广告方式多样等原因，成为新的旅游广告投放热门手段，但缺陷也是很明显的，由于互联网信息监督管理难度较大、各种信息良莠不齐，导致信息的可信度有待提高。另外，一些旅游广告投放的媒体还有户外媒体、各种移动媒体等。它们使旅游营销手段更加丰富。

总体而言，报纸、互联网、电视排在前三名。而报纸因在接受者大脑中停留的时间较长，累积效应明显，权威性高，覆盖面宽，灵活性强等优点，目前仍是旅游产品提供商的最佳选择。从消费者的角度来说，由于旅游属于较高层次的消费，所以较为注重从报刊上获取信息。事实上，我国多家大型著名旅游企业在国家级权威报媒常年投放广告，作为一种重要的经常性营销举措，不但彰显了企业的雄厚实力，在展示企业形象的同时也成为旅游爱好者的导游伙伴。总之，以权威报媒作为信息载体因契合市场需求而一再被证明是正确的决策。

旅游广告投放的媒体选择策略

在旅游广告的媒体选择中，首先要服从于整体广告战略，这里尤其重要的是明确自身旅游营销定位和选择媒体组合策略。旅游营销定位包括目标市场定位、品牌形象定位和产品线路定位，重点是在做好目标市场定位的基础上，准确定位旅游品牌形象。

应该根据不同的市场目标和广告诉求目标选择不同的媒体组合策略。如，西部某地要推出一个大型自然景观景区，在前期市场开发阶段，该景区选择全国性报纸连续整版投放品牌广告，旨在最大范围地传播信息，同时通过广播广告在节假日配合刺激性促销，广告内容为节假日优惠措施，此外，还常年通过精选的杂志投放，以影响中高端消费者，另外还在互联网上大量链接广告。再如，针对一个刚开发的景区，成功的投放组合是：全国性的专业报媒和综合性报媒专业版面应占到30%、区域主流报媒30%、户外广告10%、电视10%、网络5%、杂志5%、其他10%。而成熟景区的投放组合就有较大的变化：全国性的主流专业报媒应占到20%，区域主流报媒20%、电视25%、网络10%、户外广告15%、杂志5%、其他5%。从二者的投放比例变化可以看出，不管哪一种媒介形式都有自己的优势，只不过在不同阶段对景区的表现效果不同罢了。

（资料来源：《中国旅游报》，2008年5月21日，第11版。）

讨论问题：

1. 结合本案例，讨论不同媒体上的广告宣传在激发旅游动机方面的作用。

2. 如何采用不同的整体广告战略激发潜在旅游消费群体的不同旅游动机？

思考与练习

1. 什么是需要？如何对需要进行分类？

2. 阐述马斯洛的需要层次理论并用其解释旅游需要。

3. 举例说明旅游者在旅游活动中如何维持单一性需要与复杂性需要的平衡。

4. 人生幸福的三大要素如何在旅游行为中体现？

5. 旅游工作人员应该采取什么措施来满足旅游者对高质量生活的需要？

6. 结合自己或他人度假旅游的经历，分析旅游动机的多源性。

7. 你认为旅游部门和企业应该采取什么措施来激发人们的旅游动机？为什么？

第五章

旅游者的态度

内容提示

- 态度由认知、情感和意向三个因素构成
- 态度的主要特性
- 态度的形成受诸多因素的影响
- 作出旅游决策需要经历一个复杂的心理过程
- 态度和旅游偏爱
- 改变旅游者态度的方法

第一节 态度概述

态度是一种复杂的心理现象，是个性的重要组成部分。解释旅游行为时，态度是不可缺少的因素之一。在现实生活中，我们也经常提及“态度”这一词，那究竟什么是态度呢？

一、态度的概念

态度是一个人对外界对象反应的准备状态，影响一个人将看到什么、听到什么、想些什么和做些什么。态度作为心理学的一个概念，是一种心理倾向，它将客观事物分为不同类型并对每个类型采取特定的反应方式。心理学的研究成果表明，态度是外界刺激与个体反应之间的中介因素，个体对外界刺激作出什么样的反应受到态度的控制。在结构上，态度由“知、情、意”三个方面的因素组成，即认知因素、情感因素和意向因素。

（一）认知因素

认知因素指个体对态度对象的认识和评价，包括个体对态度对象的认识与理解。态度对象可以是人也可以是物，可以是具体的事物也可以是抽象的概念。认知因素是态度形成的基础，没有认知因素就没有态度的形成。例如旅游者通过长期消费实践认识到，名牌大旅行社提供的旅游产品通常是高水准的，是值得信赖的，购买这样的旅游产品不会被“宰”。这种认识实际上就奠定了对名牌大旅行社形成肯定态度的基础。

（二）情感因素

情感因素指个体对态度对象的一种内心体验，是对态度对象所做出的情感判断，即对态度对象持有的好恶情感。旅游者对某一旅游产品所作出的好或不好、喜欢或厌恶等判断，就是情感因素所致。如前文所述，很多旅游者都有乐意购买名牌大旅行社产品的心理倾向，很大程度上也是情感因素从中起作用。在态度结构中，情感因素是态度形成的核心。

（三）意向因素

意向因素具有外显性，指个体对态度对象的反应倾向，它是行为之前的心理准备状态，即准备对态度对象作出什么反应的思想倾向。

态度的这三种成分密切相联、相互影响、互相制约，共同构成一个完整的有机体。在一般情况下，构成态度的认知、情感和意向三个因素是协调一致的。但有时知、情、意三个因素也可能发生矛盾，造成三者的关系失调。如果三者关系发生矛盾，情感因素起主导作用。例如，某人了解到某度假地的气候和设施都非常适合避暑休养，就会对其产生钟情感，进而产生要去该地度假的心理倾向，成为该度假地的潜在旅游者。这是知、情、意三个因素一致的表现。而另外一个潜在旅游者知道某风景区的风景非常美丽，极具观光旅游价值，但由于曾经在该地有过不愉快的经历，所以在感情上对该地有一种厌恶感。表现在行为倾向上，他就不太可能成为去该地观光的旅游者。这是知、情、意三个因素不一致的表现。

二、态度的特性

人们的态度具有下述几个主要特性：

（一）对象性

态度反映了主体与客体的关系，因此态度必须针对特定的对象。态度的对象可以是人、物、事件，也可能是某种现象、状态或观念。例如，人们在旅游活动中，对旅游目的地的态度，对交通工具的态度，对酒店服务的态度等都是针对特定对象的。

（二）习得性

态度是通过后天学习获得的，不是通过先天遗传继承的。态度是个体在长期生活中，通过与他人的相互作用，以及周围环境的不断影响逐渐形成的。态度形成后，又会反作用于他人，影响他人的态度。例如，人们对某一旅游景区的态度，可能来自自己的亲身旅游经历，也可能受到他人对该景区的评价或报刊文章的评论等外界因素的影响。而旅游者形成的对该景区的这种态度，还可以进一步影响他人的态度。

（三）态度的稳定性和可变性

具体的态度一旦形成，可能在相当长的一段时间内保持不变，具有稳定性。了解了态度的稳定性，旅游服务企业都尽力提高服务水平，力争给旅游者留下美好的印象，从而达到吸引"回头客"的目的。旅游企业的"回头客"就是态度的稳定性的一个例子。在另一方面，态度的稳定性又不是绝对的。当各种主观因素和客观因素发生变化时，态度也会随之发生改变。例如，某航空公司以其有竞争力的票价和体贴入微的细腻服务赢得了大多数人的赞同态度，但由于连续出现了几次空中和地面险情，人们对该航空公司所持的积极肯定态度可能会转变为消极否定，人们的这种消极态度可能会导致该航空公司客流量骤减。

（四）态度的价值性

态度作为一种行为倾向，与个体的较深层次的价值观有着密切的关系。个体的价值观往往是态度的核心，因此态度显示出很强的价值性。人们对某一事物所持的态度与该事物对个体所具有的价值大小有关。例如，如果把旅游看成是对生活很有价值的活动，是现代生活的重要组成部分，人们在本身的经济状态发生变化，收入减少时，通常也不会完全取消旅游，而可能会改变旅游方式或规模，采取比较经济的方式，进行适当规模的旅游。当然，对同一事物，由于价值观的不同，人们也会产生不同的态度。

三、影响态度形成的因素

态度是后天通过不断学习而形成的，因此，态度的形成受社会环境中的诸多因素影响。同时，随着社会环境的不断变化，个体也会不断调整和转变已有的态度，形成新的态度，以适应新的人生观与社会价值。影响态度形成的主要因素有如下四个方面。

（一）需要的满足

需求的欲望直接影响个体态度的形成。通常人们对能满足自己需要，有助于达到自己目标的对象，容易形成满意的态度，而对那些不能满足自己需求，阻碍自己达到目的的对象，容易产生厌恶感，形成不满意的态度。例如，饥饿直接决定人对饮食的态度，所谓“饥不择食”就是这个道理。又如，那些著名的国际连锁饭店集团之所以能赢得大多数旅游者对其持满意和赞许的态度，是因为这些饭店能为旅游者提供类目繁多、种类齐全的服务，可以满足旅游者全方位的生理和心理需要。美国学者威廉·马丁所做的一项调查显示，一些公司失去的顾客中，有68%的人是因为这些公司对顾客的需要漠不关心。由于他们的需要没能得到满足，他们才改变态度转向购买其他公司的产品。同样，人们之所以对旅游持积极赞许的态度也是由于旅游可以满足人们的多种需要，能使人消除心理紧张，达到身心平衡。

（二）个体的经验和知识

态度的习得性决定个体的直接或间接经验及所掌握的知识影响着态度的形成。人们对某一酒店的态度，可能得自言语文学的间接经验的影响，如酒店的促销宣传广告或朋友的介绍；也可能来自自己的亲身经历的直接经验，如在住店过程中自己亲身感知到的酒店服务。而个体的亲身经历尤为重要，体贴入微的服务肯定会给人带来愉快的经历，形成肯定的态度，反之，糟糕的服务必然会给人带来不愉快的体验，导致形成否定的态度。旅游实践显示，旅游者对旅游景区的态度大都来自个体直接的旅游经验，尤其是大多数不愉快的旅游经历通常都会给旅游者留下深刻的印象，从而在头脑中形成消极否定的态度。

个体所掌握的知识的多少影响对某些对象态度的形成。如果人们没有相关的知识，就不会对某一事物有正确的认识，所形成的态度的正确性也一定会受到影响。例如，如果在个体的认知体系中，承认旅游是有益于身心的活动，是现代生活的重要组成部分，那么这种人就肯定对开发新的旅游资源持积极肯定态度，反之，如果个体由于所掌握的知识的局限性，认为旅游是劳神伤财的无益活动，那么其对旅游活动或旅游开发工作肯定持否定批评的态度。

（三）极端深刻的事例或某些单一的事件

某些极端深刻的事例会给个体带来出乎意料的幸福体验或深深的心灵创伤，使人对特定的对象形成强烈的态度。“一朝被蛇咬，十年怕井绳”就说明极端事例对态度形成的影响。有时某些单一的事件也可以决定一个人的态度，如“一见钟情”。

（四）群体的态度

在现实社会中，每个人都生活在一定社会群体之中，因此社会群体的规范和习惯会形成一种无形的力量，影响群体成员的态度。个体的态度如果与社会群体的态度一致，就会得到群体的认同，得到有力的支持，否则就会感受到来自社会群体或所属团体的压力。所以社会群体的态度是影响个体态度形成的一个不可忽视的因素。旅游实践表明，旅游目的地的选择、旅游交通工具的使用、旅游日期的确定、旅游购物倾向等方面都可以显示出，群体的态度是个体态度的重要调节器和参照系。在一个人们普遍把旅游当作一种时尚，当作生活的必要组成部分的社会里，个体对旅游的态度必然是肯定的、是赞同的。这就是人们在群体影响力作用下产生的“从众心理”。

第二节 态度与旅游行为

一、态度和旅游决策

旅游者作出旅游决策需要经历一个复杂的心理过程（见图5-1）。旅游者首先要从各种渠道获取多种多样的信息，初步形成由认知、情感、意想三个因素构成的具体旅游态度。态度形成之后，会导致旅游者产生对某种旅游行为的偏爱。同时，诸多社会因素也将对旅游态度和旅游偏爱产生一定影响。旅游者在此基础上作出旅游决策，而后根据已作出的决策实施具体的旅游行为。旅游者在旅游活动中所接触的新环境，获得的新体验又将以信息的形式反馈回去，巩固旅游者原有的态度或更新原有的态度形成新的态度。

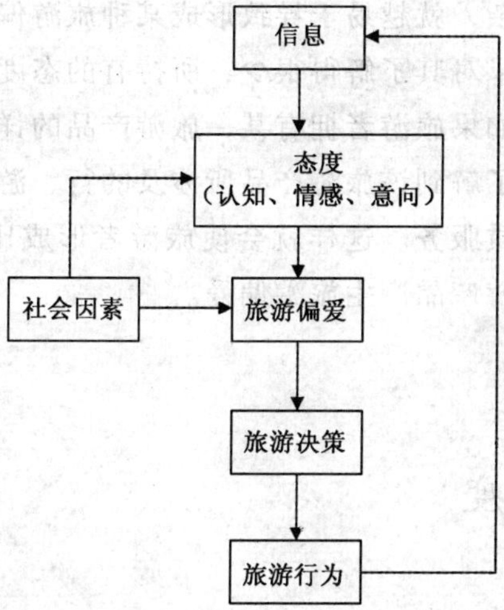

图 5－1　态度与旅游决策的关系

二、旅游偏爱

旅游偏爱指人们趋向于某一态度对象（旅游目标）的一种行为倾向，旅游偏爱建立在旅游者极端肯定态度的基础上。图 5－1 显示，旅游偏爱与旅游行为直接相关，因此有必要对旅游偏爱作进一步的探讨。旅游者所持态度的强度及对态度对象所拥有的信息量和信息种类直接影响着旅游偏爱的形成。

态度的强度指态度的力度，即赞同或反对的程度。旅游态度的强度与态度对象的突出属性和旅游者的需要相关，态度对象的突出属性越明显，就越能满足旅游者的需要，所形成的态度强度就越高，人们对这一对象的倾向性也就越大，也就越易于形成对这一对象的偏爱。在旅游领域里，旅游目标，即旅游产品的性质越鲜明、越突出、越独特，旅游者就越预期能更大限度地满足自己的旅游需要，就越易于产生极端肯定的态度，进而导致产生旅游偏爱。由于旅游产品的综合性，旅游者所感知的旅游产品的属性是旅游产品属性的总和。因此，态度对象属性的突出性，应该体现在能够使旅游者获得最大限度的满足，即使旅游者最大限度地在亲切感、自豪感和新鲜感上得到满足。这样才能使人们对该旅游目标产生旅游偏爱。

旅游者对态度对象所掌握的信息的种类和信息的数量也影响着旅游偏爱的形成。通常，人们所拥有的倾向性信息越多、越复杂，就越易于形成复杂的态度，而态度越复杂，就越易于导致形成某种旅游偏爱。例如，人们选择某一旅游产品时，如果对其了解得很少，所持有的态度一定很简单，不会形成旅游偏爱。反之，如果旅游者拥有某一旅游产品的详细信息，通过这些信息，可以深入细致地了解到该旅游产品所涉及的行、游、住、食、购、娱诸方面的先进设施和优质服务。这样就会使旅游者形成比较复杂的肯定态度，进而使旅游者对该旅游产品产生旅游偏爱。

第三节
改变旅游者的态度

如上文所述，旅游态度决定旅游行为，因此，要想让人们积极参加旅游活动就要改变人们对旅游的态度，使旅游者的消极态度转变为积极态度，通过改变态度促进人们产生旅游行为。从旅游企业和旅游从业者的角度，改变人们的旅游态度可以从以下几个方面入手。

一、更新旅游产品，改变旅游产品的形象

态度具有对象性，态度来源于个体对客观对象的认识和评价，因此可以通过改变态度对象的形象来改变个体的态度。旅游态度的基础是旅游者如何认识和评价旅游产品，旅游产品的更新和变化必然会影响人们的旅游态度。旅游产品的好形象会使人产生愉悦的感受，可以促进人们接受或使用该旅游产品，对增强或改进人们的旅游态度起着重要的作用。从某种意义上讲，改变旅游产品的形象是改变旅游者态度的最基本的方法。只有不断更新旅游产品，才能保持源源不断的客源，才能长期占有稳定的旅游市场。本书第一章提到，旅游产品是一个整体的概念，是旅游吸引物，即“硬件”与旅游服务，即“软件”的有机组合，因此，改变旅游产品的形象应同时在有形的“硬件”和无形的“软件”两个方面下工夫。在硬件方面，既要注重改善旅游景点景区、娱乐场所、交通工具、酒店设施等的外观形象，使之更具吸引力，还要注重更新这些“硬件”设施的内在设备，使之永远保持先进性和舒适性。在软件方面，要加强旅游企业的内部管理机制，对从业人员进行专业训练，使之具有良好的服务态度和高超的服务技巧，为旅游者提供高档次、高品位、全方位的周到服务，使旅游者通过旅游活动获得极大的愉悦感

和满足感，获得最大程度的物质和精神享受。只有不断更新旅游产品中的“硬件”和“软件”，才能不断使旅游者在旅游过程中获得亲切感、自豪感和新鲜感，这样就可以使旅游者不断对该旅游产品持有积极肯定的态度。

二、加强旅游促销宣传

态度具有稳定性，具体的态度一旦形成，可能在相当长的一段时间内保持不变，因为人们通常不愿意接受与目前态度结构不一致的信息。旅游业的强大宣传促销攻势可以逐渐削弱人们的知觉防御，使之接受新信息，逐渐改变以往的态度。根据旅游宣传实践和心理学的理论，在旅游促销宣传中应该注意以下问题。

（一）实事求是地提供信息

旅游促销宣传一定要向旅游者提供真实可靠的信息，既不能夸大，也不要缩小。夸大的宣传会使旅游者产生怀疑和不信任感，而缩小的宣传则很难引起旅游者的充分注意，达不到预期的效果。旅游宣传切忌只讲优点，不讲缺点，或过分夸大优点。这种过分夸大的宣传虽然可能在短期内争取到大量客源，但由于宣传的内容与现实不符，旅游者通过旅游活动往往获得不到预期的满意度，会产生后悔感或受骗上当感。最终不但不会有回头客，而且由于旅游者的反面宣传，极易抵消促销宣传的正面效果，使很多人打消购买念头。

（二）宣传要有针对性

旅游促销宣传通常包括单方面宣传和多方面宣传两种方式。单方面宣传指从一个角度传达某种信息，而多方面宣传指从多种角度传达多种信息。旅游促销宣传要针对不同的对象，采取不同的宣传策略和宣传方法。当旅游者的态度和旅游促销宣传者提倡的态度方向一致时，或旅游者的相关知识和经验不足时，采用单方面宣传有效。当宣传者和旅游者的态度方向不一致时，或旅游者的相关知识和经验很丰富时，则采用多方面宣传更有效。旅游促销宣传还应针对旅游者的国籍、民族、宗教信仰、年龄、经济状况、受教育程度等特点，采取不同的宣传策略。

通过旅游促销宣传还可以向人们输送新知识。增加人们的知识积累是改变人们态度的有效方法之一。通过反复灌输新知识和信息，可以逐步削弱旅游者的心理防御机制，使之对旅游或旅游产品产生兴趣，从而转变态度。在当今社会，由于教育的普及，旅游消费者的文化程度越来越高。这些人，大都拥有较多的知识和信息，通常是比较成熟的旅游者，因此他们大都比较精明老练，要想改变他们的态度就一定要向他们传送或灌输新知识和新信息，改变其原来的知识结构。输送给这些人的新知识和信息应该能帮助他们解决他们所关注的在旅游中可能遇到的实际问题，否则是很难使这些人动心的。这些人对那些做表面文章的广告宣传很可能完全无动于衷。

三、引导人们积极参加旅游活动

从心理学的角度，个体所从事的社会活动的性质能决定个体的态度，也能改变个体的态度。因此，通过有意识地引导人们参加旅游活动，可以有力地促使其对旅游产生积极的态度。“百闻不如一见”，人们在旅游实践中得到的信息能够有效地改变人们的旅游态度。通过旅游实践，人们能够有机会了解和认识新事物，接受新信息，从而可能削弱现在的顽固态度，起到改变旅游态度的作用。当一个人摆脱了日常紧张单调的生活外出旅游时，往往能在这种特殊的活动中了解新事物、结交新朋友、获得新体验，进而获得全新的有关生活和旅游的信息，从而可以改变原有的旅游态度。由于态度的稳定性，态度的改变并不是一件容易的事情，指望人们能在一夜之间转变态度是不现实的，但通过一次次引导人们参加旅游活动，可以使其亲身体验旅游活动所带来的乐趣和愉悦，可以逐渐削弱其对旅游的消极态度，直到最后完全突破其防御机制，使其最终改变对旅游的态度，成为旅游活动的积极参加者。

[参考资料]

旅游目的地居民对外来旅游者的态度变化

对旅游目的地而言，旅游的社会文化代价会随着旅游发展规模的扩大而变得更加强烈。这种代价也可以反映在旅游目的地居民对外来旅游者的态度方面。多克西（Doxey）通过对巴巴多斯和西印度群岛等地的调查和研究，提出了旅游目的地居民的“激怒指数”（irridex）模式，将旅游目的地居民对旅游活动和旅游者态度的变化过程分成五个典型阶段。这个“激怒指数”框架模式显示，随着旅游的发展，旅游的各种影响会逐渐转变成目的地居民的不满情绪和抵触情绪（如图5－2所示）。

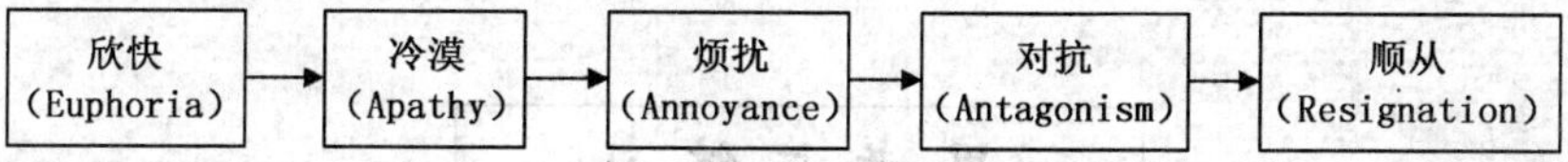

图5－2 多克西的“激怒指数”模式

在“激怒指数”模式的第一阶段，目的地刚刚开发，旅游活动处于初始阶段，只有少数游客到达。由于目的地的居民不但从旅游者身上体验到新奇和友谊，还可以直接从旅游活动中受益，因此他们对旅游的态度，不论从心理上，还是经济上，都是很“欣快”和愉悦的。他们欢迎旅游者和投资者的到来，对其不作任何形式的控制。

在第二阶段，随着旅游目的地的进一步开发和发展，旅游者客流的不断增加，目的地居民开始认为旅游活动和外来旅游者是理所当然的事情，并被作为一种收入的来源，因此与外来旅游者的交往变得越来越正式化，旅游活动商品化的现象也日益变得明显。这时，目的地居民的态度变得“冷漠”起来。

在第三阶段，旅游目的地的社会、文化和环境承载力已经接近或达到饱和状态。目的地没有增加新的接待设施，不能再接待大量的旅游者，旅游活动变成影响环境和居民日常生活的主要因素。目的地居民对旅游活动和旅游者产生了不满情绪和受到“烦扰”的心理感觉，因而可能会被迫作出某些改变，以适应旅游的发展和旅游者数量的增加。

在第四阶段是“对抗”阶段，在这个阶段，旅游目的地居民的“激怒”情绪发展到了顶点。他们公开表达对旅游的不满，认为旅游者是影响他们日常生活和导致环境恶化的罪魁祸首，并将旅游者当作他们盘剥和“宰客”的对象。

在最后一个阶段，目的地居民认识到，旅游是不可逆转的潮流，他们没有别的选择，只能面对现实采取措施，以适应旅游的快速发展。其出路是“顺从”于旅游潮流的发展，自我适应旅游活动对目的地社区所造成的巨大影响。与此同时，旅游目的地的那些真正吸引旅游者的具有特色的吸引物，在旅游发展的洪流中（尤其是在商品化作用的冲击下）已经发生了改变和异化，因此，旅游者的兴趣也开始将转向新的目的地。

（资料来源：转引自李昕：《旅游管理学》，北京：中国旅游出版社，2008年，第195～197页。）

思考与练习

1. 什么是态度？态度的特征有哪些？

2. 举例说明影响态度形成的诸因素。

3. 通过具体事例，说明旅游偏爱是如何形成的。

4. 简要阐述如何改变旅游者的态度。

5. 选择一个旅游产品，从改变人们态度的角度，制订该产品的促销宣传计划。

第六章

旅游者的个性

内容提示

- 个性的概念
- 影响个性形成和发展的因素
- 个性倾向与旅游行为
- 生活方式与旅游行为
- 自我状态的三副不同面孔
- 自我状态与旅游决策

第一节 个性概述

一、个性的概念

个性又称人格，在心理学领域里用个性表示个体的差异。个性是每个人所特有的心理—生理特征的有机结合，包括遗传和后天获得的成分。个性使一个人区别于他人，并可以通过一个人与环境和社会群体的关系表现出来。当代学者对个性的研究并不追求一个普遍适用的人格学说，而是折衷地利用各种学说来收集各种资料，然后再从中寻求存在的模式。因此，心理学界对个性的概念目前还没有一个公认的比较完满的定义。我国旅游心理学界的很多学者倾向于把个性界定为：个人在先天素质基础上，在一定的社会环境中，通过一定的社会实践活动，形成和发展起来比较稳定的心理特征的综合。

个性具有外显行为，在一个人身上表现于外，给人以印象的特点；个性也具有内隐的特征，表现于内，具有可以间接测得到和验证得到的特点。个性是人与人之间相互区别的典型的心理特征和行为特征。人与人之间有共性也有差异，个性的概念强调差异。每个人都有自己独特的个性心理特征和个性心理倾向：个性心理特征主要包括气质、能力和性格；个性心理倾向指个人对客观事物的意识倾向性，主要包括兴趣、爱好、需要、动机、信念、理想、世界观等。个性心理特征和个性心理倾向这两个因素彼此联系、错综复杂地交织在一体，从而构成了人与人之间千差万别的个性。总之，个性代表了全面整体的人，是持久统一的自我，是有特色的个人，是社会化的客体。个性是对人的总的、本质的描述，它既能表现这个人，又能解释和说明这个人。

在旅游领域中，研究个性的目的是要了解旅游者行为的差异，从而可以预测旅游者的行为，并采取有相应的措施，有的放矢地调节旅游者的行为。通过对个性理论的研究还可以帮助旅游企业根据旅游者的不同个性特征制定有针对性的营销策略。

二、影响个性形成和发展的因素

如上文所述，个性（人格）的形成主要受先天遗传因素、社会因素和社会实践三个方面的交互作用和影响。

（一）先天遗传素质是个性形成和发展的基础

人们的遗传基因总是各不相同的。婴儿一出生就已从父母那里继承了一些遗传特征。这些先天遗传的特征，如个体的神经活动类型、感官特点、智力潜能、身体状况、体貌特征等，都对个性的形成起基础性的作用，直接影响人们形成不同的个性。遗传因素是个性形成和发展的前提条件，但对个性的形成并不起独立作用，也不能起决定性作用。现代心理学的研究成果认为，社会文化因素和社会实践活动在个性的形成过程中更具重要性。

（二）社会因素是个性形成和发展的重要条件

人是具有社会性的，人都是社会的人。一定的社会所形成的文化对个体个性的形成产生重大的影响。在诸多影响个性形成的社会因素中，家庭、学校和社会文化是最直接、最重要的影响因素。

1. 家庭环境对个性的影响

家庭是儿童生活的主要场所，在人们个性形成的关键时期——儿童期和青少年期，家庭生活的时间约占全部生活时间的2/3。家庭成员中的成年人，尤其是父母的生活经验、价值观念、行为方式等都可以通过言传身教或其他潜移默化的方式影响儿童个性的形成。父母是儿童模仿的榜样，因此父母本身的个性特征也能通过言传身教直接影响子女的个性。子女的个性与父母相似，不仅仅是由于遗传的原因，家庭环境和家庭教育因素的深刻影响也起着非常重要的作用。

2. 学校教育对个性的影响

学校是人们接受系统教育的场所。学校教育通过教学活动，有目的、有计划地对未来社会成员施加规范性的影响。学校不仅仅传授文化知识，还向学生传授社会规范和道德标准，促使学生的个性向适应社会规范和价值观念的方向发展。

3. 社会文化对个性的影响

社会文化时时刻刻都在约束着个体的言行，塑造着适应社会文化要求的个体个性。为了更好地在社会中生存，个体在成长过程中都以各自的方式对社会的要求作出反应，这就导致了个体个性与社会文化的高度一致性。

（三）社会实践是个性形成和发展的主要途径

个体的个性也是在不断认识客观世界的社会实践中形成的。在社会实践中，个体扮演着不同的社会角色，对社会承担着相应的责任，这就促使个体在社会实践中逐渐形成符合社会要求的态度体系、行为方式等个性特征。家庭教育、学校教育和社会文化对个体的影响，为个性的形成和发展指出了方向，奠定了基础，但个体最终能形成什么样的个性，还要经历各自的社会实践过程。个体在社会实践中获得的各种经验都在塑造着个体的人格。

第二节 个性特征与旅游行为

当代学者对个性的研究并不追求一个普遍适用的个性学说，因此，在学术界也没有被普遍接受的个性特征定义。但个性作为人的复杂心理现象，对人的行为产生着极其深刻的影响。在旅游领域，旅游者和潜在旅游者的个性特征也同样与其旅游行为之间存在着十分复杂又非常密切的联系。下面从实际应用的角度，借鉴国内外心理学者的研究成果，从个性倾向、生活方式等几个方面讨论各种个性特征与旅游行为之间的关系。

一、个性倾向与旅游行为

瑞士心理学家卡尔·容主张按照态度类型将人分成外倾型和内倾型两类。内倾型者感到自身具有绝对价值，在正常情况下重视自己和自己的主观世界，看待事物通常以自己的观点为准则，不善于适应社会环境和表达情绪。内倾者耽于白日梦和自我思考，喜欢独处、沉静、畏缩、多疑，对他人存有戒心，所以这种人通常要经过反复斟酌才下结论，不愿意发表自己的意见，愿意服从领导和他人的安排，在压力下常常会退缩。外倾型者与内倾型者相反，其性格外向，感到身外具有绝对价值，主要指向他人和外在的客观世界。其特征为注意力及兴趣外向，用客观标准评价事物，易于对外界刺激起反应。这种人善于交际，愿意发表自己的意见，适应能力强，喜欢活动，乐观开朗，易于冲动。在实际生活中，内倾和外倾是一个连续体，不是各自独立的两个极端。大多数人介于卡尔·容所描述的外倾型和内倾型中间，即这个连续体中的某一位置，兼有内倾和外倾的特征，只不过有的人偏向内倾，有的人偏向外倾而已，没有一个人是完全的内倾或完全的外倾。内、外倾理论只是为人们提供了观察个性的一种方法。

与卡尔·容的内、外倾理论相似，美国心理学家普洛格将个性心理特征分为心理中心型与他人中心型，或安乐小康型与追新猎奇型（见图6－1）。普洛格的研究发现，在总人口中，人们的个性心理特征几乎成正态分布，极端的心理中心型和他人中心型为少数，大多数人的个性心理特征都在某种程度上介乎于两者之间。心理中心的人以自我为中心，计较小事，患得患失，不敢冒险；而他人中心的人以他人为中心，喜欢冒险，性格外向，急于接触外界事物，乐于在生活中尝试和体验新奇。在旅游活动中，不同个性类型的旅游者在旅游行为方面也存在较大的差异。心理中心型的旅游者往往对旅游活动怀有不确定和不安全感，喜欢选择与他们居住环境相似的旅游目的地；他人中心型的旅游者喜欢单独旅行，进行文化探索，在旅游活动中寻求冒险经历；占人口大多数的中间型旅游者喜欢去知名的旅游景区、景点，但并非参加探险或冒险活动。普洛格对不同类型旅游者的旅游行为作了大量的调查，发现在许多方面都存在明显的差异（见表6－1）。

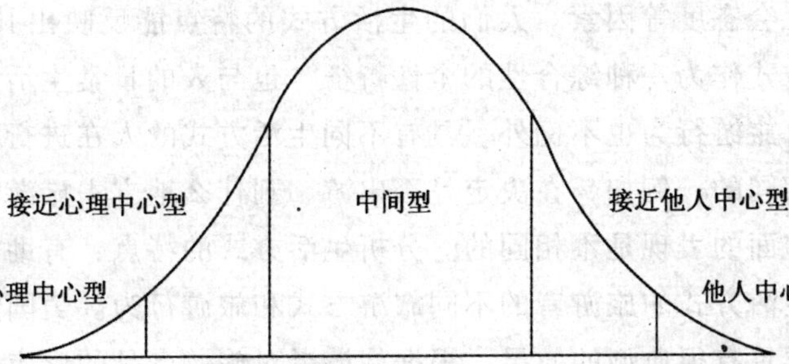

图 6－1　普洛格的个性心理模型

表 6－1　　　心理中心型与他人中心型旅游者的行为特点

心理中心型	他人中心型
选择熟悉的旅游目的地	选择非旅游地
喜欢旅游目的地的一般活动	喜欢在别人来到该地区前享受新鲜经验和发现的喜悦
选择日光浴和游乐场所，包括相当程度无拘无束的休息	喜欢新奇的、不寻常的旅游场所
活动量小	活动量大
喜欢去能驱车前往的旅游点	喜欢坐飞机去旅游目的地
喜欢正规的旅游设备，例如设备齐全的旅馆、家庭式的饭店以及旅游商店	旅游设备只要一般或较好旅馆和伙食，不一定要现代化的大型旅馆，不喜欢专门吸引旅游者的商店
喜欢家庭的气氛、熟悉的娱乐活动，不喜欢外国的气氛	愿意会见和接触具有他们所不熟悉的文化或外国文化的居民
要准备齐全的旅行行装，全部日程都要事前安排妥当	旅游的安排只包括最基本的项目，留有较大的余地和灵活性

根据内、外倾旅游者和心理中心型与他人中心型旅游者的行为特征，可以作出这样的推断：外倾或他人中心旅游者往往成为新旅游地的第一批拓荒者和宣传者；而内倾或心理中心旅游者往往是前者的追随者，成为新旅游目的地的后续游客。

从表 6－1 还可以看出，他人中心型旅游者的行为特征与成熟旅游者的特征很相似（见本书第三章第二节）。学习可以使旅游者从不成熟走向成熟，通过长期不断的旅游活动，可以磨炼人的意志，也可以对人的个性产生影响，使心理中心或内倾旅游者增强信心和胆略，使其个性向他人中心型或外倾型发展，逐渐成为比较成熟的旅游者。这也是社会实践对个性产生影响的一个方面。

二、生活方式与旅游行为

生活方式的主要方面包括一个人的兴趣、爱好、生活习惯、价值取向、行为规范、社会态度等因素。人们的生活方式的特点能反映出其个性特征，同时，生活方式作为一种综合性的个性特征，也与人的日常生活中的各种行为密切相关，旅游行为也不例外。具有不同生活方式的人在进行旅游决策时的表现是不相同的，例如，在决定是否出游、到什么地方去旅游、采取什么旅游方式等方面的表现是不相同的。分析生活方式的特点，有助于理解和解释持有不同生活方式的旅游者的不同旅游方式和旅游行为。美国运通公司对其旅客的分类具有很典型的效果，根据旅游者对旅游产品的反应，可以将旅游者分为5种基本类型：

（一）美国旅游者的5种基本类型

1. 享乐型旅行者

这类旅行者富裕并且自信，愿意花钱买舒适。他们愿意放纵。这些人喜欢乘游轮航游和设有健康水疗设施的度假饭店。

2. 梦想型旅行者

这类旅行者经常阅读和谈论旅游，但他们对自己的旅游技巧缺少信心。他们愿意到《旅游指南》推荐的地方旅游，愿意购买经过实践检验的包价旅游项目。

3. 经济型旅行者

这类旅行者把旅游当作释放压力的渠道和放松的机会。即使能够支付得起，他们在服务和环境设施上的花销也会精打细算。经济型旅行者注意价格和价值。

4. 探险型旅行者

这类旅行者年轻、自信、有独立性。他们愿意体验新事物，接触文化和人。他们愿意到南太平洋和东方旅行。44%的探险型旅行者为18~34岁的年轻人。

5. 担心型旅行者

这类旅行者害怕坐飞机，旅途中作决策缺少信心。50%的这类旅行者超过50岁。他们需要那些经常旅行、有丰富经验的旅行代理帮助他们选择旅游目的地，并告诉他们如何到达那里。

（二）百慕大潜在度假者的3个典型群体

百慕大政府通过对潜在度假者进行抽样调查，根据他们的生活方式和价值取向发现了3个典型群体：

1. 价格和数量群体

这个群体中的人感兴趣的是，花最少的钱看尽可能多的东西。他们希望以很便宜的价格用 9 天的时间去 10 个国家。他们认为，最好的游轮线路应该价格最便宜，并且访问的港口最多；好的旅馆应该提供廉价的住宿，游客从旅馆可以步行到希望看的每一个地方。

2. 阳光和冲浪群体

这个群体中的人到海滨度假，他们可以躺在那里晒太阳。价钱很重要，但更重要的是要找到一个旅游目的地，那里有宜人的气候、有充足的阳光和美丽的沙滩，在这里他们可以在阳光中沐浴，在碧水中畅游。

3. 质量至上群体

度假经历的质量对这个群体至关重要。这个群体的成员认为，他们辛辛苦苦地工作才换取了这个假期，现在是他们放松和被别人照顾的时候了。这个群体要求旅游目的地和住宿条件应该是一流的或者是豪华的。他们认为服务的质量非常重要，他们希望得到大量过分奢侈的照顾，并情愿为此支付公平的价钱。他们还希望品尝到美食家的饭菜，观看到精彩绝伦的演出。

（三）德国科恩对旅游者的分类

科恩（Cohen）的对旅游者的分类也是比较被人们所认同的。科恩也把旅游者划分为 5 种基本类型：

1. 娱乐型旅游者

这些旅游者寻求娱乐。

2. 转移型旅游者

这些旅游者希望“为自己的电池充电”。

3. 体验型旅游者

这些旅游者寻找真正的、丰富的体验。

4. 实验型旅游者

这些旅游者试图发现他们真实的自己。

5. 存在型旅游者

这些旅游者寻找一个更好的世界。

（四）按开放程度对旅游者的分类

根据不同旅游者在生活方式方面表现出的开放程度，还可以进一步把生活方式划分为：封闭型、半开放半封闭型和开放型。

1. 封闭型生活方式与旅游行为

这类人重视家庭，维护传统，渴望井然有序、舒适安宁的生活，非常注意自己的身体健康。他们不愿意参与带有任何风险的活动，喜欢清新的空气、环境优美宁静的自然山水，不喜欢喧闹、拥挤、紧张的城市生活。这类人通常不愿意外出远游，如果旅游的话，他们一般全家一起出游，愿意比较多地待在个人或家庭的小天地里，他们即使在旅游过程中也不愿意与家庭成员以外的人有过多的交往。这类人喜欢安全、不受打扰的环境，因此选择的旅游目的地大都是环境宜人幽静的湖滨、山庄等度假地，采取野营、垂钓、散步或其他户外休闲活动的方式在“静”中享受度假的乐趣。

针对这类人的旅游促销宣传应该突出旅游目的地的清洁与宁静，体现大自然的原始性，强调身心健康和放松性，尤其要强调有利于孩子的教育和身心成长，提供可供全家一起度假的机会和场所。

2. 开放型生活方式与旅游行为

这类人活跃开放、自信、外向、追新猎奇。他们乐于主动接受和尝试新鲜事物，追求时髦和潮流；希望能以各种方式更多更深入地介入社会生活中的各个层面；热衷于社交活动，渴望能结交更多的新朋友，联络老朋友，扩大交往的范围；富于冒险精神，愿意到遥远陌生的旅游目的地去体验全新的生活方式和经历；他们最感兴趣的不是旅游工作者推荐他们去的地方，而是旅游工作者不让他们去的地方；他们乐于寻求有刺激性的旅游项目，希望在“动”中获得享受，得到满足。

针对这类人的旅游促销宣传应该突出新奇和刺激，体现神秘和独创性，强调经历和体验，显示时髦和新潮。

3. 半开放半封闭型生活方式与旅游行为

这些人兼有封闭型和开放型生活方式的特征，只不过有些人偏向封闭型，有些人偏向开放型。这类人的大部分希望生活安定有序，但又不满足于年复一年单调的生活，既要休生养息，又想丰富自己的见闻，他们既希望能在新鲜感方面得到满足，又希望能在安宁和幽静中获得休闲的乐趣，得到身心的放松。因此这类人也都希望在一定时期内能有机会外出旅游一次，以求得到放松和休整，以求开阔眼界，增长见识。这些人追求的是“动”与“静”的结合，希望能在“动”“静”相间中得到平衡。

现代人随着生活水准的不断提高，生活方式也在逐渐发生变化，其趋势是从封闭型向开放型转化，同时日常生活节奏的加快造成了人们普遍感到身心紧张，这就使人们在旅游中又倾向于求“静”，期望以“静”来平衡日常生活中过多的“动”。另外，随着个人经济实力的增长和社会整体物质条件的改善，人们的旅游观念也在改变，人们变得更活跃，更自信，对未来的经济充满信心，加之信用卡等现代化支付手段日见时髦，这些生活方式的变化必然会影响人们的旅游决策和行为。旅游企业和旅游工作者一定要充分认识到生活方式的变化对旅游行为的影响，做好准备有的放矢地开发新的旅游产品，制定旅游促销和旅游策划策略。

第三节
个性结构与旅游决策

加拿大心理学家埃里克·伯恩提出，人的个性由三个部分组成，即儿童自我状态、家长自我状态和成人自我状态。人的行为是由人的这三个“自我状态”的组成体或其中之一部分支配和控制的。

一、自我状态的三副不同面孔

1. 感情用事的“儿童自我”

“儿童自我”状态是一个人最初形成的自我状态，它用感情来支配人的行为，因此又称为“感情自我”。它就好像是人们内心世界的一个永远都长不大的孩子。在“儿童自我”的支配下，人总是感情用事的。“儿童自我”不懂得什么叫“合理”，什么叫“应该”，它只懂得什么能让我高兴。作为“行为决策者”，“儿童自我”只有一条“原则”，即“高兴就干，不高兴就不干”，所以我们说它是一位感情用事的行为决策者。

随着年龄的增长，人会变得越来越“懂事”，但是人的“儿童自我”却像一个永远长不大的孩子，永远是那样感情用事。一个人不管年龄有多大，当他表现出他的“儿童自我”时，他就仿佛又回到了他的童年时期，或者说他又变成了那个“童年时期的他”。那个“童年时期的他”并没有消失。他的“儿童自我”就是仍然活在他的心中，而又永远都长不大的那个“童年时期的他”。

2. 自以为是的“家长自我”

“家长自我”状态是人们通过模仿自己的父母或其他相当于父母的人的态度和行为所形成的一种状态，它不是用感情，而是用权威来支配人的行为，通常以居高临下的方式表现出来，因此又称为“权威自我”。“家长自我”是一个人的偏见、“这么办”、是与非等方面信息的主要来源。对“儿童自我”来说，“家长自我”就好像是一位起管教和约束作用的家长。作为内心世界的另一位行为决策者，“家长自我”的特点是“照章办事”，而这个“章”就是被记录在头脑里的那些权威人士（首先是家长）的言教和身教。“家长自我”总是以“权威”自居，总是觉得自己“什么都对”，所以我们也可以说它是一位自以为是的行为决策者。

3. 面对现实的“成人自我”

“成人自我”不是用感情和权威，而是用理智来支配人的行为，是个性中支配理性思维和信息客观处理的部分，因此“成人自我”又称为“理智自我”。客观和理智是“成人自我”状态的主要标志。“成人自我”不像“儿童自我”那样是一个永远都长不大的孩子，也不像“家长自我”那样是这个孩子的“长辈”，它是一个已经长大了的孩子，是一个已经“懂事”的成年人。

“成人自我”是一个能用理智来支配人的行为的“自我”，而能够用理智来支配自己的行为，这正是成年人与未成年人的不同之处。“成人自我”不像“儿童自我”和“家长自我”那样只有“记录”和“重播”的功能，它最重要的功能是从现实生活中收集资料和进行独立思考。“成人自我”并不是只有成年人才有的，它的形成和发展有一个过程，而这个过程从人的童年时期就开始了。独立思考的开始就是“成人自我”形成和发展的开始。

与“儿童自我”和“家长自我”不同，“成人自我”是一位面对现实、认真思考的行为决策者。一事当前，是感情用事还是照章办事，是面对现实、认真思考还是自以为是，这要看是哪一个“自我”在个人的行为决策中起主导作用。无论是处理生活中的其他问题还是与人交往，能让“成人自我”在自己的行为决策中起主导作用都是心理成熟的一个重要标志。

二、自我状态与旅游决策

人的个性中的三种自我状态相互独立、相互制约、共同参与决策。这三个“自我”分别用感情、权威和理智来支配人的行为，它们是人们内心世界中的三个不同的“行为决策者”。这就为分析旅游者的各种旅游决策提供了富有启发性的依据。一个人去不去旅游、选择什么样的旅游目的地、采取什么旅游方式，他内心中的三个“自我”都会有不同的观点，如果这三种自我状态的观点不一致，旅游决策就不能形成。由于这三个“自我”在旅游决策中所占的优势不同，所以即便是同一个人，对同一件事也完全有可能做出不同的反应。不同的“自我”占上风，就会导致不同的旅游决策结果。

人们内心中的“儿童自我”用感情支配行为，因此，在通常情况下，许多主要的旅游动机较明显地存在于“儿童自我”状态之中。“儿童”富有好奇心，“儿童自我”最易于受到旅游的吸引。不管一个人的年龄有多大，往往只要一想到阳光、沙滩、森林、公园、风景区等，心情就会激动不已，内心中的“儿童自我”就会对旅游跃跃欲试，自然而然地流露出旅游动机。

然而“家长自我”往往采取保留态度，因为它按规矩行事，记录了许多道德规范和行为准则，作任何旅游决策都要按此标准来衡量。“家长自我”对“儿童自我”本能地受到旅游乐趣的吸引，通常持批评和保留态度。指责“儿童自我”的旅游要求，批评旅游是贪图享乐、浪费时间和金钱的行为。因此，人们内心中的“儿童自我”和“家长自我”往往处于相互对峙的冲突之中。

“成人自我”用理智来支配人的行为，它在“儿童自我”和“家长自我”之间进行调节和仲裁。它面对现实，理智地看问题，在“儿童自我”和“家长自我”之间摆事实、讲道理，力争作出合理、公正、客观的旅游决策。当一个人的“儿童自我”和“家长自我”为是否外出旅游而争论不休时，“成人自我”扮演着一个仲裁者的角色，发挥着关键性的调和作用，并努力设法使旅游的决策合理化。“成人自我”一方面说服“家长自我”同意“儿童自我”的旅游要求；另一方面则说服“儿童自我”听从“家长自我”的劝告和建议。

旅游工作者了解个性结构中的三个“自我”是十分必要的。从旅游促销的角度讲，旅游促销广告宣传表面上是针对旅游者或潜在旅游者个人，但实际上应该针对人的三种自我状态同时做工作。要想让人们去旅游，就要使旅游者或潜在旅游者内心中的“儿童自我”动心，“家长自我”放心，“成人自我”觉得省心。

让“儿童自我”动心，就是设法诱惑“儿童自我”上钩。用形象生动的广告宣传，展示旅游目的地的迷人风采，可以激发旅游动机。“儿童自我”动了心之后，旅游者并不一定能立即下决心作出旅游决策，因为照章办事的“家长自我”常常对新鲜事物、新奇事物抱怀疑态度。这就要求旅游促销广告或人员有针对性地设法对旅游者的“家长自我”进行理性说服，使其明白该项旅游的现实意义和从中可以获得的益处，进而劝说其放弃自己的固有偏见，使其同意“儿童自我”的旅游要求。如果“家长自我”接受了旅游促销广告或人员的观点，它就会放心了，就不会去阻拦“儿童自我”的旅游欲望和要求了。“儿童自我”和“家长自我”都表示同意作出旅游决策之后，作为仲裁者的“成人自我”要面对现实，要了解行、游、住、食、购、娱等方面的种种具体问题，因此需要收集和处理与旅游决策相关的各种信息和资料，这是一件很费时劳神的工作。如果旅游促销广告和人员能有针对性地向“成人自我”传输有关旅游产品的各种细节，使其在收集信息方面不至于太费时劳神，“成人自我”就会觉得省心，就可以理智地作出相应的旅游决策。旅游者内心中的三个“自我”都投了赞成票之后，旅游者就可以信心十足地下购买决心，使旅游成为现实。

[参考资料]

“价值观+生活方式”与消费行为

美国斯坦福研究院（Standford Research Institute, SRI International）在进行了大量的调查和研究的基础上，于1978年开发出了VALS市场细分系统。VALS是（Values and Lifestyles）“价值”和“生活方式”缩写。VALS是旅游市场营销中的一种很有用的工具。生活方式变量反映了人口统计学以外的东西，非常真实，很有实际意义。后来，斯坦福研究院又对VALS系统的一些指标进行了修正和改进，开发出了第二代VALS系统（VALS2）（见图6-2）。VALS2可以用一个网状结构来表示，纵向为资源差异，横向为个人导向。纵向维度衡量的指标包括收入、教育、自信力、健康、购买欲望、能量水平；在横向维度上，将消费者分为三类：原则导向者遵循自己固有的生活准则；地位导向者易受身份地位的影响；行动导向者喜欢体育活动，追求变化和冒险。用VALS2可以将美国的消费者细分成8个群体（见表6-2）。

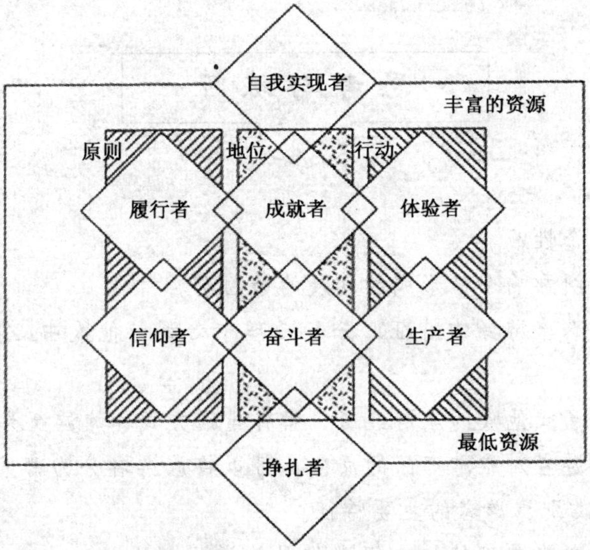

图 6－2　VALS2 系统

表 6－2　　VALS2 系统细分出的 8 种美国大众生活方式

自我实现者（Actualizer） 收入最高、自尊高、足智多谋、拥有丰富的资源；消费选择指向"生活中最美好的东西"
原则导向 履行者（Fulfilled） 成熟、负责任、受过良好教育的专业人员；乐于接受新观念；收入高、讲究实际、价值导向的消费者 信仰者（Believer） 生活围绕着家庭、教堂、社区和国家；是比较保守和可以预测的消费者，喜欢美国产品和名牌产品
地位导向 成就者（Achiever） 是成功者、以工作为导向、从工作和家庭中获得满足；喜欢名牌产品，支持老牌产品 奋斗者（Striver） 价值观和成就者相同，但是缺少资源；竭力模仿其心目中的偶像（成功者），因此时髦和潮流是非常重要的
行动导向 体验者（Experiencer） 市场细分中最年轻的群体，平均年龄 25 岁；追求多样性和刺激性；欲望强烈；把大笔金钱花在服装、餐饮、音乐和青年人喜欢的其他东西上 产生者（Maker） 讲究实际、重视自给自足；集中于自己熟悉的事物
挣扎者（Struggler） 收入最低；生活受到限制；在经济条件允许的情况下，忠诚于品牌

思考与练习

1. 什么是个性？

2. 举例说明影响个性形成和发展的诸因素。

3. 结合成熟旅游者的特征，分析心理中心型与他人中心型旅游者的行为特点。

4. 结合自己或他人的旅游经历，解释生活方式和旅游行为的关系。

5. 根据旅游者对旅游产品的反应，可以将旅游者分为哪些典型的类别？举例说明各个类别旅游者的主要特征。

6. 选择一个旅游目的地，假定你是旅游促销人员，你应该如何运用三个“自我”的理论向旅游者和潜在的旅游者做旅游促销宣传？

第七章

社会因素与旅游行为

内容提示

- 角色规范、角色期待、角色冲突、旅游角色
- 家庭结构、家庭生命周期、家庭旅游决策
- 中外社会阶层的不同划分方式
- 不同社会阶层表现出不同的旅游行为
- 文化的定义与文化的特征
- 社会文化对旅游行为的影响是多方面的

第一节 社会角色

心理学中通常把个体在特定的社会文化环境中形成与之相适应的个性特征，以及掌握该社会公认的行为方式的过程称为社会化。个体在社会化过程中，按照个性的发展与社会的要求，其位置逐步稳定，权责逐步清晰，观念逐步形成，行为逐步规范，个体身份逐步得到所属群体的认可，这种个体社会化后所形成的定位，称之为社会角色。简单说，社会角色是指人们在社会的各种组织和群体中的“身份”。在社会生活中的不同场合，人们总是在自觉或不自觉地扮演着不同类别的社会角色。一个人一生中所扮演的角色也是多种多样的，而且往往同时担任几个社会角色。例如，某一个人在单位是旅行社的部门经理；在政界是市政协委员；在家里是父亲、是丈夫；在学术界

是某大学旅游学院的客座教授；在业余生活中是摄影爱好者、钓鱼爱好者和集邮爱好者。

一、角色规范

人是有个性的，但社会角色是“非个性”的。也就是说，各种各样具有“个性”的人，在扮演同一种社会角色时，他们应该基本上按照同样的要求去扮演，不应该过分强调或突出自己的“个性”。所谓角色规范，就是指个体在取得其角色的身份和位置后，必须按照社会的要求，实施其角色行为，而角色行为又有既定的社会标准（包括法律、伦理、道德、习惯等），这种符合角色身份和社会要求的行为模式被称为角色规范。

人们在生活中逐渐学会在不同群体中扮演不同的角色，并在所属群体中按角色规范行事，行为表现符合社会行为的标准，这种现象称为“从众”。从众对群体和社会是有利的，它将使团体和社会行为协调一致，减少行为冲突，使传统习俗得以继承，流行风尚得以形成。

社会生活中的许多规章都是针对某一特定的社会角色制定的，并不是针对扮演这一角色的某一具体个人。例如，“导游员行为规范”就不是针对某一导游员制定的，而是为导游员这种社会角色制定的。因此，不论是哪一个人，只要你做导游员，就要受这个行为规范的限制，就要遵守这个行为规范。而在业余生活中，由于社会角色改变了，你的行为就不必受这个行为规范限制了，但是要受你所扮演的其他社会角色的角色规范的限制。

二、角色期待

社会或团体对其成员按照既定的角色规范履行权利和义务的心理倾向，称为角色期待。角色期待反映了社会对个体的期望。教师、父母、学生、公务员、酒店服务员、导游员等，都是不同的社会角色，各自都有着明确的角色规范，社会对他们也都有明确的角色期待。个体一旦成为某一社会角色，就应该努力学习，尽快掌握好角色特征，扮演好既定的社会角色。因为他以某一特定的社会角色去与人交往时，他的行为就要受他所扮演的这种社会角色的制约并要接受社会的监督，他的所作所为就必须与他所扮演的角色相符，就理所当然地应该满足别人对他的角色期待。也就是说，在社会这个大舞台上，“演什么就应该像什么”。例如，作为一名教师，就要为人师表。

社会和学生对教师角色的期待通常为：能将尽可能多的知识，用最好的方法传授给学生，平易近人，富于爱心，举止得体，等等。如果一个教师满足不了人们对他的角色期待，他就不是一个合格的教师，也就是说，他没有扮演好教师这个角色。

三、角色冲突

角色冲突指个体在角色扮演时所遭遇的心理困境。角色冲突通常可以分为以下三种类型：

（一）个体内不同角色间的冲突

指同一个体由于同时扮演数种角色而不能周全兼顾时所受到的心理困扰。例如，某女士是独生女，在家里倍受父母的呵护和宠爱，而在工作的酒店里则是为“上帝”服务的餐厅服务员。她经常为自己所从事的服务性工作而苦恼，尤其是遇到过分挑剔的客人时，常常按捺不住心中的怨气，与客人发生冲突。这就是一种角色冲突，是作为女儿的家庭角色与作为餐厅服务员的职业角色之间的冲突。其原因是这位女士在工作中没能真正进入餐厅服务员的角色，或者说，没能真正退出作为掌上明珠的女儿的角色。同样，旅游者在旅游活动中如果不能及时退出在现实工作中的角色，还念念不忘工作中的种种烦心琐事，就不能过得愉快，不能得到真正的放松。

（二）个体外不同角色间的冲突

指个体与个体之间，由于所扮演的角色不同所产生心理困扰。人与人应该是平等的，但是当人们扮演着不同社会角色进行交往时，却常常是不可能平起平坐的，因为不同的角色规定了不同的权利和义务，人们一旦进入角色就要各行其职，一些角色与另一些角色之间常常是不能“平等”的，是会有冲突的。例如，服务人员与客人是不可能平起平坐的，因为服务人员是要为客人服务的，平起平坐就体现不出谁为谁服务了。导游员和旅游者、酒店服务员和客人、管理者和员工、产品的设计者和产品的使用者之间的角色矛盾，都属于不同角色间的冲突。

（三）角色内冲突

指个体在扮演某一角色时，由于不能妥善处理所面临的种种矛盾而引起的心理困境。例如，旅游消费者既要求旅游产品质量好，又希望价格低廉等不同方向的期望；激烈的市场竞争使生产经营者陷入求质量和求价廉的两难困境等，都是角色内的冲突。

四、旅游角色

在旅游活动中，旅游者所扮演的角色，往往完全不同于他们在日常生活时所扮演的角色。旅游是日常生活之外的生活，在旅游情境中，人们为了追求愉快而进入了一个幻想世界。这个幻想世界的行为标准明显不同于日常生活的行为标准，人们所扮演的角色因为不受日常生活中的行为准则的限制，所以有很大的灵活性和伸缩性，有更多的选择余地，个体的个性更容易充分表现出来。这种角色的错位对旅游者也是一种挑战或刺激，因此，这可能也是旅游的魅力所在。

人们在旅游环境中所选择的旅游角色有很大的灵活性和游戏性，在某种程度上，可以认为旅游角色是游戏角色。旅游者外出旅游时，其行为既可以不同于当地人的行为，也可以不同于其在家时的行为。旅游者可以毫无顾忌地喝酒、唱歌、跳舞、打牌、钓鱼、骑马；可以充分体验与亲朋好友在一起的亲密无间的人际关系；可以体验与陌生人交往的独特人际关系；可以以在日常生活中不能做到的方式袒露和表白自己的内心世界。由此可见，旅游者的行为可能同其在日常生活中的行为截然不同，旅游者在旅游这个脱离了常规生活的舞台上，常常有较大的冲动性、随意性和知觉范围的广泛性，常常会表现出一些“放纵”的、甚至有悖伦理的行为。在旅游这个“游戏世界”中，有些旅游者甚至可能会做出一些有悖于常理的事情（例如，赌博、酗酒、参与色情活动、嫖娼等）。因为在旅游这个游戏舞台上既没有导演的指导，也没有表演规则，甚至还缺少外在的监督，因此，旅游角色常常具有脱离伦理的倾向。为此，旅游企业和旅游工作者既要尽可能地满足旅游者的需要，为旅游者提供他们所喜欢的东西和服务，又要抵制某些旅游者的不健康的、胡作非为的或有悖道德习惯的不当要求和行为，不要主动或被动地为其提供违反社会行为规范和道德方式的机会。

第二节
家庭与旅游行为

家庭作为社会生活的基本自然单位是与人们的消费心理状态密切相关的群体。家庭同时也是重要的闲暇群体。据调查，美国人参加的文化闲暇活动中有近40%是属于家庭性质的。旅游作为一种休闲消费行为，必然在很大程度上受到家庭因素的影响。这些影响主要表现在家庭结构、家庭生命周期和家庭旅游决策等方面。

一、家庭结构

家庭成员结构状态，影响着消费需求的重点、消费动机的类型、消费能力的大小。在研究消费心理和行为时，通常将现代家庭划分为三种典型形态：

（一）配偶家庭

配偶家庭指仅有夫妻双方而没有子女的家庭。这类家庭有两种情况：一是未生育子女的家庭；二是空巢家庭，即子女都长大成人，脱离父母自立门户的家庭。这类家庭在正常情况下，有较高的收入，消费不受子女或其他负担的拖累，旅游消费的欲望比较强烈，消费能力也比较高，个性化消费的倾向也比较大。

（二）核心家庭

核心家庭，又称为基本家庭，由夫妻与他们的子女组成。核心家庭是现代社会的主流家庭模式。我国的绝大多数核心家庭由三个人构成，即父母和一个孩子。这类家庭的消费，除维持家庭的正常开支外，重点放在孩子的成长和教育上。父母的角色强化在工作过程中，而在消费中的主体地位却被淡化，孩子成为家庭的消费重点。

（三）复合家庭

复合家庭由三代或三代以上的家庭成员构成，其基本结构特征是“上有老，下有小”。这类家庭由于家庭人口多，劳动力少，人均收入水平通常比较低，因此整个家庭的消费处于维持生活的低水平状态，追赶潮流的个性化消费的倾向很小。

二、家庭生命周期

家庭生命周期就是家庭的发展过程，指一个家庭从诞生开始经历不同的发展阶段，直至最后消亡的整个过程。心理学的研究成果认为，在家庭生命周期的整个变化过程中，家庭的规模在不断变化，家庭成员由于阅历的逐渐丰富而变得日渐成熟，这就导致了家庭成员在价值取向、态度、兴趣、需要等方面也必然会发生变化。家庭生命周期的变化实质上是家庭成员年龄的变化，一个人的年龄对其从事旅游活动的行为和特点具有重要的影响，青年人、中年人和老年人所预期的旅游经历和旅游行为是截然不同的。消费者的行为在一定程度上是受其家庭生命周期所处的阶段的影响的，通常，人们用于旅游休闲活动中的可自由支配的金钱和时间是随着家庭生命周期的不同阶段的变化而变化的。例如，人们随着年龄的成熟（结婚的中青年人），事业也会步入高峰，这时可自由支配的用于旅游休闲活动的金钱会很多，但是人们在这个阶段由于需要为事业而奋斗，反而可能会没有太多的可自由支配的时间。这种矛盾的变化被称为“休闲矛盾结构”（Leisure Paradox）（见图7－1）。

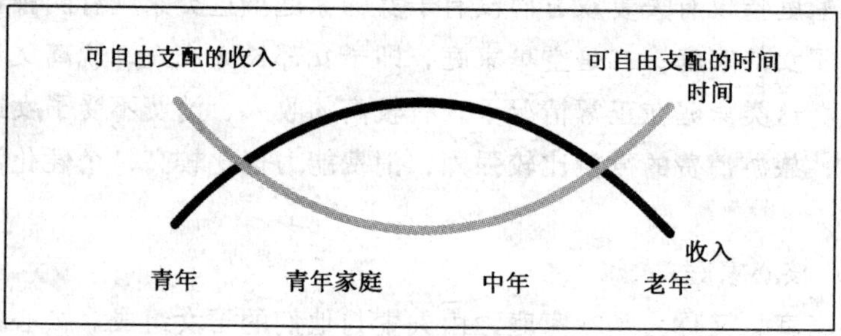

图7－1　休闲矛盾结构

家庭生命周期的划分方法很多，最简单的方法是依据夫妻双方的年龄将其划分为三个阶段：青年阶段、中年阶段、老年阶段。受收入、年龄、家庭角色、家庭需要等因素的影响，家庭生命周期的各阶段表现出不同的旅游消费心理和行为。

（一）青年阶段

在传统家庭的青年阶段，夫妻双方的年龄在35岁以下，这一阶段还可以进一步分为两种类型：已婚无子女和已婚有子女。

已婚无子女时期又称为“蜜月期”，这段时期较短，一般不超过两年。但是在现代社会中，随着人们观念的转变或由于事业或经济上的因素，很多青年人并不想过早生育，他们想更长时间地享受这“二人世界”，因此这段“蜜月期”很可能会延长好几年。在这段时间里，夫妻除了要花费一定的财力构建家庭基础外，度假旅游是一项重要消费活动。青年夫妻一般都会意识到有了孩子后，自由支配的时间、金钱和精力将会减少，外出旅游将会受到限制。基于这一认识，“蜜月期”的青年夫妻常常是旅游消费领域中的活跃群体。

除非选择终身不育或离婚，传统家庭在婚后的几年里将有孩子出世。这时，家庭生命周期进入了青年时期的已婚有子女阶段。青年夫妻一旦有了孩子，家庭生活方式就会发生很大变化。由于孩子年龄小，加上时间、经济及精力等方面的原因，人们外出旅游的可能性一般不会太大，偶尔出游，也要视孩子的兴趣和教育的需要而决策。

（二）中年阶段

在一家之主的年龄达到35岁以后，家庭生命周期就进入了中年期。一家之主在这个阶段的年龄大致在35～60岁之间。除非是已婚无子女或离婚，家庭生命周期在这一阶段可以分为满巢期和空巢期。

满巢期指有子女家庭的家庭成员完整时期。大多数传统家庭的中年阶段都包括青少年子女，这些孩子的年龄大致在6～18岁之间。这类家庭的生活方式或多或少地是以子女为中心，具有实用主义的消费心理倾向。这类家庭能否外出旅游，在很大程度上取决于家庭的经济状况和父母对旅游的态度。如果家庭的经济状况良好，父母重视对子女的教育，父母把旅游当作开阔子女眼界、增加对子女知识的机会，就会经常组织全家外出旅游，通过旅游满足子女受教育和全家共享天伦之乐的需要。

空巢期指子女独立，仅剩年长父母的家庭时期。子女长大成人，各自离开之后，不再需要抚养，父母的经济负担已经大大减轻，在经济上就有了比较大的自由，具备了充分享受消费的条件。同时，由于子女的离开，夫妻开始考虑新的生活方式，旅游的欲望也变得会更强烈，更迫切。如果经济上允许，他们可能会到更遥远的旅游目的地去休闲度假。

那些已婚无子女的夫妻，在这个家庭生命周期中应该是无忧无虑的，因为绝大部分中年人事业上都取得了一定成就，由于没有子女的拖累，大多数人的经济状况也比较优越。这些人大都舍得把大笔钱花在休闲和旅游方面。

（三）老年阶段

一家之主退休之时标志着家庭生命周期的老年阶段开始。退休意味着生活方式和经济状况要发生变化，他们能否外出旅游主要取决于经济状况和身体条件。那些退休金丰厚或有大量积蓄，且身体健康的老年夫妻大都希望享受积极的退休生活，得到心理调理，外出旅游就是一种主要的方式。因此，在现实生活中，我们在世界各地的主要旅游景区、景点和风景区、度假区常年都可以看到很多成双成对的老年夫妻游客。很多旅行社和旅游部门也都把“银发旅游”作为一种推销策略来吸引老年旅游者。

另外，从传统家庭或标准家庭的角度（不考虑单亲家庭、丁克家庭等因素），还可以将家庭生命周期进一步划分为八个阶段：单身青年、青年夫妻（无子女）、满巢Ⅰ期（学龄前子女）、满巢Ⅱ期（学龄子女）、满巢Ⅲ期（大龄子女）、空巢Ⅰ期（工作、无子女）、空巢Ⅱ期（退休）、老年独居（退休）（见图7－2）。

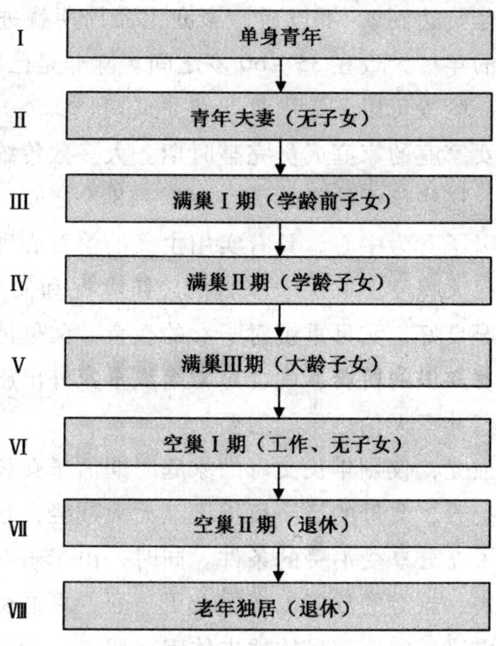

图7－2 传统家庭生命周期

值得指出的是，在传统社会中，把家庭生命周期作为研究旅游者行为或者旅游市场细分的一个重要变量是合理的，也是可行的。但是随着社会的发展和变化，尤其是人类社会进入21世纪以来，家庭的结构发生了很大的变化：离婚率上升，单亲和单身家庭数量增加，放弃生育的丁克家庭增多，等等。据统计，1990～2000年间，美国的单身和单亲家庭的增长率超过了已婚双亲家庭。因此，把传统的家庭生命周期作为分析和研究旅游者行为的一个变量和旅游市场细分的一个标准在某种程度上显现出了一定的非合理性。旅游经营者、旅游管理者、旅游工作者和旅游研究者应该清楚地认识到这一点，在分析和研究旅游者行为时辩证地使用家庭生命周期这个变量。

三、家庭旅游决策

在现代社会中，家庭的规模已趋小型化，其中核心家庭最具代表性。下面以核心家庭为例分析家庭旅游决策。在核心家庭中，丈夫、妻子和子女在家庭中的地位和作用不尽相同，因此，对家庭旅游决策产生的影响也不一样。随着社会的进步，家庭经济状况的变化，家庭中夫妻双方的地位也会发生变化，这种变化也必然会影响到家庭旅游决策方式。总体上讲，现代家庭成员的地位日趋平等，决策方式日趋民主，家庭中的很多决策都往往都是通过共同协商的方式作出的。我国旅游心理学界借鉴国外的研究成果，通常将家庭旅游决策的方式归纳为四种主要类型：丈夫主导型；妻子主导型；共同影响，一方决策型；共同影响，共同决策型。

美国学者詹金斯对美国家庭各成员在度假旅游决策过程中，在一些方面起的不同作用，进行了分析和研究；戴维斯对夫妻双方在购买某些商品方面做决策的影响力作了比较全面的分析和对比。综合这两个学者的研究成果，对照家庭旅游决策方式的四种主要类型，可以发现家庭旅游决策类型与决策内容之间有如下一些比较明显的关系或倾向（见表 7－1）。

表 7－1　家庭旅游决策类型与决策内容的关系

家庭旅游决策类型	决策内容
丈夫主导	旅游地点
丈夫主导	旅游住宿条件
妻子主导	食品及厨房用品
妻子主导	妻子和子女的服装
共同影响，一方决策	是否带孩子一起旅游
共同影响，一方决策	旅游度假时间的长短
共同影响，一方决策	旅游度假的日期
共同影响，一方决策	旅游交通工具的选择
共同影响，一方决策	旅游度假活动的内容
共同影响，共同决策	是否外出旅游度假
共同影响，共同决策	旅游度假的花费

从表 7－1 可以看出，在诸多旅游决策过程中，旅游地点和旅游住宿条件的决策权明显掌握在丈夫手中，而妻子控制的领域主要包括食品和服装等生活用品。其原因可能是社会角色期待的结果，男孩从小就被认为应该勇

敢、富于冒险，长大成人以后由于工作的需要也可能会经常外出，因而见多识广，这就使丈夫在选择旅游度假地点、住宿条件等方面具有优势，有发言权；而妻子则由于性别的角色的缘故，理所当然地在采购食品、服装等日常生活用品方面具有发言权。很多方面的决策，如，是否带孩子一起旅游、旅游度假时间的长短、旅游度假的日期、旅游交通工具的选择、旅游度假活动的内容，虽然是一方作出的，但是在决策过程中夫妻双方都在互相施加影响。在是否外出旅游度假和旅游度假的花费两个方面的决策中，夫妻双方中的任何一方都没有表现出明显的主导支配作用。对这些旅游决策夫妻双方都会主动参与，发表自己的见解，相互施加影响，最后达成双方比较满意的协议，共同作出决策。

在家庭旅游决策中，由于儿童的见识有限，很少参加信息寻觅和信息评价，所以儿童本身在家庭旅游决策过程中不起主导作用，只起间接影响作用。但是父母都非常重视对子女的教育，为孩子受教育而旅游也是一种比较重要的旅游动机，在以一个孩子家庭为主体的中国家庭中，这种重视子女教育的倾向表现得尤为明显。因此，虽然孩子本身通常并不直接参与家庭旅游决策，但是孩子对家庭旅游决策的影响是很大的。为了能使孩子得到受教育的机会，父母往往乐于作出旅游决策。在具体的旅游决策中，孩子的学期和假期对决定家庭旅游的时间起着重要的作用。另外，孩子的兴趣和需要也往往影响着家庭对旅游目的地、旅游活动的内容、交通工具、住宿条件、旅游食品等方面的选择。

第三节

社会阶层与旅游行为

社会是由从事不同职业、扮演不同角色的人组成的。不是所有的人都拥有相同的权利、相同的财产或相同的价值；不是所有的职业都具有相同的声望；在社会等级方面，有的人地位较高，有的人地位较低。我们把具有相同职业地位和角色地位的人称为一个相同的社会阶层。通过对消费心理的研究，人们发现个人消费结构不仅与经济收入有关，而且与社会阶层有着更直接的关系。尤其是当收入水平达到维持温饱水平以上时，个人消费模式与社会阶层的连动关系表现得更为明显。旅游消费行为也同样表现出与社会阶层的连动关系。

一、社会阶层的划分

社会阶层的划分，通常是以收入、教育水平、职业状态和心理感受等项指标为依据。中外社会阶层的划分标准和方法并不完全相同。

（一）中国社会阶层的划分方式

根据中国社科院于2001年12月发表的《当代中国社会结构变迁研究报告》，依据各个社会阶层对组织资源（政治资源）、经济资源、文化资源的占有情况，即对这三种资源的拥有量和所拥有的资源的重要程度，当代中国社会可以划分为10个社会阶层，它们分属5种社会地位等级：上层、中上、中中、中下、底层。这10个社会阶层分别为：

1. 国家与社会管理者阶层

指在党政、事业和社会团体机关单位中行使实际的行政管理职权的领导干部。中国的社会政治体制决定了这一阶层居于最高或者较高的社会地位等级，是整个社会阶层结构中的主导性阶层。这一阶层在整个社会阶层结构中所占的比例约为2.1%。

2. 经理人员阶层

指大中型企业中非业主身份的中高层管理人员，包括3种人：从原国有和集体企业行政干部队伍中脱离出来的职业经理人、较大规模的私营企业或高新科技产业领域中的民应企业的经理、“三资”企业的中高层管理人员。他们在当前的社会阶层结构中是主导阶层之一。这一阶层在整个社会阶层结构中所占的比例约为1.5%。

3. 私营企业主阶层

指拥有一定数量的私人资本或固定资产并进行投资以获取利润的人，按照先行的政策规定，包括所有雇工8个人以上的私营企业的业主。由于传统意识形态的阻碍私营企业主阶层的政治地位一直无法与其经济地位相匹配，他们对社会政治生活的参与受到很大局限。这一阶层在整个社会阶层结构中所占的比例约为0.6%。

4. 专业技术人员阶层

指在各种经济成分的机构（包括国家机关、党群组织、全民企事业单位、集体企事业单位和非公有制经济企业）中专门从事各种专业性工作和科学技术工作的人员。他们学历比较高，并具有适应现代化社会化大生产的专业分工要求的专业知识及专门技术。这一阶层在整个社会阶层结构中所占的比例约为5.1%。

5. 办事人员阶层

指协助部门负责人处理日常行政事务的专职办公人员，主要由党政机关的中低层公务员、各种所有制企事业单位中的基层管理人员和非专业性办事人员等组成。这一阶层是社会阶层流动链中的重要一环，其成员是国家与社会管理者、经理人员和专业技术人员的后备军。同时，工人和农民也可以通过这一阶层实现上升流动。这一阶层在整个社会阶层结构中所占的比例约为4.8%。

6. 个体工商户阶层

指拥有少量私人资本（包括不动产）并投入生产、流通、服务业等经营活动或金融债券市场而且以此为生的人。如小业主或个体工商户、自我雇佣者或个体劳动者以及小股民、小股东、出租少量房屋者等。这一阶层在整个社会阶层结构中所占的比例约为4.2%。

7. 商业服务员工阶层

指在商业和服务行业中从事非专业性、非体力和体力的工作人员。由于中国目前的商业服务业还不发达，而且产业层次较低，商业服务员工阶层在整个社会阶层结构中所占的比例还不够大，这一阶层的绝大多数成员的社会经济状况与产业工人阶层较为类似。这一阶层在整个社会阶层结构中所占的比例约为12%。

8. 产业工人阶层

指在第二产业中从事体力、半体力劳动的生产工人、建筑业工人以及相关人员。在社会转型时期，这一阶层人员的社会经济地位明显下降。这一阶层在整个社会阶层结构中所占的比例约为22.6%。

9. 农业劳动者阶层

指承包集体所有的耕地，以农（林、牧、渔）业为惟一或主要的职业，并以农（林、牧、渔）业为惟一收入来源或主要收入来源的人员。这一阶层的人员在整个社会阶层结构中的地位比较低。1999年，这一阶层在整个社会阶层结构中所占的比例约为44%。

10. 城乡无业、失业、半失业者阶层

指无固定职业的劳动年龄人群（在校学生除外）。这一阶层的许多成员处于贫困状态。这一阶层在整个社会阶层结构中所占的比例约为3.1%。

（二）国外社会阶层的划分方式

美国学者沃尔特斯和保罗为了研究人们的消费行为，把美国社会划分为6个不同的阶层（见表7－2）：上上层、上下层、中上层、中下层、下上层和下下层。这种划分方式在西方发达社会中具有一定的代表性。

表7－2　美国社会阶层划分

社会阶层	成　员	占人口比例
上上层	连续三四代富户、地方名门望族、贵族、商人、金融家或高级专业人员、财富继承者	1.5%
上下层	新显身于上等阶层者、暴发户、高级官员、大型企业创建人、医生、律师	1.5%
中上层	中等成就的专业人员、中型企业主、中级行政人员	10%
中下层	普通人社会中的上层、非管理者身份的职员、小型企业主、蓝领家庭	33%
下上层	普通劳动阶层、半熟练工人、收入水平与中上层和中下层相同的人	38%
下下层	非熟练工人、失业者、少数民族及未入籍的外国移民	16%

二、社会阶层与旅游行为

社会阶层对消费行为产生直接的影响，旅游消费行为也必然受其影响。表7－3显示了澳大利亚不同社会阶层参与节事活动的不同行为特点。通过研究，人们发现社会阶层对旅游消费行为的影响通常表现在以下两个方面：

表7－3　澳大利亚不同社会阶层参与节事活动的状况

社会经济群体	职　业	可能参加的节事活动	约占人口比例（%）
中上阶层	高级经营、行政管理和专业人员：律师、医生、牙医、工业巨头、高级公务员、高级军官、教授	高雅文化事件，例如：歌剧节、古典音乐节	3
中产阶层	中级经营、行政管理和专业人员：大学讲师、中学校长、药剂师、中层管理人员、记者、建筑师	高雅文化事件（但购买廉价座位）、饮食节、历史节事活动、艺术和手工艺节、社区节事活动	15
中下阶层	督导、办公室、初级管理人员：职员、销售代表、护士、教师、商店店长	大众文化事件、某些体育赛事、社区节事活动	24
熟练技术劳动阶层	熟练技术蓝领工人：建筑技术工人、钳工、警员、个体技术工人	汽车节、体育赛事、社区节事活动	28

续表

社会经济群体	职　业	可能参加的节事活动	约占人口比例（%）
劳动阶层	半熟练和非熟练技术工人：建筑体力工人、工厂工人、清洁工、送外卖人员	某些体育赛事、民族节庆活动	17
社会福利阶层	最低维持生计水平的人：靠养老金生活的人、临时工人、非正式工人	几乎不参加节事活动，偶尔参加免费的社区节事活动	13

（一）同一社会阶层的旅游消费行为具有相似性

同一社会阶层的人在价值观、行为准则、消费观念、需求动机等方面都具有一致性，因此在旅游消费行为上也表现出很明显的相似性。中国社会阶层中的中下层和底层人员几乎用收入的绝大部分或全部来维持基本生活，其消费行为是被生理需要牵着走的，因此，求廉、求实是这些人的主导性消费动机。经济实力决定了这一阶层的家庭不会有太明显的旅游动机，偶尔出游，也只是光顾本城市内的某些廉价或免费项目，表现出一种立即获得感和立即满足感的行为。中国社会阶层中的中中层人员的家庭在维持生理需要的前提下，收入略有节余，因此，有可能开始谨慎地扩展消费项目，但是由于经济并不宽裕而具有强烈的忧患意识，不敢贸然扩大消费范围。在旅游方面，这些人往往认为到某个遥远的地方去旅游是轻率的，是不现实的，因此毫无兴趣。他们理想的旅游方式是到本城市内或附近的旅游目的地，以观光为主，很难进行真正意义上的度假旅游。中国社会阶层中的中上层人员的家庭由于经济不再拮据，个性消费开始形成，他们开始按照自己的心理倾向扩展消费领域，增加消费项目。这些人大都是事业上的成功者，他们的消费活动指向是社会接受性。因此，他们在对旅游活动的选择和实际活动中常常表现出自信、开明、体面。他们更爱冒险，更看重新的经历。随着中国现代化进程的加快，中国社会中的中间阶层的在整个社会阶层中的比例会越来越大，因此可以称得上是旅游队伍中的生力军。上层人员的家庭已经完全具备良好的生活条件，因而追求个性化消费已成为明确的消费主题，享受服务性消费在其消费结构中占很大比例。他们外出旅游时注重成熟和成就感，花钱要符合自己的身份。根据国外的经验，这类家庭的消费行为往往被低阶层的成员视为楷模，低阶层的家庭通常都渴望上升到高阶层，他们会竭力效仿高阶层家庭的行为。上层家庭已失去了物质消费的激情，不再有普通人那种消费的冲动和满足感。高档消费已在他们的生活中变得常规化，在旅游消费中，他们表现出明显的摆阔气性和挥霍性。

（二）不同社会阶层的旅游消费行为具有明显的差异性

不同社会阶层由于具有某种不同的价值观念和行为准则，因而在旅游消费行为和倾向上表现出明显的差异性，其主要差异概括如下：

1. 不同社会阶层的消费观念不同

维持生理需要与发展动机，求实、求廉与求新、求美、求名的动机，眼前动机与长远动机等均属于不同社会阶层的旅游消费者。例如，美国中产阶级的支配性消费观念是“进取的、发展的”；而下层阶层的消费观念主要倾向于“生存”和“维持”。

2. 不同社会阶层的消费内容不同

维持资料、发展资料和享受资料在不同社会阶层的消费结构中所占的比例不同。例如，享受资料在中国和外国的上层社会阶层中所占的比例一定比下层社会阶层高得多。又如，低阶层的成员外出旅游乘飞机的比率肯定比高阶层的成员低。

3. 不同社会阶层获取和传播消费信息的渠道不同

低阶层消费者习惯于口碑式人际传播或从大众性传播媒体获取信息，因此，旅游工作者都知道面向广大普通民众阶层的旅游广告应该登在大众性的晚报或晨报之类的媒体上。而高阶层消费者倾向于从专业性、高品位的刊物上获取消费信息，因此，专业性、高品位的杂志或在飞机上发行的航空杂志常常刊载高档次、豪华型的旅游项目的促销广告以吸引高阶层的旅游者。

第四节
社会文化与旅游行为

一、文化概述

（一）文化的定义

文化的内涵十分广阔，从广义上可以把文化定义为：人类群体所特有的，能够与非我群体相区别的活动方式，以及这种特有活动所创造和凭借的物质财富与精神产品。文化是人类在社会历史发展过程中，不断继承、总结、改造、创新，逐渐积累起来的物质和精神财富的总和。物质财富可以视为文化的结晶，构成了文化的表层和有形部分，也称为物质文化；而活动方式既是物质财富的谋求规范，又是精神财富的具体体现；精神产品是文化的精髓，是文化的实质和核心层面。从某种意义上看，文化是一个社会的"个性"，因此，生活在某一社会中的人们不可避免地要受到特定文化的影响。从研究消费者行为的角度，文化被认为可以用来调节某一特定社会的消费行为、价值观念和生活习惯。

（二）文化的特征

不同的国家、不同的地区、不同的民族都拥有不同的文化，但是各种文化都具有一些基本特征，下面简要介绍其中的几个主要特征：

1. 无形性和广泛性

作为精神财富而言，文化是无形的。人们在日常生活中很难清楚地感知到文化的存在，只有与其他文化接触时，在不同风俗、不同社会价值观念的影响和对照下，人们才会意识到文化差异的存在，才会意识到某种文化对自己的影响。文化虽然是无形的，但是这"无形的"文化对人类的影响却是根深蒂固的，是广泛的。社会文化无处不在，无处不有。每个人都离不开文化，文化为全体社会成员共有，是整个社会的共同财富。

2. 习得性

文化不同于人的生理特征，人类并非生来就带有某种文化意识，文化是后天习得的。人们从出生开始就生活在社会环境中，不断通过直接和间接的方式获得构成社会的一系列观念、价值和习惯，并在心中留下了深深的烙印。因此，文化实际上是社会实际经验的一部分。

3. 稳定性与动态性

文化一经形成，便以风俗习惯、价值观念、行为方式等形式表现出来，并且以特有的稳定方式保持下来，代代传递下去。但文化同时又具有动态性，随着社会的发展和进步，文化也在不断变化和发展。我国人民旅游消费观念的变化就体现了文化的动态性。20世纪60年代，人们以俭朴为荣，一切都是为了工作，为数不多的闲暇时间往往也成为工作时间的延伸，花费时间和金钱外出旅游度假简直是不可思议的事情。从20世纪90年代开始，人们的价值观念和消费观念发生了巨大变化，人们普遍认为适当的休息是为了更好地工作，因此，更加重视精神生活，更加重视闲暇时间和休闲，花钱买享受已被普遍认为是对自己工作的补偿和奖赏，旅游变成了主要的休闲度假项目，旅游逐渐成为一种被人们普遍接受的社会时尚。

（三）旅游对文化的影响

在一个地区，随着旅游资源和设施的开发并逐步成为旅游目的地，旅游一定会对当地的文化产生一定程度的影响，当地居民也一定会感知到旅游者带来的异邦文化的影响。对旅游目的地而言，外来文化的影响会随着来访旅游者数量的不断增加而逐渐加大，外来文化的影响达到一定程度后，甚至会在某种程度上潜移默化地改变着当地固有的传统社会文化。但是当地居民对这些外来的异邦文化的感知程度却和外来文化对当地文化的影响程度成反比，即随着旅游目的地的发展，外来文化对旅游目的地的影响会越来越大，但是当地居民对外来文化影响的感知程度却越来越弱。在旅游目的地开发的初期，虽然来访的旅游者的数量不多，但是当地居民却能强烈地感知到这些旅游者带来的神秘的异邦文化，对这些新奇的异邦文化充满了好奇心和神秘感。随着旅游目的地的进一步开发，越来越多的旅游者进入该地区，当地居民逐渐熟悉了外来旅游者带来的异邦文化的特征，对外来文化的入侵表现得越来越麻木不仁，表现出一种见怪不怪、习以为常的态度，随着时间的推移甚至会适应这些文化的影响并接受这些文化。这种关系可以用重叠在一起的一个正三角形和一个倒三角形来表示（见图 7－3）。

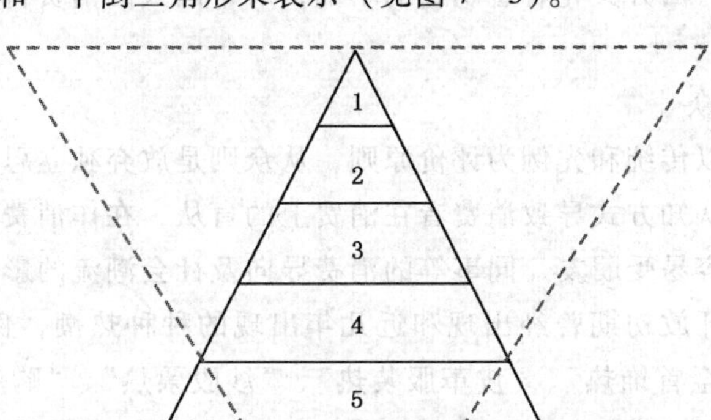

图 7－3　外部文化对目的地的影响程度与当地居民对外来文化影响的知觉之间的关系

图 7－3 表示外来旅游者对目的地的社会文化影响程度与当地居民对外

来文化的感知程度之间的关系，其中实线的正三角形表示外来旅游者对旅游目的地社会文化影响的程度逐渐加大。随着旅游目的地的开发和发展，来访游客的数量越来越多，他们带来的外部文化对当地社会文化的影响也会越来越大。虚线的倒三角形表示旅游目的地居民对外来社会文化影响的感知程度逐渐降低。随着外来大众旅游者数量的不断增加，当地居民对外来文化的神秘感变得越来越淡薄，对外来文化影响的感知程度也变得越来越弱，随着时间的推移，目的地居民甚至会对外来文化的入侵显得麻木不仁，视而不见，达到几近被同化的地步。

二、社会文化对旅游行为的影响

社会文化影响着人们的行为，消费行为也毫不例外地受到社会文化的影响。下面通过分析消费文化的基本特征及亚文化的影响，来探讨社会文化对旅游行为的影响。

（一）中国消费文化的主要特征

中国传统文化博大精深，有很多独特之处，很难对其作出十分准确的描述，只能就其与众不同之处作些探索性的分析。在中国传统文化中，以下几个方面的内涵与西方文化有着明显的不同，对中国人的消费行为产生着深刻的影响。

1. 循例从众

循例就是以传统和先例为评价原则，从众则是放弃独立思考，观念上随波逐流。这种认知方式导致消费者在消费上的盲从，在作消费决策时不进行独立思考，很容易受朋友、同事等的消费导向及社会潮流的影响和左右。中国市场在改革开放初期曾经出现和近几年出现的种种热潮，例如，“彩电、冰箱热”、“黄金首饰热”、“皮革服装热”、“炒股票热”、“购房热”、“购汽车热”等，都与这种认知模式有关。从2000年开始的“旅游黄金周”期间出现的全国旅游“大塞车”现象，在某种意义上也与这种认知模式有关。

2. 重义轻利

重义轻利是中国传统文化的根基之一。义是道德规范，利是个人利益，重义轻利就是道德因素重于利益实惠。这一传统评价方式也反映在中国古代的探险活动中，无论是徐福东渡日本，还是郑和下西洋，其目的都是要发展文化，传播文明、加强与外界的交流，而在西方，不论是哥伦布发现新大陆，还是麦哲伦远航，都是出于扩大版图和掠夺财富的目的。重义轻利评价方式下的消费行为具有“舍利取义”的特点，在消费结构中表现为应酬性消费所占的比例较大。在应酬性消费中，为了显示自己的“重义”倾向，人们所表现出的消费水平往往高于自己的实际支付能力。

3. 克己节欲

中国传统的文化造就了人们克己节欲的心态。节制个人消费欲望被视为美德，而放纵个人欲望被视为腐败和道德败坏。这种文化影响反映在消费观念上，就表现出重视积累，重视储蓄，轻视消费的现象。克己节欲的文化还造就了中国人的内倾性格倾向，使人们对旅游有一种内在的抵制和反对倾向。“父母在，不远游”，“在家千日好，出门一时难”，“看景不如听景”等传统说法都或多或少地反映了这种抵制旅游的倾向。

（二）亚文化与消费行为

文化还可以划分为主文化和亚文化。主文化也称主导性文化，是指全体社会成员共有，并对其心理与行为起主导作用的文化。亚文化也称次文化，是社会中某一群体特有的，居从属地位的辅助性文化。某一亚文化群体的成员都典型地遵从自己生活中的主文化群体中的大部分价值观，但也恪守他们所属的亚文化群体的独特价值观。民族、地理位置、宗教、社会阶层、年龄等因素都可以形成特定的亚文化群体。不同的亚文化价值观念也对亚文化群体成员的消费行为产生着很大的影响，这种影响也必然会反映在旅游消费行为中。

1. 民族文化的影响

我国是一个多民族的国家，在中华主导文化的基础上，各个不同民族都有其自己的亚文化，因此，各民族价值观念、在风俗习惯、生活方式等方面都具有鲜明的特色。这些亚文化特征必然会影响群体成员的消费观念和消费行为。例如，经济水平相对滞后和封闭的亚文化群体的需求必然狭窄，消费动机必然单一，因此，在消费上会具有明显的排他性，不愿意接受自己不熟悉的商品，对旅游的态度也一定不会积极。

2. 地域文化的影响

由于地理条件和区域性质不同，文化特征也在地域的基础上形成了差异。就是同一民族，由于地域的不同，文化特征也会有差别。比如，我国现实社会中的沿海文化、内地文化、城市文化、农村文化、南方文化、北方文化等都各具特色。这些具有不同地域特色的亚文化对人们的行为也产生着很大的影响。例如，北方人豪放粗犷，在饮食行为上表现出乐于豪饮，喜欢吃粗粮；而江南地区的人简约细腻，在饮食上讲究美味，喜欢吃精细食品。

3. 宗教信仰的影响

宗教信仰是一种意识形态，各种宗教的信仰者都相信，现实世界之外还存在着超自然的神秘力量在主宰着人间和超人间的事物。世界上的宗教种类繁多，主要有基督教、佛教、伊斯兰教等。具有不同宗教信仰的人，其思想观念、行为方式都会受到宗教的强烈约束和影响，作为旅游者其消费行为也自然会受到宗教信仰的影响。例如，信奉伊斯兰教的人食用清真食品，不饮酒；信仰基督教的人受《圣经》的影响，忌讳数字“13”，如果“13”与星期五重合就更是忌讳之至，等等。旅游工作者在提供旅游服务时一定要考虑到旅游者的宗教信仰，尊重旅游者的宗教习惯。

[案例分析]

“她经济”引领厦门春游市场

专家认为，女性经济独立与自主、旺盛的消费需求和消费能力意味着一个新的经济增长点正在形成。当旅游逐渐成为时下女性的消费主题时，“三八”旅游市场随之“水涨船高”，“她经济”在厦门旅游市场初露峥嵘。

深度挖掘潜在消费群体

2008年“三八”节期间，厦门游客人数比往年增加不少，旅行社业务十分繁忙。3月份的厦门旅游市场，因“三八”节而出现比春节还要火爆的局面。

“到目前为止，3月份我们组团已经达700多人，比春节还要好。”厦门建发国旅经理张东梅介绍说，为抢滩“三八”旅游市场，厦门各大旅行社纷纷推出迎合女性口味的新线路，在产品以低价充市的同时兼具新意，受到女性游客的高度瞩目。

随着社会的发展，如今选择“三八”节出游已不是女性的专利。据统计，今年厦门“三八”旅游市场的主力阵营里，老人与男士占了一半，与妇女同撑“半边天”。

厦门旅游集团副总经理杨子燕说：“现在，旅行社几乎每天都有发团，导游有些吃紧。”据了解，目前总体接待的情况与春节相近，而著名景点太姥山等地的发团量已超过春节。这期间，“非女性”游客成为拉动厦门旅游“她经济”的重要因素。在厦门旅游集团“三八”旅游专列上，老人、男士所占的比例基本与女性持平。

据了解，男士“三八”出游，一部分是由于女人“带游”，而另一部分则是因为单位集体出游。老人时间充裕，更喜欢稳当、舒服、价格便宜的出游方式，“三八”节旅游促销恰好迎合了他们的心理，不仅的国内，这股出游热潮还延伸到了境外游。

解压需求促休闲游升温

随着生活品质的不断提升，越来越多的女性选择旅游等方式放松身心、缓解压力，今年的“三八”节恰逢周末，不少女性都为自己安排了出游计划。

在写字楼上班的赵小姐在“三八”节为自己安排了香港三日游。一想到马上就能暂时忘掉工作，疯狂“血拼”，她就抑制不住地高兴：“因为那边是购物的天堂嘛，我们女孩子比较喜欢买东西，所以打算去逛一下。”

今年厦门“三八”节旅游市场，休闲类的产品广受好评。在新近推出的20多条周边休闲旅游线路中，涵盖了美容、养生、踏青等多种迎合女性消费心理的内容，“赏花游”尤其获得众多女性的青睐。

据了解，目前厦门市场上两种类型的产品比较受女性欢迎。一种是购物类产品，另一种是适合休闲度假享乐型产品。

携程旅行网厦门度假产品部经理郑国宁介绍说，除了天气回暖、春节期间被压抑的需求得到释放、机票价格回落等因素在一定程度上促成了“三八”旅游市场升温之外，现代女性越来越高的解压需求也是带热“三八”旅游的重要原因。

数据显示，有89.95%的女性认为生活有压力，其中29.15%的女性觉得生活压力非常大，75.44%的女性青睐用旅游的方式减压。女性旅游消费已经渐渐成为“她经济”的重要组成部分。

营销创新拉动旅游消费

携程旅行网厦门度假产品部有关人士说，比较淡季而言，今年“三八”节旅游产品预订量增长了30%左右。

日前，在“闽南最美丽的峡谷”黄巢山，正上演一场“巾帼英雄户外旅游记”。景区销售经理郭文泉说，这是专门针对企业女性员工团队设计的，内容包括穿越观光、野炊烧烤、速降、拔河等。企业员工在游玩的同时还能加强沟通与互动，很适合作为企业对员工的奖励旅游。

据了解，目前越来越多的企业在“三八”节不再发钱发物，组织员工旅游作为对员工关怀的一部分，已为多数企业所认可。“三八”节，企业从最早的组织单位女员工出游，到现在的不限于3月8日、不限于女员工的出游活动。企业借助这个节日，将女员工节日旅游延伸为旅游月。参与的团体不断增加，也对产品的需求提出了更高的要求。

从企业成本考虑，将节日延伸为月度游也极具可行性。3月份被认为是旅游淡季，地接以及车费价格均有所下降，各条短线价格随之下调。加之旅行社竞争日益激烈，节庆促销活动频繁，使各条短线旅游产品在“三八”节受到企业的热捧。

随着现代女性人格和经济的独立，“她经济”呈现出迅猛的发展势头。旅游界应随时关注类似的现象，以人们的出游需求为导向，坚持走科学创新的发展道路。

（资料来源：《中国旅游报》，2008年3月12日，第2版。）

讨论问题：

1. 讨论“她经济”与旅游消费行为之间存在的联系。

2. 以“三八节”旅游产品为例，讨论不同社会阶层的旅游需求和旅游行为。

思考与练习

1. 什么是社会角色？研究角色规范、角色期待和角色冲突对旅游活动和行为有什么意义？

2. 研究家庭生命周期对旅游产品的开发和销售有什么意义？

3. 社会阶层对人们的旅游消费行为产生怎样的影响？

4. 通过实例，论述中国传统消费文化的特征对我国人民旅游消费行为的影响。

5. 举例说明旅游者带来的外部文化的影响和当地居民对外来文化影响的感知程度之间的关系。

6. 试从文化的基本含义出发，总结大学生的亚文化特征。

第八章

旅游服务与顾客满意度

内容提示

- 服务的定义
- 旅游服务行业的特征
- 顾客满意度的概念
- 顾客满意的价值和顾客不满意的代价
- 顾客对不满意的产品或者服务的反应
- 服务的差异
- 旅游者满意度“容忍区间”
- 导致顾客不满意的各种压力因素
- “关键时刻”的概念

第一节 服务的概念

一、服务的定义

在现代社会中，繁忙的现代生活方式使人们的生活压力越来越大，“你死我活的激烈竞争”已经不再是委婉的词语，而是活生生的现实。要缓解这些压力，其中的一个解决办法就是购买一些服务，这样人们对生活中的一些事情就不必每件事都事必躬亲了。用这种购买服务的方式不但可以缓解人们日常生活中的一些压力，而且人们还可以从中体会到一种被呵护、被照料的感觉，会感觉到自己的确“很重要”，会油然产生一种强烈的自尊感，因为有人在侍候自己：为自己下厨房、端菜送饭、整理床铺、洗熨衣物或提供娱乐，等等。

在广义上，通常可以将“服务”的概念定义为：“为他人工作”或“为他人干活”。但是在现实生活中，人们发现，从这个角度定义“服务”这个概念并不全面，具有一定的局限性。例如，如果一个顾客在一个餐馆就餐时，点了一道红烧排骨，等了15分钟之后，服务员却端上来了一只香酥鸡。人们很难将此称之为“服务”，尽管这也符合“为他人工作”或“为他人干活”的定义。

由此可见，仅仅从服务的提供者（服务者）的角度来考虑“为他人工作”或者“为他人干活”这个单一的因素是不能确切地定义“服务”这个概念的。要完整、全面地给“服务”这个概念下定义，需要考虑的重要因素应该是服务的接受者（服务对象）的感受和期望值，也就是顾客或消费者的感受和期望值。因此从服务的接受者（服务对象）的角度，“服务”这个概念的准确定义应该是这样的：服务就是要按照顾客的要求和期望去满足他们的需要。对任何一个旅游服务企业（包括饭店或餐馆等）而言，每个顾客光顾时，都会对其产品和服务抱有一定的期望值，也会对自己与这个企业打交道时的经历寄予一定的期望值。如果一个顾客得到的服务水平超过了他的期望值，他就会感知到较高的服务质量。如果他得到的服务水平没有达到他的期望值，他就会感知到较低的服务质量。事实上，在每个顾客的头脑中都有一个天平，每个顾客都会将自己得到的服务与自己的期望值进行比较。在这个意义上，旅游服务企业如果要提供“最佳服务”，就意味着要超越旅游消费者的期望值。

二、旅游服务行业的特性

我们在第一章中已经讨论了旅游产品不同于有形的物质产品的一些基本特性。同样，生产无形产品的旅游服务行业也与生产有形产品的企业在很多方面都存在着不同。旅游服务行业担负着生产无形产品的任务，例如，舒适、享受和愉悦的经历和体验，而服务又与顾客的情感幸福和期望值相关。人们都知道，在旅游的过程中，旅游者在餐馆里点一碗手擀海鲜面的感觉一定完全不同于在超级市场里购买一包快餐面的感觉。为什么会产生这种不同的感觉？其原因是，手擀海鲜面和快餐面里面蕴涵的“服务”程度不一样。由于提供的产品的性质不一样，因此旅游服务行业在提供产品方面与产生有形产品的企业存在很多不同。下面是旅游服务行业在提供产品方面所具有的一些基本特性。

（一）产品的性质不同

制造业提供的是有形的产品，而服务行业提供的是无形的服务产品。人们可以把有形的产品拿在手里，感觉一下、摇一摇、闻一闻，对有些产品甚至还可以品尝一下（如食品）、试一下（如服装、鞋帽等）或测试一下（如计算机、电视机、汽车等）。因此，消费者购买有形产品之前，可以用多种方式对产品进行评价。旅游服务行业提供的无形产品却无法让消费者在购买之前用上述方法进行评价。顾客要了解无形产品的质量，就必须要亲自体验。由于消费者在购买之前无法对服务产品进行评估和测试，因此只能依靠其他人的经验，这就是所谓的“口碑”。旅游企业为了克服这个问题，经常通过向消费者或潜在消费者提供旅游度假产品或旅游度假地的多媒体音像资料，使这种“虚拟”的旅游经历具有一定的“真实性”。旅游者在选择饭店时，可能会考虑如下因素：地理位置、服务设施（如温泉设施、康体设施、商务中心等）以及他们预期的服务内容，但是具体住在哪个房间要等旅游者抵达之后才能知道。客人抵达后才开始使用饭店的设施、在饭店就餐和娱乐，但是这并不是其购买的全部内容。客人可能还会购买饭店提供的其他服务，例如，送餐服务、行李服务、洗衣服务等，所有这些服务也都是无形的。从营销的角度，饭店必须设法说服潜在的客人购买其提供的各种服务，而这些服务是很难用图片展示的，有时甚至也是无法用语言充分描述的。

（二）顾客在生产中的作用不同

在制造业中，顾客不参与产品的生产。快餐汤是在工厂中生产和包装的，顾客购买快餐汤要到超级市场或者便利店。生产快餐汤的工人看不到喝汤的消费者，想喝汤的消费者也不必到工厂去。因此，生产和消费这两类活动不论在时间上和地点上都是完全分开的。但是在服务行业中，则是另外一种情形。餐馆或酒店在某种意义上其实是一个工厂。这个“工厂”为来到这里的消费者生产服务产品，顾客在这里通常能够亲眼看到服务人员把各种“服务”组合在一起，有时候顾客甚至可以直接参与生产“服务”的过程，例如，顾客吃自助餐时自己在色拉台亲手选配色拉，吃自助火锅时自己动手选择菜品配料和按照自己的口味烹制火锅，他们本身就成为食品生产过程和服务过程的一部分。同样，就旅游活动而言，旅游活动的全过程既是旅游者对旅游产品的消费过程，也是旅游产品的生产过程。当然，某些服务可能会比另外一些服务更需要服务人员和服务对象的相互作用。由于顾客要参与服务产品的生产过程，因此旅游服务企业面临着对员工和顾客的相互作用进行管理，这是制造业的从未遇到过的问题。

（三）人是产品的一部分

在旅游服务行业（包括饭店、餐馆及旅游景区和景点）中，消费者不但与员工接触，而且还与其他消费者接触，因此，其他消费者或顾客就成为服务产品的一部分。在这个意义上，不但企业员工的服务态度在提供"服务产品"（例如"友好"和"美好的经历"）的过程中起重要作用，而且其他顾客的行为表现也是旅游消费者的整个消费体验中的一个重要部分，这些顾客的行为表现通常也会影响服务的质量。例如，你看电影或看演出时，如果你身后的观众不保持安静，窃窃私语或高声喧哗，虽然电影或演出很精彩，你也会感到很扫兴。如果你到一个高级餐厅去是为了和情侣享受一个宁静而浪漫的夜晚，但是恰巧邻桌有几位青年学生正在举办生日晚宴，他们非常兴奋，高声喧哗、又说又唱，你和情侣的这个夜晚就一定会变得既不宁静也不浪漫。同样，如果你身着盛装去参加一个高雅的招待酒会，参加招待会的其他客人的雍容华贵的服饰和彬彬有礼的得体举止也会增加你的兴致。总之，与消费者打交道的所有人员，既包括员工也包括其他顾客，都是服务产品中不可分割的一部分。他们的举止行为表现通常是决定服务质量差别的重要因素之一。

（四）保持质量控制的标准比较难

在制造业中，工厂生产的产品在出厂之前可以进行质量检查。只要设计和制定恰当的质量控制程序，并进行恰当的质量检查，残次产品就不会出厂。但是在服务行业中，由于服务，和其他舞台表演一样，是在实时进行的，因此这就意味着发生错误或者失误是无法避免的。例如，一位"假日饭店"的总经理这样描述在服务行业中质量控制的难度："我们不能像宝洁公司的质量控制工程师那样在生产线上控制产品的质量……。当你购买一盒"象牙"牌肥皂时，你有99.44%的把握，这个产品能够把衣服洗干净。但是当你购买"假日饭店"的一间客房时，你对下面这些因素的把握程度一定会低一些，例如，我们是否能让你睡一个不受干扰的好觉；其他客人是否会把墙壁弄得砰砰响；在其他饭店里可能发生的不愉快事情是否会在这里发生。”

（五）没有库存

在制造行业，制造商们可以将其产品存放在仓库中供需要时用。然而，由于“服务”是现场表演，因此不可能事先制造出来，或者贮存起来备用。这就意味着有时会出现供不应求的现象。如果饭店客满，就会拒绝接待客人；餐馆的客人也可能要等候 1 小时或更久才能够有空桌。例如，2006 年春节期间，香港迪斯尼乐园因为入园游客爆满，只得限制入园游客的数量，使大批手中持有有效门票的游客（包括来自中国内地的游客和外国游客）被拒之门外，引起了中外游客的强烈不满和香港特别行政区政府的关注。因此，基于服务行业的这一特征，控制需求通常成为旅游服务行业的营销重点之一。

（六）时间的因素更加重要

旅游服务行业的大部分“服务”是在其“工厂”（即消费现场）里提供的，因此旅游消费者必须亲自到现场才能接受服务。消费者来到之后，都期望能够得到快捷的“及时”服务，也就是希望得到“即要即得”式的服务。在餐馆就餐，顾客不但期望立刻点菜，而且期望所点的饭菜能够在其可以容忍的合理时间内端到餐桌上。因此，与制造业生产产品相比，服务行业在生产服务的过程中时间通常起着更重要的作用。顾客要接受服务就必须要等待有人来“表演”服务，可能要等一小会儿，也可能要等很长时间。而消费者如果需要制造产品，则不用等待，因为产品已经存放在货架上了。由于顾客必须要等待才能得到服务，因此旅游服务企业就必须制订策略，使顾客在等待服务的期间不会感觉到被忽视或者被轻视。例如，美国佛罗里达州的迪斯尼世界就十分注意游客在等待期间的感受和体验。迪斯尼世界在园内每个排长队等待参观的景观外面都设置了播放录像的大屏幕，并且有迪斯尼卡通人物出现与游客交流，还有现场表演，这样就使游客忘掉了等待期间的烦恼。

（七）销售渠道不同

在制造行业，生产产品的公司用卡车、火车或飞机将产品从工厂运送到批发商、分销商或零售商手中，然后由他们将产品销售给最终消费者。但是在旅游服务行业，情况就完全不同了。顾客要直接进入创造服务的“工厂”或者直接与创造服务的“工厂”接触（只有少数情况例外，例如外卖送餐服务）。例如饭店的顾客虽然可能会用电话或者互联网预订房间，也可能请秘书或旅行社代办，但是不论哪种情况，顾客最终还是要亲自到现场接受服务的。因此，旅游服务行业必须要训练员工与顾客打交道的人际交往能力。制造行业的员工则基本上不需要这些技能。在服务行业，即使有中间商参与（例如旅行社），旅游企业的员工向其顾客传送服务也需要很多"人际关系技能"。消费者购买的服务并不能机械地由制造商输送给中间商，然后再传送到消费者手中，因为旅游服务是无形的。然而向顾客传送物理产品的制造行业，例如，把产品从工厂传送到仓库，然后再传送到零售商店，则不太需要这种人际关系技能。

第二节 服务质量与旅游者的满意度

一、顾客的满意度

从知觉的角度，一个消费者可能会认为，一个服务性企业所提供的服务质量是"很好的"，但是这个消费者在接受服务的过程中可能并不满意。在这个意义上，满意和服务质量属于不同的概念。满意是在享受服务的过程中产生的一个心理上的结果，而服务质量仅仅涉及对服务本身特性的判断。同时，满意和服务质量又是相互联系的，因为消费者在判断自己是否满意与判断产品的服务质量所用的标准是相同的。表8－1列举了消费者在判断服务质量和自己满意度方面的差异。

表8－1 消费者对服务质量和满意度的判断

服务质量	顾客满意度
以具体的客观事实为依据	更全面的判断
建立在对"优秀"的感知基础上	建立在实际需要的基础上
认知型判断	情绪化判断

我们在前面已经从产品的使用者（服务的接受者）的角度讨论了服务质量的概念，服务质量具有很大的主观性和动态性。从预期和感受的角度，消费者可能无法准确地表述他们对服务质量的客观判断，因为很多主观因素都会对消费者的知觉产生影响，例如消费者本身的社会、文化、年龄、经济

等方面的背景因素。

如前面所述，如果一个顾客得到的服务水平超过了他的期望值，他就会感知到较高的服务质量，因此就会对该项服务感到满意或非常满意。可见消费者的满意度与其实际感受和期望值密切相关。简而言之，顾客对服务质量的满意度就是其期望与实际服务水平之间的差距，即满意度（S）＝感知（P）－预期（E）。图8－1显示了顾客的满意度、实际感受和期望值之间的关系。从图中可以看出，由于这三个变量因素之间的不同影响，最终可能会在顾客心理中产生四种不同的满意度：

（1）期望值高，实际感受好，客人感到如愿以偿，感知服务质量高；

（2）期望值低，实际感受好，客人感受出乎意料的好，感知服务质量极高；

（3）期望值低，实际感受也很一般，客人感知服务质量还可以接受；

（4）期望值高，实际感受很差，客人感知到服务质量名不符实，产生极大的失望感，感知服务质量最低。

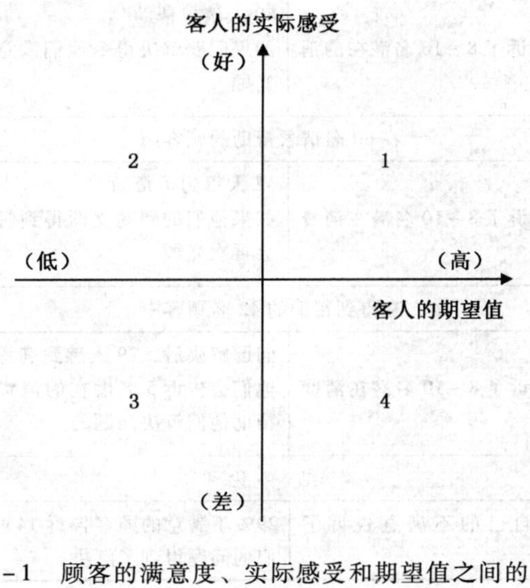

图8－1　顾客的满意度、实际感受和期望值之间的关系

根据图8－1中的四种情况，还可以将顾客的满意度进一步简单地归纳为三种状态：不满意、非常满意和满意。

（1）不满意：当服务水平低于预期的水平时发生；

（2）非常满意：当服务水平超过预期的水平时发生；

（3）满意：当服务水平等于预期的服务水平时发生。

二、顾客满意的价值

人们都知道，没有顾客的光顾，生意就会倒闭，这是显而易见的事实。然而，很多人可能没有注意到另外一个重要的事实，即，如果没有足够数量的固定顾客，几乎没有几家服务性企业能够维持很久。可见，忠诚的固定顾客对服务企业是十分重要的。以快餐店为例，如果一个忠诚的固定顾客平均每个月用餐3次，每次平均消费额为10元，那么这个快餐店一个月从这个顾客身上获得的潜在收入为30元，1年为360元，5年为1800元。上述数字实际上并没有充分表达出顾客满意的价值。忠诚的顾客（即满意的顾客）可能为服务企业带来的潜在收益还包括其对企业的良好口头评价所带来的新生意。据调查，服务性企业从固定的顾客获得的收入和利润要远远高于那些首次光顾和一次性光顾的顾客所带来的收入和利润。

表8－2　饭店丢失生意的模式——100个不满意的顾客

<table>
<tr><td colspan="2">在100名不满意的顾客中</td></tr>
<tr><td>40人从未请求过帮助
他们把自己的不满意告诉了8～10名潜在的消费者</td><td>60人请求帮助
如果问题解决得令他们满意，70%的顾客会再次光顾</td></tr>
<tr><td colspan="2">在60名请求帮助的顾客中</td></tr>
<tr><td>18人从未得到过帮助
他们把自己的不满意告诉了8～10名潜在消费者</td><td>42人得到了帮助
如果他们的问题立即得到解决，95%的投诉顾客会再次光顾</td></tr>
<tr><td colspan="2">在得到帮助的42名顾客中</td></tr>
<tr><td>13人依然感到不满意
他们把自己的不满意告诉了8～10名潜在消费者</td><td>问题解决后，29人感到满意
他们会告诉5名潜在的消费者，饭店员工是怎样帮助他们解决问题的</td></tr>
<tr><td colspan="2">结　论</td></tr>
<tr><td>71%不满意的顾客把自己的不满意告诉了568～710名潜在消费者</td><td>29%不满意的顾客告诉145名潜在的消费者，他们的问题得到了解决</td></tr>
</table>

同样，当不满意的顾客离开时，他们也带走了一大笔未来的潜在生意。而且，如果不满意的顾客把其对服务性企业的坏印象告诉其他潜在的消费者，就会增加损害未来生意总量的危险性。通常，不满意的顾客平均会把自己对服务的不满告诉8～10个潜在消费者，而每5个不满意的顾客中会有一个人把自己的不满告诉20个潜在消费者。研究显示，1/7的饭店客人都遇

到过对服务不满意的问题，这样的问题是很严重的，足以使客人从此以后再也不入住这家饭店了。这意味着将有 14% 的客人由于对服务的不满意而有可能被竞争对手争夺走。表 8 – 2 介绍了 100 个不满意的顾客所表现出的典型行为，其结论是饭店员工把不满意的顾客变成满意的顾客的成功率只有 29%。在现实生活中，虽然不可能完全使每个不满意的顾客都满意，即不可能完全解决每位不满意顾客的问题，但是每位满意顾客的价值和每位不满意顾客的代价都清楚地显示，即使是为了企业自身的利益，服务企业的每个员工也都应该不遗余力地为顾客解决一切问题。

综上所述，旅游者消费者满意的重要性主要表现在以下三个方面：

（1）旅游者对于产品和服务的正面评价会直接影响其亲朋好友，这些亲友又有可能成为新的客户群；

（2）满足了旅游消费者对产品和服务的第一次使用，有利于形成一批老客户群，从而不需要额外营销成本就能使企业保持一笔稳定的收入；

（3）解决顾客的投诉要花费很多时间、精力和金钱，并且会对公司的声誉造成不良影响，还有可能会导致直接的经济赔偿。

三、顾客对不满意的产品或者服务的反应

如果顾客对所购买的产品或者服务不满意，首先会考虑是否应该采取某种形方式对不满意作出反应（见图 8 – 2）。对此不采取任何应对行动的消费者通常都对不满意的产品或者服务采取了容忍的态度，或者能够理性地对待这件事情。消费者在作出这种决策通常是多种因素相互作用的结果，例如，所购买的产品和服务对自己的重要性、要采取的应对行动的难易程度、消费者本人的性格特性等。顾客对不满意的产品或者服务不采取任何行动的主要原因是，采取行动所花费的时间和精力可能会超过该产品或服务本身的价值。虽然顾客对不满意的产品或服务没有采取任何行动，但是顾客对该产品或服务、该企业或者该品牌的态度却发生了逆转，不会像原来那样认可了。

如果消费者要对不满意的产品或者服务所采取行动，其行动通常包括三种类型：私下行动、直接行动和公开行动。私下行动包括告戒亲朋好友不要购买该项产品或服务；自己以后不再与这家企业打交道、不再购买该产品或服务以及该品牌的产品或服务，等等。直接行动包括向提供产品或者服务的企业、生产厂商或零售商投诉、要求退换等。消费者采取的公开行动包括向消费者协会投诉或者通过法律手段索赔。消费者可能会采取一种行动，也可

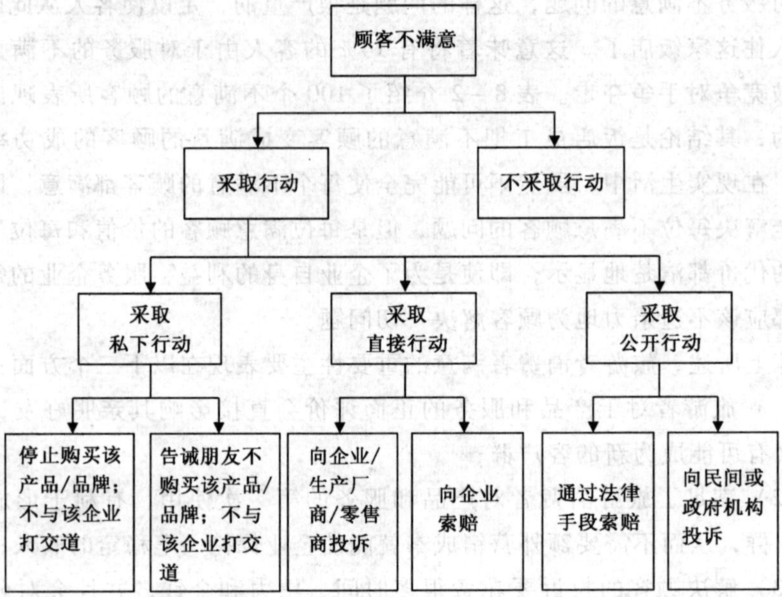

图8-2　消费者对不满意的产品或者服务的反应

能会同时采取两种或者三种行动。因此，从生产性和服务性企业的角度，对顾客的不满意应该最大限度地采取化解行动加以解决，千万不要激化矛盾。

[小资料]

塞扎·里兹的优质服务

塞扎·里兹（Cesar Ritz）生活在1850年至1918年。他是巴黎的豪华风雅的饭店和优质服务的象征。人们公认，是塞扎·里兹把为顾客提供满意的服务变成了一种职业。里兹非常善于处理细微琐碎的小事，能够及时地满足顾客的需要，使顾客满意。下面是他思维敏捷、关注细微小事的一个经典例子。一次，一个由40个美国人组成的旅行团要到里兹工作的一个旅馆吃午餐。这个旅馆位于瑞士的一个山顶上。当时的气温为-8℃，但是旅馆的取暖系统坏了。由于某种原因，这次午餐无法取消。

为了给客人以温暖的感觉，里兹改变了午餐的布局和菜单。他把40个座位的餐桌移到了一个小房间里，桌上铺一块象征温暖的红色桌布。桌上的4个大铜碗里装满了甲醇酒精，客人到达时全部点燃。他还为每位客人都准备了一块用法兰绒包起来的热砖，放在客人的脚下。他为客人准备的第一道菜是热气腾腾的清炖肉汤，最后一道菜是暖乎乎的油火烤薄饼。由于里兹对微小细节的关注，没有客人抱怨室内的温度低，这顿午餐非常成功。

第三节
影响旅游者满意度的因素

如前所述，满意是在享受服务的过程中产生的一个心理上的结果，因此旅游者的满意实际上是一个过程。这个过程按先后顺序，大致包括三个阶段的内容：

(1) 旅游产品本身的因素（有形的硬件因素、无形的服务因素、旅游企业本身的因素）；

(2) 旅游者本身满意的因素（旅游者在旅游过程中的体验和感受、旅游者的态度和期望值、不可抗因素，例如，天气、罢工等）；

(3) 旅游者最终的满意结果（旅游者满意、旅游者基本满意、旅游者不满意）。

可见，影响旅游者满意度的因素是很多的，在整个过程中的任何一个环节出现问题都会导致旅游者的不满意。下面将从几个主要方面讨论影响旅游者满意度的因素。

一、服务的差异

如上所述，消费者对服务的预期与实际感受之间的差异可以导致旅游消费者对服务的不满意。预期与实际感受之间的差异只是服务差异中的一个重要方面，通常服务的差异主要表现在4个方面：

(一) 企业管理部门不知道消费者预期什么样的服务

服务性企业的管理部门常常认为他们知道顾客期望什么样的服务，因此他们通常依据其自己对顾客所预期的服务水平的理解设计服务产品。由于没有进行市场调研，因此，这些管理者事实上并不知道顾客到底期望什么样的服务产品，所以就难以真正设计出顾客满意的产品。

(二) 服务质量标准与顾客的期望值之间存在差异

服务质量标准的制定应该与顾客的期望值相一致，但是很多服务性企业在制定其服务标准和规范时都仅仅从其企业本身的利益方面考虑，没有从顾客的角度考虑问题。因此，有些服务系统趋向于内部化，忽视了顾客的利益。服务性企业的管理部门应该解决这些问题，保证服务质量符合顾客的期望值。

（三）服务质量标准与实际的服务表现之间的差异

即使服务性企业的管理部门设计了有效的服务体系、制定了符合顾客期望值的服务质量标准，员工实际的服务表现也不一定能够使顾客满意。其原因主要来自三个方面：人力资源方面的问题（例如员工招聘失误、员工培训不当、激励机制不完善等）；技术方面的问题（例如预定系统出现故障、客房的有线电视系统损坏等）；顾客本身的情绪问题。

（四）广告和其他促销手段中承诺的服务水平与实际提供的服务水平之间的差异

如果服务性企业在广告或其他促销宣传中承诺了无法提供的服务，顾客就会感到失望。顾客认为，企业和员工信守诺言是至关重要的。例如在旅游巴士公司、旅游列车公司或者游轮公司的广告宣传材料中，人们常常会看到这样的画面，旅游者轻松休闲地坐在宽敞、舒适的座椅上，在享受宽敞的空间的同时欣赏沿途的美丽风光。这样的画面是在实地拍摄的实景，是真实的，但是在实际旅游的过程中，画面上的一切都只是令人向往的条件，很难真正实现，因为只有在旅客很少座位没坐满，所有乘客的气氛都很和谐时才会发生画面上的情景。除非旅游者事先有心理准备，知道广告画面上的情景会与实际情况有一定的差距，否则由于企业不能满足消费者的心理预期，旅游者就会对所得到的服务感到失望和不满意，有一种受欺骗的感觉，尽管旅游企业对自己的产品和服务充满自信，认为所提供的是一流的产品和服务。

上述的差异消除了以后，服务性企业就能够提供令消费者满意的服务产品。因此，如果要提高服务质量，达到令顾客满意的效果，服务性企业的管理部门就应该对照顾客的预期，详细分析导致上述差异产生的具体原因。

二、“容忍区间”因素

在旅游过程中，旅游者的满意度与需求刺激密切相关（见图8－3）。如果缺乏刺激或者刺激的强度不够，旅游者会对这次旅游产生乏味感或无聊感，从而导致不满意。如果刺激强度过大，就会使旅游者产生惊慌感或恐惧感等，也导致不满意。旅游者在旅游过程中只有获得适度的刺激才会感到满意。

在图 8－3 中，A 和 B 之间就是旅游者满意度的“容忍区间”，也就是旅游者的满意区间。旅游者在旅游过程中所获得的刺激在这个“容忍区间”之内，就会产生满意感，在这个区间之外，就会感到不满意。A 点是低端的不满意和满意之间的临界点，刺激强度达到 A 点时，旅游者就会产生满意感；B 点是高端的满意和不满意之间的临界点，刺激强度超过 B 点时，旅游者就会感到不满意。在实际旅游的过程中，各个不同的旅游者的满意度“容忍区间”临界点的位置是不同的，“容忍区间”的范围大小也是各不相同的。例如有些旅游者害怕乘飞机，害怕冒险活动（如蹦极或漂流），因此对他们来讲，乘飞机、蹦极或漂流等活动就是过度的刺激，就会导致他们的不满意。反之，一些青年旅游者却特别热衷于具有强烈刺激性的活动，例如，漂流、蹦极、动力滑翔伞、登山等，因此这些人的满意度“容忍区间”就会很大。

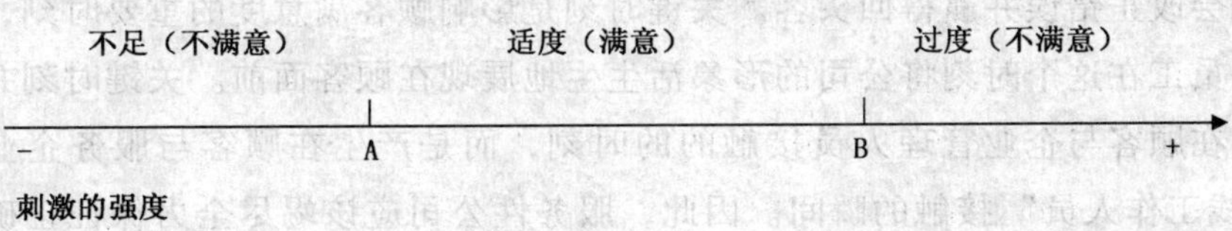

图 8－3　旅游者满意度“容忍区间”

三、各种压力因素

旅游者在接受服务时会受到旅游服务过程中各个不同环节的影响，因此，来自旅游过程中的各个阶段和各个方面的各种负面压力因素都会导致旅游者产生不满情绪。产生这些的原因是多种多样的，包括来自企业的原因、来自服务人员的原因、来自旅游目的地的原因、来自其他旅游者的原因、来自旅游交通方面的原因、来自旅游者本身生活习惯和社会习俗方面的原因，等等。图 8－4 简要列举了产生压力的主要原因范围。

四、关键时刻

“关键时刻”的概念是斯堪的纳维亚航空公司（SAS）的首席执行官简·卡尔森于 20 世纪 80 年代提出的，指顾客与服务性企业的任何一个方面接触并对其服务质量产生一定影响的任何一个时刻。这个时刻是顾客与企业

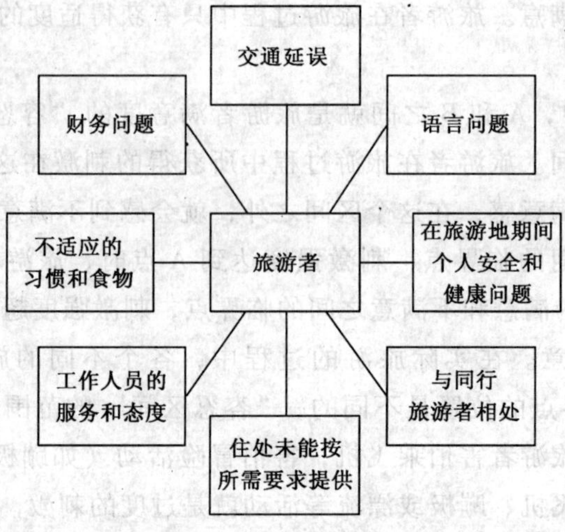

图 8-4 旅游者产生压力的主要原因

员工接触的重要时刻，在这个时刻，员工有机会给顾客留下良好的印象，也有机会改正错误并赢得回头客。关键时刻是影响顾客满意度的重要时刻，公司的员工在这个时刻将公司的形象活生生地展现在顾客面前。关键时刻并非产生在顾客与企业管理人员接触的的时刻，而是产生在顾客与服务企业的“一线工作人员”接触的瞬间。因此，服务性公司应该竭尽全力保证正确处理好关键时刻，力争给顾客留下积极的正面印象，使顾客对公司及公司提供的服务感到满意。卡尔森估计，斯堪的纳维亚航空公司的1000万个顾客中的每个人大约都与5名左右的公司员工进行过接触，每次接触平均持续15秒钟。这样，斯堪的纳维亚航空公司的形象每年在其顾客的脑海里就出现了5000万次，每次持续15秒钟。这些关键时刻是决定斯堪的纳维亚航空公司成功或者失败的时刻，当然也是使顾客满意或者不满意的时刻。关键时刻的概念在服务行业中显示出了巨大的影响力，很多服务性企业都非常重视对关键时刻的管理。目前，在这个以服务为主的全球经济时代中，关键时刻将决定着很多服务性或以服务为主的企业的存亡。

旅游者在旅游过程中、住饭店的客人在饭店的停留期间所经历所有关键时刻形成了连续的事件链，这些事件链使顾客对所得到的服务的价值产生了知觉（满意或者不满意）。在这个意义上，每个关键时刻都是“服务的基本元素，是顾客得到的最小价值单位”。例如，对于饭店，客人登记入住和办理离店手续的时候就是重要的关键时刻，因为这个时候客人与饭店员工进行面对面的接触。这时候如果服务人员能够给予客人个性化的关注（例如，亲切地称呼客人的名字、面带微笑地与客人进行目光交流，等等），客人就会感到自己的需要得到了重视，会感到很满意。在这些时刻，服务人员的一些看起来似乎很微小的举止行为都对全面营造一种专注客人和取悦客人的服务氛围具有深远的意义，十分有利于提高客人的满意度。

［小资料］

里兹—卡尔顿饭店的金牌服务标准

- 座右铭：我们是为淑女和绅士服务的淑女和绅士。
- 信条：

在里兹—卡尔顿饭店，我们的最高宗旨是让客人得到真正的关心和舒适。

我们保证为我们的客人提供最好的个性化服务和便利，使他们始终享受到一种温暖、轻松、优雅的气氛。

客人在里兹—卡尔顿饭店可以体验到感官的愉悦、增进健康、甚至连没有表达出来的愿望和需要也能得到满足。

- 三步服务法：

1. 一个热情而真诚的问候。要尽可能称呼客人的名字。
2. 预测并满足客人的需要。
3. 深情地道别。要热情地向客人说再见，并要尽可能地称呼他们的名字。

为了评估顾客在关键时刻是否感觉良好，美国服务行业培训方面的资深专家卡尔·奥尔布雷克特（Karl Albrecht）提出了旅游者的“服务循环”模式（见图8－5）。这个循环模式的着眼点是旅游者，而不是从员工或者服务性企业本身。旅游者的“服务循环”模式强调了旅游者在旅游过程的第一天所经历的一系列关键时刻：团队出发、到达一个新城市、见到导游员、被带到一个旅游景区，等等。第一个“服务循环”结束之后，将开始另一轮新的循环。旅游者的“服务循环”就这样周而复始，直到旅游者的全部旅游过程结束为止。由于导游员在整个旅游过程中一直伴随着旅游者，因此导游员就一直直接或间接地对数不清的关键时刻负责，这样导游员本身也就成为旅游行业的"关键时刻"。

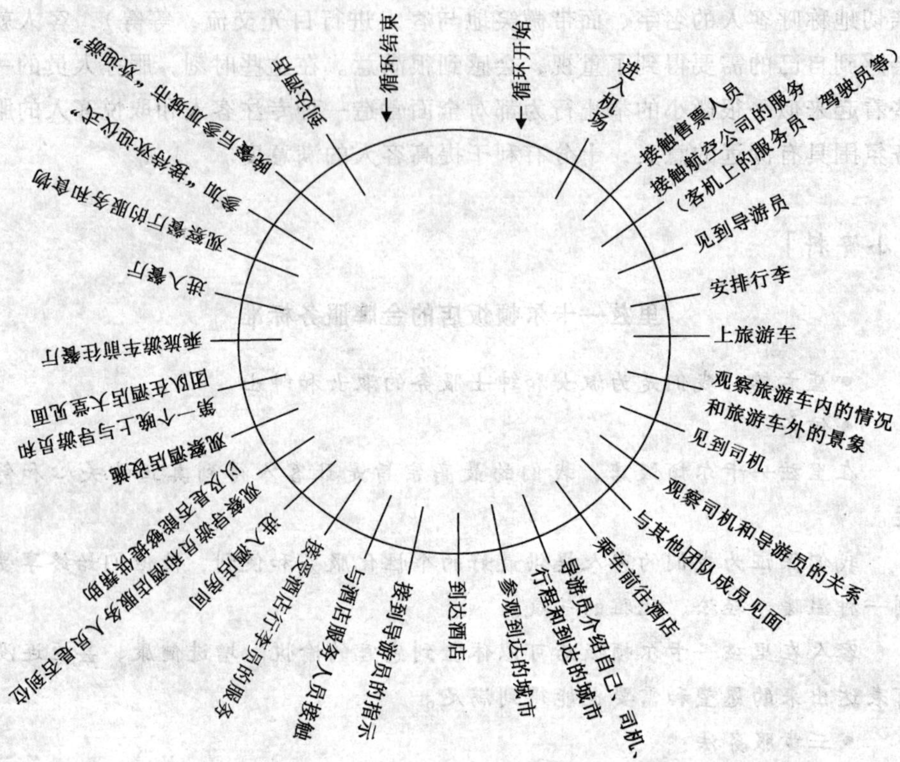

图8－5　旅游者的"服务循环"：旅游的第一天

［案例分析］

在南苑饭店体验殷勤

我曾经听一位资深的酒店管理专家说："殷勤是中国社会文明中的一种美德。中国人历来以'殷勤好客'作为善待客人、朋友的座右铭。今天，中国的酒店业处在激烈的国际竞争中，我们应该以殷勤来营造自己酒店的文化氛围，创建自己的民族品牌。"

另一位酒店行家也告诉过我："西方把酒店服务行业称为'Hospitality'，中心词意也是殷勤好客的意思。因此，在职业的层面上，东西方文化也是相通的。但是无可讳言的是，随着西方工业化与资本主义经济的发展，温情脉脉的宗法关系、家庭眷情被慢慢地淡化了。因此，人们普遍认为，到东方，到中国的优秀酒店里会感受到更多的人性化服务与享受殷勤。”这一点，在我最近到浙江宁波南苑饭店住宿3天后有了极为深刻的体验。

前不久，我与几位同事到浙江省宁海县出席徐霞客旅游文化节活动。途经宁波，借宿南苑饭店。到达时由于我们没有把车次说清楚，对方误认为我们坐的是长途汽车，因而找错了车站。来接站的是一位年轻的黄小姐，见到我们顿时显出十分的不安，连声说“对不起”，真诚地表达了歉意，并且马上接过了我们手中的行李箱。我当时想，如果她见到我们时表现出一套公式化的客套与道歉，我们未必能感受到她那年轻纯真的诚意。

第二天，要参加一个正式的活动。同行中有一位男性长者，来店时带有一套西服，但发现有些压皱了，穿与不穿他有点犹豫。然而半小时之后当他回到屋子里打开衣橱时，却惊讶地发现他的西装、衬衣都已熨烫平整，这件事使他感动不已：“我到过许多国家，住过很多高星级酒店，饭店服务如此殷勤、周到，着实难能可贵。”

另一件事是我们在饭店餐厅用餐时，发现餐厅菜肴的雕花艺术高超，作为一名摄影师，它不断激起我的创作热情。原来，酒店的中餐厅有一位专职的雕花技师。他们把殷勤待客的情意倾注在雕花上，真是别具匠心。

诚然，饭店客人看重的不只是一些可以物化的硬指标，而是一种富有灵性的服务。第二天我们在饭店午餐，正碰上前一天为我们服务的那位服务员，但很明显她已掌握了我们各人的饮料爱好，服务得恰到好处。我们都深受触动，不是因为她的记忆力，而是她的“用心服务”和殷勤的深度。

3天的住店体验，让我们感觉到，饭店服务的殷勤应该体现在自然、真诚、高效，且要适度。如果超越了“度”就会有给人“过”的感觉。这次和我们相处3天的黄小姐能如此细微地体察我们的要求，将殷勤的“度”，把握得恰到好处。作为同行，我深深为她、为“南苑”感到骄傲，并在告别时紧紧地拥抱了她……

（资料来源：《中国旅游报》，2008年7月9日，第7版。）

讨论问题：

1. 结合本案例，讨论服务产品的特性。

2. 顾客在这个饭店中从哪些方面体验到了“殷勤”？

思考与练习

1. 举例说明服务的定义。

2. 结合自己或他人的经历论述旅游服务行业的特性。

3. 简要论述顾客满意度的概念。

4. 结合自己或他人的旅游经历，讨论顾客的满意度、实际感受和期望值之间的关系。

5. 分别讨论消费者对不满意的产品或者服务所采取的三种行动（私下行动、直接行动和公开行动）对服务性企业的危害。

6. 结合具体案例，讨论服务的4个方面的差异。

7. 什么是关键时刻？结合自己的实习经历或者旅游度假经历，谈一谈关键时刻对顾客满意度的重要性。

实践篇

第九章

旅行社服务心理

内容提示

- 旅行社前台工作人员的基本要求
- 导游员的气质特征
- 导游员的意志品质
- 导游员的情感特征
- 导游员的能力素质
- 导游员的性格特征
- 导游服务的心理策略

第一节 旅游者对旅行社服务的要求

一、团队旅游者对旅行社服务的要求

团队旅游者指通过旅行社与旅游服务中介机构，采取支付综合包价和部分包价的形式，有组织地按预定行程计划，进行旅游消费活动的旅游者群体。

（一）对规范化服务的要求

旅游团队服务的规范化，是旅游团队接待服务质量的基础和保障，主要体现在标准化和程序化两项要求。这里所指的标准化是旅行社工作人员按照一定的标准向旅游团提供旅游参观游览过程中的各种服务。程序化是指旅行社工作人员根据旅游团队运行的普遍规律，严格按照有关程序规定要求的详细步骤，向旅游团队提供的接待服务。

（二）对个性化服务的要求

在旅游团队这个临时组成的群体中，旅游者之间有着社会背景和兴趣爱好等方面的差异；在不同的旅游团之间，旅游者在文化背景、宗教信仰、价值观念等方面也存在诸多差异。这就使旅游者对旅游接待服务的要求也产生不同程度的差别。旅行社工作人员应该针对旅游者的不同特点，在坚持规范化服务的同时，尽可能满足旅游者合理的个性化要求，提供个性化、有人情味的服务，使旅游者满意。

（三）对技巧化服务的要求

接待团队旅游对导游人员接待技能要求比较高。这是因为团队旅游的旅游者人数多，成员间的关系复杂，多数旅游团内的旅游者在旅行开始前互不相识，需要在有限的旅游时间内相互了解，相互适应，给导游人员的接待工作带来了很大的难度。因此，导游人员不但要提供高质量的规范化服务、个性化服务，还要具有很强的带团技能，善于发现问题，解决问题，协调关系，本着为游客至上、合理而可能的接待原则，在短时间内运用高超的导游技能帮助团员建立和谐、友好、健康的团队内部关系，以保证旅游计划的顺利完成。

二、散客旅游者对旅行社服务的要求

散客旅游指旅游者自行安排旅游行程，零星支付各项旅游费用的旅游方式。近年来，散客旅游发展迅速，在国际旅游业中占有十分重要的地位，是旅游者主要的出游方式之一。在我国，无论是入境旅游、出境旅游还是国内旅游都体现出与国际旅游业相同的发展趋势，散客旅游在我国旅游业发展中已经成为各种旅游活动的主要形式。

(一) 对服务中文化含量的要求

散客旅游者通常有较为明确的个性需求，文化层次普遍较高，有着丰富的旅游经验，对旅游产品中的文化含量十分重视。导游人员正是起着衔接旅游者和旅游产品的重要作用。导游人员能否把旅游资源中的深层文化内涵准确全面地传递给旅游者，能否通过把导游人员的服务让旅游者充分领悟旅游资源的文化价值，满足他们追求个性化、多样化的消费心理，直接影响着导游人员服务的质量。因此，散客旅游的导游人员要具备丰富的知识，较高的文化素养。这些不仅应该在讲解服务，还要在生活服务、心理服务等其他形式的服务中得到体现。

(二) 对服务项目多样化的要求

散客旅游，由于没有固定的旅游计划，散客旅游者的购买选择有着极大的灵活性和随意性，他们要选择的产品范围大，种类多样。因此旅行社要相应地具有较强的采购能力，建立起覆盖广泛、服务高效、质量优异的旅游服务供应协作网络，以满足散客旅游者的各种各样的购买需求。

(三) 对服务便利性的要求

由于散客旅游者的购买方式为零星购买，支付方式为即时现付，活动范围广，涉及面多，受旅行社、导游人员的影响小，因此他们需要极为便利的服务。在任何时间任何地点，散客旅游者都希望得到及时周到的服务。这就要求旅游服务部门一方面建立以计算机为基础的网络化预定系统；另一方面建立以导游人员为主体，以散客为对象的导游服务系统。这样既可以为旅游者提供诸多便利，更能够为旅行社提高社会经济效益起到促进作用。

第二节
旅行社前台服务心理

一、旅行社前台接待工作的作用

前台是旅行社的一个窗口，前台服务是打开散客旅游市场的一把金钥匙，前台接待服务质量是旅行社树立良好形象、提高经济效益的前提和基础。

（一）树立旅行社的良好形象

目前，旅行社竞争非常激烈，产品同质化严重，旅行社之间的线路行程和服务标准基本一样，如何争取更多的客源成为旅行社的主要竞争目标。对于旅游者来说，虽然旅行社的数量越来越多，但是产品的同质性令他们难以选择。这时，前台的服务就成为影响旅游者选择旅行社的重要因素。由于旅行社产品大同小异，旅游产品质量又必须在报名后才能体现，所以旅游者都更愿意选择前台服务质量高、印象好的旅行社。如果旅游者在某个旅行社的前台受到冷遇，就会转向其他旅行社报名，使客源流失。

（二）提高旅行社的经济效益

引导和实现旅游消费是每一个前台员工的本职工作。旅行社的国内部、海外部等业务部门担负着制订团队计划、预定机票和酒店、编制线路等大量的工作，其目的是要客人参加团队，实现公司利润。但是，如果没有前台对这些线路进行销售，所有业务部门的工作都是白费的。所以，一支优秀的前台员工队伍，能够实现旅行社各个业务部门的工作计划，为企业创造利润。相反，如果前台员工不称职，即使业务部门设计的产品多么优秀，也可能因为前台原因而导致滞销，给企业带来损失。

（三）沟通旅游者的桥梁和纽带

旅游产品是一种无形的产品，旅游者支付团费给旅行社，购买的旅游产品是看不见摸不着的。前台接待工作属于旅行社售前促销工作，前台员工的主要职责是向旅游者宣传旅行社的产品信息，提供咨询服务。旅行社通过前台咨询服务，让旅游者了解旅游产品，引导旅游者购买本企业的产品，从而达到扩大产品销售和增加经营收入的目的。旅游者通过前台员工的描述和回答，能够清楚地了解他们所购买的产品的详细情况和信息。同时，旅游者的一些特殊要求也可以通过前台向业务部门反馈，从而更好地使旅行社满足旅游者的个性化需要，提高旅游者的满意度。

（四）减轻后台部门的压力，减少旅游投诉

关于旅游行程中的自费项目、注意事项等事宜，如果前台员工在旅行之前向旅游者说清楚，旅游者就会了解旅行社的意见和建议，与旅行社达成共识，减低对旅游的期望值。同时，前台规范的工作流程，能够使业务操作人员和导游得到详细的游客资料，更好地做好服务工作。这样，导游带团就会更轻松，旅游者投诉的概率就会降低，客户服务部门的工作也更加容易。因此，旅行社的管理者应该充分重视前台工作的重要性，关注前台的动态，关注前台的服务，关注前台员工的工作态度、服务水平、专业知识和敬业精神。

二、旅行社前台服务人员的心理品质

作为服务企业，旅行社最能够体现服务内涵的就是那些直接面对游客的员工。前台员工的心理品质直接关系到旅行社的服务质量和服务水准。

（一）虚心好学

古人云："工欲善其事，必先利其器"。前台人员若没有过硬的语言能力，就根本谈不上优质服务。前台员工应该是旅游专家，面对形形色色的旅游者所提出的各种问题，都能够应答自如。例如，客人咨询一条线路的价格，前台员工应该快速报出价来；如果客人进一步询问，还要回答这个价格是如何制定出来的，包括哪些项目。如果客人要求帮忙与其他线路的价格进行比较，并推荐新的线路，前台员工也要能够有条不紊地对其进行解释和分析性价比。因此，作为前台员工应该谦虚好学，既要精通业务知识，又要掌握一些历史地理知识、政策法规知识、心理学知识、美学知识和旅行常识。学习的途径可以通过同事，也可以通过书籍，而目前最方便的就是通过网络。

（二）热情主动

旅行社作为服务企业，其员工必须对客人主动和热情。特别是前台人员，即使业务能力很强，但如果坐在前台冷若冰霜或者麻木迟钝，就会损害企业形象。前台工作人员应该性格外向，热情主动，真诚待客。不要冷落任何一个进入营业大厅的客人，不允许对客人的咨询默然处之或者敷衍了事。

前台服务的要求是让客人感到亲切和舒服，而达到这个要求的最有效方法就是微笑。前台员工不论心境如何，都应该时刻保持热情的态度和微笑的姿态。例如，客人询问在某个旅游线路中住的都是什么宾馆、星级标准、条件如何、用餐标准、交通情况等等，前台服务人员都要热情地告诉客人，这样才能成为一个称职的前台服务人员。

（三）耐心细致

来旅行社前台报名或者咨询的客人或许会问一些非常幼稚的问题，或者对一个简单的问题刨根问底，或者对于一个决策犹豫不定。这个时候，前台员工应该保持耐心的态度，不能表现出任何不耐烦的情绪。前台工作是团队操作的前奏，稍有粗心大意，就有可能导致做团业务、导游带团等出现一系列的错误。例如，客人要求吃素食，但是由于前台的疏忽，未把这个特殊要求通知业务人员，业务人员没有通知地接社，地接社没有通知导游，导游没有告诉餐厅，于是，当吃素的客人发现端上来的食品都是荤菜时，肯定会不满意，进而提出投诉。前台员工的细心主要体现在以下几个环节：一是客人的特殊要求；二是客人的名单和证件；三是客人的联系电话；四是收费。这些环节不但最容易出错，而一错就会造成重大损失。

（四）协调沟通

前台是一个对客沟通部门，要把旅游信息准确地传达给客人，要让客人留下良好的第一印象，并接受你的观点，购买你的产品，因此前台员工必须具有良好的沟通能力和沟通技巧。首先，语言表达能力是最重要的。特别是接听电话，作为前台的一个重要职责，更需要良好的语言表达能力。其次，要注意眼神的交流。与一个客人进行沟通，如果眼睛总是飘忽不定，或者抬头望天，即使有良好的语言表达能力，也很难和游客进行良好的沟通。眼神交流有一个公式：亲密看小三角，熟悉看中三角，普通看大三角。小三角指两个眼珠到鼻尖的范围；中三角指两个额头到下巴的范围；大三角指头顶到两个肩膀的范围。前台员工和客人的眼神交流，一般应该控制在中三角。

[小资料]

“服务”这一概念的含义可以用构成英语SERVICE这一单词的每一个字母所代表的含义来理解：

(1) 第一个字母S，即Smile（微笑），其含义是服务员要给每一客人提供微笑服务。

(2) 第二个字母 E，即 Excellent（出色），其含义是服务员要将每一项微小的服务工作做得都很出色。

(3) 第三个字母 R，即 Ready（准备好），其含义是服务员要随时准备好为客人服务。

(4) 第四个字母 V，即 Viewing（看待），其含义是服务员要把每一位客人都看作是需要给予特殊照顾的贵宾。

(5) 第五个字母 I，即 Inviting（邀请），其含义是服务员在每一次服务结束时，都要邀请客人再次光临。

(6) 第六个字母 C，即 Creation（创造），其含义是每一位服务员要精心创造出使客人能享受其热情服务的气氛。

(7) 第七个字母 E，即 Eye（眼光），其含义是每一位服务员始终要用热情好客的眼光关注客人，预测客人的需求，并及时提供服务，使客人时刻感受到服务员在关心自己。

第三节
导游员服务心理

一、导游员的心理品质

周恩来总理曾对我国导游人员的素质提出“三过硬”的要求，即思想过硬、业务过硬和外语过硬。今天，导游员除了应该具备高度的政治素质，高尚的思想素质，高超的业务素质，高深的文化素质，健康的身体素质之外，还应该努力培养良好的心理品质。

(一) 导游员的气质

气质，是人的一种心理特征，它包括人与外界事物接触中表现出来的感受性、耐受性、敏捷性、兴奋性以及心理活动的内向性、外向性等特点。在旅游服务中，导游员为客人提供面对面的服务。要做好导游服务工作，服务人员必须具备一定的气质特征。

1. 感受性和灵敏性要适中

感受性是指人对外界刺激产生感觉的能力和对外界信息产生心理反应需要达到的强度；灵敏性是指服务人员心理反应的速度。导游人员在工作中接待的客人来自五湖四海、世界各地，他们的性别、年龄、职业、文化背景、教育程度各不相同。如果导游人员感受性太高，则注意力会因外界刺激的不断变化而分散，从而影响服务工作的有效开展。当然，导游人员的感受性也不可过低，否则会对客人的服务要求视而不见，会怠慢客人，降低服务质量。此外，导游人员的灵敏性要求不可过高，否则，会使客人产生不稳重的感觉，也无法使自己保持最佳的工作状态。

2. 耐受性和兴奋性要较高

耐受性指人在受到外界刺激时，表现在时间和强度上的耐受程度和在长时间从事某种活动时注意力的集中程度。有的导游员长时间陪团仍能保持注意力的高度集中，而有的导游员陪团时间一长，就感到力不从心。前者耐受性强，后者则耐受性弱。兴奋性指情绪发生的速度和程度。在导游服务中，重复性的讲解工作常常使导游员感到厌倦，工作的热情受到极大的影响。但是，在游客面前，这些情绪和思想却不能表露出来。导游员要有极大的克制力，在每天的工作中都应该以微笑、诚信对待每位游客，使客人时时感受服务人员饱满的工作热情和高效、优质的服务。因此，导游员必须具备比较高的耐受性和情绪兴奋性。

（二）导游员的性格

良好的性格特征可以使导游人员始终保持最佳服务状态，使主客关系变得融洽。对导游员个人而言，良好的性格特征可以使其从客人满意中获得个人心理的满足。一般地说，导游员应该具有热情开朗的性格，具体表现为真诚、友善、忠实、可靠、独立、外向、乐观、幽默、理智、自信。尤其是善于和人打交道的性格更重要，导游员要能够同各种类型、各种性格和各种年龄的人打交道，善于在感情上与游客进行沟通和交流。导游服务工作所要求的热情服务应当内化为导游员性格特征的自然流露，而不是表面上的逢场作戏。时时保持灿烂的笑容，用真诚和热情赢得游客的信任，用坚韧和耐心化解游客的不满，这才是一个优秀导游员应有的性格品质。

（三）导游员的情感

情感是人对客观事物的一种好恶的心理倾向。导游面临复杂多变的客观事物，会产生不同的态度和情感体验，导致不同的导游行为。导游员健康、积极的情感可以推动导游服务，具体包括高尚的道德感、正确的美感和科学的理智感。

导游员高尚的道德感表现在：对祖国的自豪感和荣誉感；对导游工作的

崇高使命感与责任感；对旅游者的友谊感。在导游服务过程中，导游员绝不能为蝇头小利而折腰，做出有辱人格、国格的行为。导游员要以积极健康的动作、表情等情绪来有效地感染旅游者，使他们产生正确积极的心理状态和情绪体验，创造出良好的导游效果。导游员要努力践行“导游工作八荣八耻”，即，以持证上岗为荣，以无证野导为耻；以衣着得体为荣，以不修边幅为耻；以受聘导游为荣，以私自接团为耻；以言语亲切为荣，以污言秽语为耻；以服务游客为荣，以狠吃回扣为耻；以合理营利为荣，以索要小费为耻；以提高技能为荣，以玩忽职守为耻；以博学多才为荣，以惟利是图为耻。

导游员正确的美感表现在：符合现阶段人们综合的审美标准，适应旅游者对审美的一般心理需求与欲望。这不仅反映在自身仪表的审美上，而且也反映在对旅游客体审美的趋同性上。首先，导游员要培养自己良好的审美素质，努力做到服饰美、举止美、气质美、语言美。另外，在导游服务中导游员既要照顾旅游团全体成员共同的审美情趣，又要适当顾及个别游客的审美要求，通过审美活动来激发旅游者，使其产生积极的情感体验。

导游员科学的理智感表现在：拥有强烈的钻研业务的求知欲，在导游服务中努力保持积极的情感，并控制消极情感的产生。导游员要以平静、耐心的态度对待旅游者不合理的要求，不应该流露出不耐烦的情绪，更不能失去理智地与客人争吵。导游员应该努力把自己深厚积极的情感稳固持久地维持在行动上，为旅游者创造出一种愉快、积极、健康的情感体验的氛围。在导游服务中，导游员即使自己不高兴，也不能表现出来，更不能把自己消极的情绪强加给旅游者。

[小资料]

有人说：只有高高兴兴的导游员才会有高高兴兴的游客。当导游员与游客在一起的时候，必须时时注意自己是否处于良好的情绪状态。心理学家曾用七种不同的颜色来代表七种不同的情绪状态，排列起来就成了下面这样一个“情绪谱”：

“红色”情绪——兴奋、激动；

“橙色”情绪——愉悦、快乐；

“黄色”情绪——明快、舒畅；

“绿色”情绪——安静、沉着；

"蓝色"情绪——忧郁、悲伤；

"紫色"情绪——焦虑、不满；

"黑色"情绪——沮丧、颓废。

如果导游员能把这个七色"情绪谱"牢记在心，并经常用来"对照检查"，看自己是处于"情绪谱"上的哪一种情绪状态，久而久之，你就会养成一种"敏感性"，能够及时地觉察自己情绪状态发生了什么样的变化。有了这种"敏感性"，导游员就能够对自己的情绪状态作出及时的调整。

（四）导游员的意志

意志是人们自觉地调节行为去克服困难以实现预定目标的心理过程。导游服务工作面临复杂的社会环境，导游员要和各种各样的人打交道，其个体因素和复杂的群体因素常常引发内心激烈的心理冲突。导游员的意志品质主要包括心理活动的自觉性、果断性、坚韧性和自制性。导游员只有具备坚强的意志品质，才能正确解决各种心理矛盾和冲突。一个自觉性强的导游员，往往具有较强的主动服务意识，在工作中能够不断提高业务水平，并积极克服工作中所遇到的困难。一个果断性强的导游员，面对各种复杂问题能够全面而又深刻地考虑行动的目的及达到目的的方法，懂得所作决定的重要性，清醒地预见可能产生的结果，及时正确地处理各种问题。一个坚韧性强的导游员，能够排除与目的相悖的各种主客观诱因的干扰，围绕既定目标做到锲而不舍、有始有终。一个自制力强的导游员，能克制住自己的消极情绪和冲动行为，不论在什么情况下，都能克制并调节好自己的情绪，做到头脑冷静，宠辱不惊。

（五）导游员的能力

敏锐的观察能力、高度的注意能力、准确的表达能力、较强的交际能力、良好的协调能力是导游员最基本的能力品质。

1. 敏锐深刻的观察能力

导游员必须具备敏锐深刻的观察能力，能够通过观察旅游者的言谈举止、面部表情、体态语言来准确地判断旅游者的内心状态。导游员要善于察言观色，预测游客的心理反应，及时调整服务内容和方法，采取必要的措施，运用多变的手法，保证旅游活动的顺利进行。例如，在导游讲解时，如果游客表现出目不转睛、听力集中的状态，导游员就可以顺着话题继续讲下去；反之，如果游客出现东张西望、情绪烦躁的状态，导游员就应该转换思路，转移话题，因势利导地顺着游客的意愿进行导游服务。

2. 高度集中的注意能力

导游员必须具有高度集中的注意能力，同时还要有较大的注意广度、较好的分配注意和转移注意的能力。例如，导游员在讲解某一景点时，不仅要把注意力放在讲解对象上，而且还要注意观察旅游者的情绪反应和变化，当发现游客已把目光转向另一个事物，在好奇地等待讲解时，导游员就应该及时转移注意力，去介绍游客感兴趣的景物，激发游客兴趣，调节游客情绪，满足游客的心理需求。

3. 准确熟练的表达能力

导游员必须具有准确熟练的表达能力。导游服务的一大特点就是和旅游者面对面地交往，通过语言、表情、手势、态度、举止等多种表达方式与旅游者交流，其中语言交流占很大比例。因此，良好的语言表达能力是做好导游工作的关键。导游员的语言表达要力求文明、真挚、准确、精练、生动、清晰、灵活、幽默，要使导游语言成为游客与风光景观之间的七彩桥梁。此外，导游员的行为表达能力也非常重要。它是一种无声的语言，有经验的导游员能够通过一个眼神、一抹微笑和一个手势向旅游者表达自己的真诚、友好、乐观、自信、同情、理解、体贴和负责。

4. 和谐周到的协调能力

导游工作是一种与客人打交道的艺术。导游人员除了与游客交往之外，还必须协调好与旅游部门和其他相关部门的关系。这不仅关系到导游工作能否顺利进行，而且也关系到导游员所代表的旅行社的业务能否正常开展。导游人员与各方面建立和谐的人际关系，有利于保证旅游服务的质量，树立良好的个人形象，为其所代表的旅行社赢得知名度和美誉度。导游员面对的常常是十几个或几十个人的团体，要负责安排食、宿、行、游、购、娱等各项工作，事无巨细都要亲历亲为，没有良好的组织协调能力，将会遇到许多棘手的问题。

［小资料］

一个好导游员不应该仅仅局限于背导游词，优秀的导游员应该做到：

1. 导游员应该有战略家的眼光，能够看到旅游业发展的趋势。因为只有导游员才是旅游业一线的“战士”，只有他们才能最真切地体会到旅游业发展进程中的细微变化，所以，有专家说，要干旅游必须先从导游员做起。

2. 导游员应该是“学者”。导游员不仅学文化知识，还要学会做人，不仅从书本中学，还要向游客学。在讲解中导游员要有耐心，即使是那些讲解了无数次的景点，也应该像第一次讲解时那样永远保持新奇感。

3. 导游员应该具备艺术家的眼光，因为只有自己先被某种文化感染，才能感染别人。

4. 导游员更要有护士一样的情怀，需要对旅游团队的每一位成员给予无微不至的关怀，也要有护士那样的抢救经验，在突发事件中才能临危不乱。

5. 导游员从事的是服务行业，在这个领域中“顾客就是上帝”，所以在导游员遇到冷眼，遭到质问时要“宰相肚里能撑船”，接团、待物要彬彬有礼，以“礼”服人。

6. 在自我介绍、握手、鞠躬、拥抱时应具有外交家的基本素质，这是这一职业对导游员的基本要求。

7. 导游员还应该具有不亚于摄影师的拍照水平，虽然照片谁都能拍，但是旅游就是一种经历，而照片是这种经历的真实记录，拍摄一张好的照片会给游客留下美好的回忆。

8. 在旅行途中，一个合格的导游员是不会让团队冷场的，这时，需要导游员表演一个节目，唱一首歌曲，或者讲个笑话。实践证明，能歌善舞的导游员更受游客的青睐，另外，导游词的讲解不是一成不变的，导游员应该根据不同游客的身份、年龄作出相应的调整。聪明的导游员善于察言观色，这样才能投游客所好。

9. 导游员中的高手也必须是一个心理学家。

10. 此外，导游工作大部分是在室外进行，爬山、坐船、乘飞机、逛街等都需要一个导游员有超强的体质和充沛的精力，一个不爱运动的导游员不是一个好导游。所以，一个好的导游员还应具有运动员的基本素质。

二、导游服务的心理策略

导游服务既是一项功能性服务，又是一项心理性服务。为了高质量地做好导游工作，导游员就必须因人、因事、因时、因地而异，充分运用自己的人格魅力和业务能力，采取灵活恰当的心理策略和导游手法，创造最佳的服务效果。

（一）塑造美好形象，留下难忘印象

导游员是旅游活动中与游客接触时间最长，对游客影响最大的旅游伙

伴，因而必然成为关注的最直接对象。因此，导游员要十分注意自己的仪表、仪容、神态、语言和举止，做到仪表端庄整洁、谈吐文明得体、举止自然大方。

导游员要为旅游者树立美好的第一印象。第一印象的好坏常常构成人们的心理定势，不知不觉地成为判断一个人的依据。迎客是导游工作的开端，游客到达旅游目的地首次接触导游员，导游员给游客留下的第一印象经常会左右游客在以后旅游活动中的知觉和判断。常言道："良好的开端是成功的一半。"美好的第一印象将为导游员以后服务工作的顺利开展奠定良好的基础。因此，导游员从机场（车站）第一次接触游客开始，就必须注意自己的形象和态度对游客的影响，做到仪表端庄大方、态度热情友好。导游员接站前周密的工作安排、接站时快捷的工作效率有利于给游客留下美好的第一印象。导游员要妥善安排好从机场（车站）到下榻饭店的交通工具、行李运送、食宿安排、资料发放等环节，迅速地满足客人的需求，迅速消除客人初到异地的茫然感和拘谨感，增强客人的安全感和信任感。欢迎词是导游服务的"序幕"。导游员如果初次见面能叫出客人的名字，将会缩短主客之间的心理距离，融洽主客关系，获得客人的好感。

塑造了良好的第一印象后，导游员并不能因此而感到万事大吉了，还必须要持之以恒，善始善终，把良好形象保持到最后，创造完美的最后形象。送客是导游工作的终结。如果导游员留给客人的最后印象不好，就可能导致前功尽弃的不良后果。一个游程下来，作为导游员虽已身心疲惫，但仍应该表现出充沛的精力和饱满的热情，这会使旅游者对整个旅程持肯定、欣赏和完美的看法。同时，导游员要针对旅游者此时开始想家的心理特点，提供体贴周到的服务，不厌其烦地帮助他们选购物品，表达对其亲人的真挚问候；对服务中不尽如人意之处要诚恳检查，真诚地征求游客的意见和建议；代表旅行社祝客人一路平安。送别时要行注目礼并挥手致意，一定要等到客人进入飞机场隔离区、火车启动、汽车（轮船）驶离后方可离开。美好的最后印象能使旅游者对即将离开的旅游地（导游员）产生恋恋不舍的心情，从而激发他们重游的动机，并能起到良好的口碑宣传作用。

（二）运用眼神魅力，进行微笑服务

眼睛是心灵的窗户。正如爱默生所说："人的眼睛和舌头所说的话一样多，不需要字典，却能够从眼睛的语言中了解整个世界，这是眼睛的好处"。炯炯有神的眼睛能拨动人们的心弦，奏出令人身心愉快的乐章。导游员的目光应该是开诚布公的，对人表示关心的，应该是一种从中可以看出谅解和诚意的目光。导游服务中要充分地运用眼神的魅力，接团时用和蔼可亲的目光扫向每一个人，说话时目光要掠过每一个游客，遇到突发事件要目光镇定。当导游员与一个游客说话时，就应该面向客人并且正视客人，不可以东张西望。

德国旅游专家哈拉尔德·巴特尔在其《合格导游》一书中指出："在最困难的局面中，一种有分寸的微笑，再配上镇静和适度的举止，对于贯彻自己的主张，争取他人合作，会起到不可估量的作用"。微笑是感情的流露，是一种国际通用语言。微笑能使人感到真诚友好、亲切温暖、宽慰舒服。心理学研究表明：真诚的笑、善意的笑、愉快的笑能够产生感染力，可以刺激对方的感官，产生报答效应，引起共鸣。微笑是欢迎词，是伸出的友谊之手，是尊重对方的示意，是情感沟通的桥梁，是美的化身，是爱的象征。导游服务成功的秘诀之一就是"微笑服务"。微笑意味着友善，象征着诚意，减少了不安，化解了敌意，它能使游客消除生疏感，缩短同导游员之间的距离，好像回到家里遇见亲人一样。有经验的导游员深知微笑服务对旅游者的巨大魅力，他们无论在工作中遇到何种困难，情绪多么低落，但在游客面前总能够保持满面笑容、笑口常开、谈笑风生。

公平待客是微笑服务的前提和基础。不论旅游者的政治信仰、社会地位、经济收入、受教育程度如何，导游员不能以地位取人、以容貌取人、以钱财取人、以肤色取人，对每一位游客都要一视同仁、不卑不亢。同时，给客人提供的服务应该是真诚的，不能虚情假意。因此，导游员在微笑服务的时候要表现出：笑得真诚、笑得自然、笑得亲切、笑得可爱。

（三）正确使用语言，发挥感染作用

导游服务的成功与否不仅在于能否充分依靠旅游景观本身的作用来调动旅游者的直观兴趣，更重要的是在于能否借助语言的工具去激发旅游者的兴趣。导游语言，也可以称为旅游的第二风景。游客通过精彩的导游语言，可以增强游览的兴致，加深观光的印象，减轻旅途的疲劳和寂寞，了解到在景区看不到的许多知识，感受到宾至如归的浓郁人情味，把外界美丽的景观变成内心美妙的享受，从而留下深刻美好的记忆。

1. 友好

常言道："一句话使人笑，一句话使人跳"。导游人员在与游客相处时，必须注意自己的语言表达。一句恰当的话会使游客感到高兴，赢得他们的好感；有时不当心或无意中的一句不恰当的话，可能会刺伤游客的自尊心，得罪客人。导游员是“友谊的建筑师”，在语言的用词、声调、表情上都应该表现出亲切、友好的感情。“良言一句三冬暖，恶语伤人六月寒”。友好的语言，例如，“认识大家我非常高兴”、“欢迎各位来到北京”，起着温暖人心的作用，使远离家乡的游客一见如故、如沐春风、倍感亲切。礼貌的语言，例如，“对不起”、“请多批评指正”，表现了导游员谦虚自律的心理品质，能够化干戈为玉帛，使旅游中的纠纷得到顺利的解决。

2. 准确

导游员说的每一句话都要讲求实际，实事求是，不能有哗众取宠之心、言过其实之辞。要做到言之有据、言之有物、言之有理。言之有据指导游员的讲解必须有根有据，令人信服，经得起旅游者的推敲，不得胡编乱造、张冠李戴。即使是趣闻轶事、神话传说等虚构的“事实”，也要有出处。言之有物指导游员的语言必须具有丰富的内容，不讲空话、套话。例如，游客问：“长城是什么时候修建的?”导游人员回答：“秦朝”。这种回答属于表述不清，因为早在春秋战国时期，燕、赵、秦三国为防御北方的匈奴、东胡等民族的骚扰就筑起了高大的城墙，即为长城的起源。秦统一六国后，在原有长城的基础上修筑成一条具有今天规模的长城。如果对外国游客，还应讲清春秋战国和秦朝的公历年代，这样外国游客才会对中国长城的历史有一个明确的认识。

3. 生动

导游员的语言只有具备热情奔放、生动形象、风趣幽默的艺术风格，才能起到引人入胜的作用，发挥语言的感染力。幽默诙谐是使导游语言形象化的重要手段，它可以给旅游者带去轻松和愉快，欢乐与笑语，启迪与想象。例如，有一位导游在致欢迎词时，用了这样一段话：“初次为大家服务，我感到十分荣幸。我姓马，老马识途的马。今天，各位到我们这儿旅游，请放心好了，有我一马当先，什么事情都会马到成功。”导游员的话音刚落，客人们就乐了，转眼间，游客与导游员初次见面的那种陌生感与拘谨感荡然无存了。再例如，一个旅行团即将结束大连之旅时，导游员说：“各位即将离开大连，大连留给你们一件难忘的东西，它不在你们的拎包中和口袋里，而在你们身上。请想一想，它是什么?”导游员停顿了一会儿，接着说：“它就是你们被大连的阳光晒黑了的皮肤，你们带走了大连的夏天，留下了真挚的友情!”话音刚落，马上响起了热烈的笑声和掌声。

［微型案例］

幽默的魅力

一天，北京导游边先生带一个外国旅游团去游览八达岭长城。边先生是一个具有幽默感的导游。在导游讲解或回答问题时他常使用一些幽默的语言，引得大家阵阵发笑，因此他与大家的关系很融洽。当有人问及路旁一个陌生建筑的设计者时，他说："小时候我会说是当工程师的父亲设计的，现在我却绝不能说是秦始皇设计的，最好问一下修建它的建筑公司就知道了。"当有人请他唱歌时，他说："上次我为一个旅游团唱了首歌，发现一位游客激动得直流泪，一问才知道他是位音乐评论家，因此今天我唱歌时不希望有音乐评论家在场。"当有人问到北京的人口时，他很认真地说："北京现有人口是一千一百万……不……更精确地说是一千一百万零二十一人。"当时，一些反应快的客人笑了起来。他接着讲："因为大家的到来增加了北京的人口，正因为北京人的好客，我们的人口才会如此之多。"随之而来的又是一片笑声。

从长城回来的路上遇到了交通堵塞，为了给困乏的游客增加乐趣，边先生说："前面的司机和交警可能在开会研究交通问题，时间很长，因此我给大家讲个故事解闷，希望你们热烈鼓掌。这样，即使是故事不好听，掌声也能把打瞌睡的人叫醒。"他的话音刚落，大家又笑了起来。

（四）因时因地而异，机动灵活导游

在游览过程中，导游员不只是游客的"向导"，还要对旅游景点作指导性的讲解。导游员要因人、因时、因地制宜，正确处理好导和游的关系，做到"导"和"游"交错。导游员在带领游客进入具体景点之后，既要通过恰到好处的讲解和介绍，帮助游客了解和理解景观的丰富内容、自身特色和精彩之处；又要引而不发，给游客一定的机会和时间独立欣赏和体验个中情趣，感受审美快感。旅游审美在很大程度上是一种具有个性特征的鉴赏和价值判断过程，而游客由于社会背景不同，各自的审美需求也就不尽相同，其美感经验和审美感受能力更是千差万别。所以，导游员既不可以自己喋喋不休地讲解，也不能"金口难开"，只是"放羊式"的"游"而不"导"。导游员要根据实际情况，有所侧重，有的放矢。一般地说，在游览大范围的自然山水景观的时候，可以“游”为主，以“导”为辅，导游员重在掌握观赏时机，指点好的观赏角度，讲解景观特色，帮助游客“全身心”投人，进行具体的审美体验；而对古迹、文物、民居等人文景观则应该以“导”为主，以“游”为辅，通过比较详细的讲解、介绍、答问等方式，使游客了解人文景观的特色、功能和历史等背景知识，以利于游客对景观进行鉴赏和评价，以及对景观的文化内涵进行更深层次的情感体验。例如，在游览北京故宫时，面对着近万间房屋的宫殿群，导游要根据游客心理，重点讲解皇帝重大活动的场所；同时还应该注意讲解时间不宜过长，应让游客有静心观赏的时间。

（五）把握游客心理，满足特殊需要

旅游者来自天南海北、世界各地，他们的政治态度、社会阶层、经济地位、文化背景、宗教信仰、受教育程度、性别年龄、个性特征等千差万别，在旅游中的心态也各不相同。导游员应该准确把握每一个旅游者的特性，因人而异，对游客的特殊需求给予“特别关照”，有针对性地做好导游工作。

1. 根据旅游者所属国家和民族的风俗习惯进行导游

“一方水土养一方人”，每个国家和民族都有自己的传统文化和生活习惯，形成了旅游者不同的个性特征。东方人有东方人的秉性，西方人有西方人的性情。例如，法国人浪漫、爱享受生活；德国人踏实、勤奋、守纪律；意大利人热情、热爱生活；日本人感情细腻，讲究礼貌，重视小节，导游服务应该注重礼节；美国人性格外向开放，崇尚自由，富有幽默感，导游员可以多使用诙谐风趣的语言；英国人性格内向矜持，尊崇绅士风度，导游员的言谈举止应该庄重、严谨。接待信仰伊斯兰教的旅游者时，不能谈及猪制品，不用左手递接东西，不能将信奉基督教的旅游者安排在13号楼层、房间或座位。

2. 根据旅游者的旅游动机进行导游

不同的旅游者出游的动机不同。如第四章所述，旅游动机具有多源性，一般包括：健康的动机、探索的动机、追求自尊的动机、追求乐趣和快乐的动机、学习的动机、社会交往的动机、热爱和亲近大自然的动机，等等。导游人员了解和把握了游客的旅游动机，就能更恰当地安排旅游活动和提供导游服务。对于观光旅游者，导游员应该重点讲解旅游目的地优美的自然风光和名胜古迹；对于度假旅游者，导游员应该侧重于向他们介绍当地的休闲娱乐、健身疗养等旅游设施；对于商务旅游者，导游员可以多介绍我国的基本国情、外贸政策，提供相关的会议、展览等商务信息；对于修学旅游者，导游员可以着重介绍我国科学、教育、文化事业的发展情况。

3. 根据旅游者的性别和年龄进行导游

对于妇女，针对其喜欢购物的心理，多给她们介绍商店、市场、物价、特产等方面的信息；对青年旅游者应该结合其好奇心强、好展现自我、富有冒险精神的特点而多安排参与性强的活动项目；对中年旅游者应该针对他们稳重、求实的特点进行导游；对老年旅游者可以结合其容易怀旧的心理，让他们多游历故地，多参观古迹，多观赏文物，还可以适当地介绍一些旅游地老年人的生活状况、家庭环境和社会福利等情况。而对于年龄、性别等方面成分比较复杂的旅游团，日程安排上应该注意远近结合，劳逸结合。例如，第一天去远郊登山，第二天就在市区游览。这样既能使体力强、精力充沛者有发挥的余地，又能使体弱者不致过分疲劳。

4. 根据旅游者的个性特征进行导游

游客的个性各不相同，导游人员从游客的言行举止可以判断其个性，从而达到了解游客并适时提供心理服务的目的。

活泼型游客爱交际，喜讲话，好出点子，乐于助人，喜欢多变的游览项目。对这类游客，导游人员要扬长避短，既要乐于与他们交朋友，又要避免与他们过多交往，以免引起其他团员的不满；要多征求他们的意见和建议，但注意不让其左右旅游活动，打乱正常的活动日程；可适当地请他们帮助活跃气氛，协助照顾年老体弱者等。活泼型游客往往能影响旅游团的其他人，导游人员应与之搞好关系，在适当的场合表扬他们的工作并表示感谢。

急躁型游客性急，好动，争强好胜，易冲动，好遗忘，情绪不稳定，比较喜欢离群活动。针对这类游客，导游人员要避其锋芒，不与他们争论，不激怒他们；在他们冲动时不要与之计较，待他们冷静后再与其好好商量，往往能取得良好的效果；对他们要多微笑，服务要热情周到，而且要多关心他们，随时注意他们的安全。

稳重型游客不轻易发表见解，一旦发表，希望得到他人的尊重；他们容易交往，但不主动与人交往，不愿麻烦他人；游览时他们喜欢细细欣赏，购物时爱挑选比较。导游人员要尊重这类游客，不要怠慢，更不能故意冷淡他们；要采取主动多接近他们，尽量满足他们的合理而可能的要求；与他们交谈要客气、诚恳，速度要慢，声调要低；讨论问题时要平心静气，认真对待他们的意见和建议。

忧郁型游客易失眠，忧郁孤独，少言语但重感情。面对这类游客，导游人员要格外小心，别多问，尊重他们的稳私；要多亲近他们、多关心体贴他们，但不能过分表示亲热；多主动与他们交谈些愉快的话题，但不要与之高声说笑，更不要与他们开玩笑。

这四种个性的游客中以活泼型和稳重型居多，急躁型和忧郁型只是少数。不过，典型个性只能反映在少数游客身上，多数游客往往兼有其他类型个性的特征。而且，在特定的环境中，人的个性往往会发生变化。因此导游人员在向游客提供服务时要因人而异，要随时观察游客的情绪变化，及时调整，力争使导游服务更具针对性，获得令游客满意的效果。

[微型案例]

对症下药

某年5月的一天，西安导游卢先生接待了一个20人的美国旅游团。在接待过程中，他发现大家对旅游的兴趣各不相同：A先生的猎奇心理强，对中国古老的文化很感兴趣，每参观一处总要刨根问底，自由参观时也总是最后回来；G女士出手大方，对本地的旅游纪念品很感兴趣，对导游讲解不以为然，一有机会就去购物；W先生的夫人刚刚去世，他来中国是为了解脱悲痛之情，所以经常默默无语，茶饭不思；L夫妇则是来中国度新婚蜜月的，常常卿卿我我，形影不离。卢先生针对游客们不同的要求和特点，分别待之：对A先生多讲一些古城风貌和历史事件，详细回答他提出的各类问题，使他感到不虚此行；对G女士详细介绍旅游商品的特点，帮她选购商品，使她满载而归；对W先生不厌其烦地介绍本地的风土人情、生活趣事，在生活上也尽量多给以关照，问寒问暖，体贴至微，使其悲云尽扫，在离开西安时，他像换了一个人似的，满面春风，看起来年轻了许多；对L夫妇则尽量讲解一些中国的婚俗喜庆之事，并常与大家一起和他们开一些善意的玩笑，使之笑口常开，喜上加喜。大家对卢先生的导游服务非常满意，在离开西安时，纷纷与他握手致谢，难分难舍。

（六）注重细致入微，提供超值服务

导游员是旅游者的服务员，因此，满足旅游者的需要就是导游员的全部工作。旅游者对导游员所提供的一般性和例行性的功能服务反应不强烈，他们认为这是导游员的“份内之事”，是他们交了费应该得到的服务。所谓超值服务，从服务人员的角度讲，就是为客人提供正常服务范围以外的、超出规定的或非自己职责的各种服务；从客人的角度讲，这种服务属于外加的，购买时并不包括在内，它超出了自己的预期和所支付的金钱价值，因而是超值的。它的服务项目和内容通常是旅游者意想不到的。超值服务能够创造出满意加惊喜的服务效果，使旅游者认识到他们与导游员之间的关系并非纯粹的金钱关系，而是充满人情味的友好伙伴关系。

超值服务主要表现为个性化服务和情感化服务。个性化服务是导游员在做好旅行社接待计划所要求的各项服务规范化服务的同时，针对游客的个别要求，在合理与可能的条件下所提供的服务。个性化服务虽然不是全团的共同要求，不涉及全团的利益，是个别的游客的个别需求，有时只是旅游过程中的一点小事。例如，游客的近视眼镜上的螺丝松动了，旅行袋上的拉锁拉不上了，旅行箱的轮子转不动了……，这些似乎是看起来不起眼的“小事”，但在旅游者急需帮助之时，导游员的及时出现会使游客倍感温暖，深受感动。情感化服务就是想客人之所未想，做在客人开口之前，主动为客人提供的服务。例如，客人提着行李箱，导游员主动上前帮忙；遇到客人有病，导游员主动联系医院，不分昼夜地陪护；客人不慎丢失钱包，导游员主动帮助寻找，并如数归还，等等。总之，导游员应该“无以善小而不为”，于细微处见真诚，为旅游者营造出“不是亲人，胜似亲人”的最佳心理感受。

[案例分析]

导游说“不”的艺术

在旅游过程中，导游员为使游客玩得开心、游得尽兴，应该竭尽全力为游客提供一流的服务。但在工作中，有些游客向导游提出一些有违情理、规范等方面的要求，导游员应该加以拒绝。要避免因回绝不当而造成的尴尬，同时也为了能使导游服务工作得以顺利进行，导游员还必须掌握拒绝的语言技巧。

直接拒绝法

直接拒绝，不是直接对游客说“不”。导游员在直接拒绝游客时，一定要“先是后非”，即首先肯定游客动机或表明自己与游客的主观愿望是一致的，自己对于游客的要求很理解，然后再说明客观理由或摆明困难加以拒绝，并深表歉意。这种拒绝法可以调节游客紧张的情绪，使游客能感受到导游员的拒绝确实有其充分的理由，这样，游客在心理上更容易接受。

某博物院为了保护文物，规定不允许游客拍照。但是有一次一批外国客人被精美的文物深深感染，纷纷向导游员提出拍照的请求。导游员面带微笑、态度诚恳地说："从感情上讲，我非常愿意帮助大家；而且大家喜欢中国文物，我很感动，谢谢大家！但在严格的规章制度面前，我又实在无能为力。太抱歉了！"

这位导游员在直接拒绝游客时，没有使用一个"不"字，可拒绝的意思表达得十分清楚，道理也在拒绝中表明了。加上导游员在拒绝时始终微笑，语调柔和亲切，态度中肯，虽然是拒绝，但游客在心理上还是容易接受的。

直接拒绝时，导游员一定要诚恳地向顾客表明对游客的愿望表示理解，这是最关键的一环。一旦失去这份"理解"，可能会让游客产生误解，会给游客留下"服务不周"的印象。

暗示拒绝法

导游员用巧妙的语言暗示游客，让游客自觉地意识到自己的要求有不合理性，从而放弃继续提出要求的念头。这种方式因语言委婉，游客容易接受。

一批商人旅行团参观某加工厂，看着眼前的精美产品赞叹不已，爱不释手。其中一位游客不断地向车间工人打听生产方法和产量，可是谁都不愿告诉他。最后这位游客只好询问导游员，导游员神秘地向四周环视一圈，再故作肯定地对这位游客小声说："他们说了任务下达多少，就生产多少；要求他们用什么制作方法，就用什么方法。"那位游客先是一愣，接着很快领悟了导游员的言外之意，"是啊，这是商业机密"，就不再打听了。

微笑拒绝法

当游客向导游员提出某种要求，而导游员不能答应又无法讲明原因，为了不给游客难堪，用微笑、摇头、摆手这些态势语拒绝是最好的选择。

总之，导游员在导游服务中，为了保证大多数游客的合法权益和旅游企业的正当利益，为了树立良好的导游形象，对游客提出的不合情理、不合法的要求，该拒绝时还是要拒绝。导游员在拒绝游客时只要态度诚恳、道理过硬、方法正确，有时候给游客以适当的补偿，游客是不会因为在旅游过程中遭到导游员的拒绝而去投诉导游员“服务不周”的。

（资料来源：《中国旅游报》，2008年2月25日，第10版。）

讨论问题：

1. 结合案例，讨论导游员说“不”的艺术。

2. 从游客的角度，讨论本案例中的三种说“不”艺术的合理性和游客的感受。

思考与练习

1. 旅游者对导游员的心理素质有哪些要求？
2. 旅行社前台服务人员应该具备什么心理品质？
3. 旅游者在旅游过程中的心理活动有何特点？
4. 导游员如何针对游客的特殊心理提供个性化服务？
5. 导游语言应该具备什么标准和要求？
6. 联系实际，阐述导游服务的心理策略。

第十章

饭店服务心理

内容提示

- 前厅是饭店的“橱窗”，是争取宾客对饭店留下良好印象的重要一环
- 客房是饭店的主体部分，是旅游者在旅途中的家
- 树立美好的环境形象和服务形象是做好前厅服务工作的重要条件
- 前厅服务人员应该讲求语言美、行为美、仪表美
- 客房服务人员要随时提供热情主动、耐心细致、文明礼貌的微笑服务
- 清洁、清静、清馨是塑造优雅舒适的餐饮环境的重要条件
- 端庄的形象、热情的态度、娴熟的技能是餐厅超值服务的标志
- 康乐服务应该满足客人的安全、卫生、健美、享乐、尊重和知识等多样化需求

饭店是旅游业中的重要环节，也是在旅游活动中为旅游者服务的重要场所。饭店服务是旅游服务的一个重要组成部分。旅游者外出旅游，经过了长时间的旅行到达旅游目的地或中转地后，首先要解决的就是食宿问题。旅游者把饭店当作自己的“家外之家”，期望饭店为他们提供优质的服务。

第一节
前厅服务心理

前厅是饭店的“橱窗”，是客人与饭店最先接触与最后告别的部门，宾客对饭店的第一印象和最后印象都在这里形成。前厅是饭店最繁忙的部门之一，主要提供预订客房服务、入住登记服务、离店结算服务、迎宾送客服务、行李接送服务、信息咨询服务和代购票据服务等。因此，前厅是饭店的“神经中枢”，前厅服务贯穿于客人在饭店内活动的全过程，是饭店服务的源头和终点。

一、宾客对前厅服务的心理需求

（一）尊重的需要

旅游者进入饭店前厅，有着一种如入家门的期盼，希望得到一份胜似家庭的温馨。他们期望看到服务员绽放的笑脸，听到礼貌的话语，受到热情的接待、享受周到的服务。宾客期望服务人员能够尊重他们的人格、习俗和宗教信仰；期望尊重与他们一起来的朋友；期望服务人员耐心倾听他们的意见，仔细回答他们的问题，认真满足他们的要求。

[微型案例]

要记住客人的姓名

客人小王来到前台办理入住手续，还未等客人开口，服务生就说：“王先生，欢迎您再次光临，希望您在这儿住得愉快。”小王听后十分惊讶，露出欣喜的神色，因为他只在半年前到这里住过一次。当天夜里，小王突然感觉到肚子很饿，想要吃点东西，便找出了房务中心的电话号码。让小王感到十分意外的是，他刚拨通电话，电话那头就有一位小姐接听电话，并非常亲切地说：“您好，王先生。这里是房务中心，请问有什么需要帮忙的吗？”小王更惊讶了，房务中心的服务员怎会知道自己姓王呢？

美国一位学者曾经说过：“一种既简单但又最重要的获得好感的方法，就是牢记别人的姓名”。善于记住别人的姓名，既是一种礼貌，又是一种情感投资。姓名是一个人的标志，人们由于自尊的需要，总是最珍爱它，同时也希望别人能尊重它。在人际交往中，当你与曾打过交道的人再次见面，如果对方能一下叫出你的名字，你一定会感到非常亲切，也油然对对方产生好感。基于这些原因，酒店一般都要求服务员尽量记住客人的姓名。

（二）效率的需要

宾客无论是办理入住手续或结账，还是委托代办或兑换外币，都不想在前台停留太长时间，希望前台能够提供高效率的服务。尤其是开房入住和退房结账的宾客，对时间的知觉更敏感。开房的宾客通常都已经过长途跋涉，迫切希望服务人员在办理登记手续、验证证件和信用卡等服务环节上越快越好，以便及早拿到房间钥匙，迅速得到休息。客人离店时的心理要求也是同样的，结账退房的宾客由于急于赶赴机场、车站或码头，渴望办理手续过程准确、快捷。

（三）信息的需要

人们外出旅游，就是到别的地方去享受一下和原来不一样的生活。旅游者到了一个陌生的地方后，迫切想知道该地的风土人情、交通状况、旅游景点等各个方面的情况。所以，当宾客进入饭店前厅，一方面想了解下榻饭店的档次名气、服务项目、房间设施、餐饮特色、娱乐场所等情况；另一方面，也想了解旅游地的风景名胜、文物古迹、民风民俗、土特产品、购物中心、交通线路等信息。

（四）便利的需要

常言道："在家千日好，出门一时难。"这说明人们外出旅行时最怕的就是不方便。旅游者在人生地不熟的旅游目的地，希望饭店前厅的服务人员为他们代办自己难以解决或省力的事情。诸如订票、订餐、兑换外币、代邮，还有冲洗照片、印名片、取包裹，甚至更换拉链等多方面的方便服务。

二、前厅服务的心理策略

宾客在前厅的心理需求被满足的程度，取决于宾客通过知觉对前厅环境、人员和服务的认识所作出的综合判断。因此，树立美好的环境形象和服务形象是做好前厅服务工作，满足宾客心理需求的重要条件。

（一）创造优雅的前厅环境

环境是饭店对旅游者的一种静态服务，会给旅游者构成一定的心理影响。前厅环境的设计，要以满足客人的心理需求为出发点，既要体现时代感，又要体现民族特色；既要表现整体意境美，又要展示装饰陈设美。一般情况下，前厅的空间要宽敞，光线要柔和，色彩要和谐，温度要适宜。前厅是饭店重要的“交通枢纽”，人员往来频繁，一般都不久留。因此，前厅的装饰陈设宜采用观赏性的大型景物或绘画，客人通过大致浏览，即能产生良好的印象；而不宜摆放技艺精湛、精雕细刻的艺术品，以免引起客人的过多停留，造成前厅拥挤的现象。总之，美化前厅环境，就是要创设一种安静、亲切、整洁、舒适、高雅的氛围，使客人一进入饭店就有一种宾至如归的感觉。

（二）树立优美的员工形象

前厅员工的形象是给客人留下良好印象的前提条件，也是为客人创造美好体验的重要保证。前厅服务人员的语言美、行为美、仪表美应该与环境美和谐辉映，相得益彰。

1. 注重语言表达，讲究语言美

语言美表现在语气上要诚恳谦和；表现在语意上要简明准确；表现在语调上要清晰悦耳。在服务中要做到“有五声，禁四语”，即服务时有五声：宾客来临有欢迎声，遇到宾客有问候声，受到帮助有致谢声，麻烦宾客有道歉声，宾客离店时有送别声；工作中杜绝四语：不尊重客人的蔑视语、缺乏耐心的烦躁语、自以为是的否定语、刁难他人的斗气语。语言美还要体现在讲究语言艺术方面。假如一位客人在前厅里吸烟，服务员要去提醒他，请他换一个地方，不要说：“对不起，先生，您不能在这里吸烟。”而应该这样说：“先生，您要吸烟可以去那边。”再例如，服务员在回答客人的咨询时，不要说：“如果您有什么地方没有听清楚，我可以再说一遍”，而最好说：“如果我有什么地方没有说清楚，我可以再说一遍。”

[微型案例]

用肢体语言赢得客人的信任

我们的肢体语言通常比言辞更能清楚地表达我们的内心，它是心灵的话语。一次我因公差来到法国的一家酒店。当时，正直法国旅游旺季，大厅里宾客进进出出，络绎不绝。一位手提行李的客人走进大厅，行李员立即微笑着迎过去，鞠躬问候，询问客人是否需要帮助提行李。客人似乎有什么急事，说了声“谢谢”就径直朝电梯走去，行李员朝着客人匆匆离去的背影谦恭地鞠了一躬，嘴里还不断说着：“欢迎，欢迎。”我看到此景，大惑不解，忙向身边的经理询问：“为什么要朝客人的背影鞠躬。”经理说：“既为了那位客人，也为了其他的客人，此时如果客人回头会对我们的热情欢迎留下深刻的印象，同时其他的客人也会想，当我转过身去，酒店的服务人员肯定对我一样的礼貌。”一个简单的动作——鞠躬，就能传递出一份对客人的尊重，让来到这里的人从内心深处有了一份温暖，不仅打动了客人，赢得了信赖，也树立了一个良好的企业形象。一个服务者不起眼的动作就会传递出尊重的信息内容，关系着一个企业的形象，所以服务者的肢体语言在服务的过程中起着极其重要的作用。肢体语言是一个重要的沟通桥梁。

2. 注重礼节礼貌，讲究行为美

行为美要求服务人员在与客人打交道的过程中要行为得体、彬彬有礼。具体要做到：站有站姿、坐有坐相、举止端庄、动作规范、自然优美、稳重大方。例如，服务人员的步态要轻盈而稳健，步频和步幅要适中；与宾客相遇要点头行礼致意并主动让路，有急事可加快步频，不可跑步，以免宾客产生紧张情绪。

[小资料]

心理学家艾德沃迪·霍尔将身体范围和人际关系亲密程度分4个空间段并加以分析。他认为，人与人之间的亲密程度与双方的空间距离成反比，随着交往范围的扩大，人与人之间的亲密程度也随之逐渐降低。

- 亲密空间（15～45cm）——能清楚地看到对方的表情，甚至感觉到对方的气息，并能接触到对方的身体。
- 个人空间（46～120cm）——能接触到对方的身体，并进行对话，但感觉不到气息。
- 社交空间（121～360cm）——必须用周围的人都能听到的声音进行交谈，是处理公务或社交时所需的距离，也可称之为商业空间。
- 公共空间（360cm以上）——指类似演讲场所、教室等适合向公众讲话的空间距离。大于360厘米的间距会让人们感觉比较舒服。

3. 注重仪容体态，讲究仪表美

仪表美包括形体美、服饰美、表情美。前厅服务人员的形体条件要求比较高，一般要五官端正、身材挺拔、面容娇好，给客人以视觉上的愉悦享受。此外，员工的穿着打扮要整洁大方、美观实用、富有特色，体现出一种赏心悦目的整齐美和形态各异的活泼美。在表情方面，要态度和蔼、面带微笑。当服务人员和颜悦色、满面春风对客人笑脸相迎的时候，微笑就向客人传递了“我们对您表示欢迎，我们愿意为您效劳”的信息，会使客人消除陌生感，产生亲切感，增强信任感，提高自豪感。

（三）提供优质的应接服务

客人享受的不仅是饭店的设备、设施等有形的“硬件”商品，还有服务这种无形的“软件”商品。饭店前厅的应接服务体现出一个饭店的管理水平和服务规格，“硬件不行，软件补；软件不行，感情补”，亲情化服务是饭店的生命线。

日本交通公社社长松桥功先生曾提出旅游服务的新“3S”理念：速度(Speed)、老练（Sophistication)、特殊服务（Special Service)。宾客在前厅心理需求的满足基本上是由服务人员来实现的，服务人员除了具备良好的感知形象和热情的服务态度，还要具有娴熟的服务技能。只有熟练地掌握各种服务技能，百问不倒，百问不厌，而且行动敏捷，不出差错，才能使客人很快办完手续，得到休息。否则，环境布置再好，态度再热情有礼，也是不能令宾客满意的。此外，服务人员不仅要做好宾客认为份内的事，还要主动做好宾客认为份外的事，不仅要让宾客满意，还要让宾客惊喜，向宾客提供“无所不能，无微不至”的“金钥匙”服务。总之，前厅服务人员必须树立“服务第一，宾客至上”的服务理念，把麻烦留给自己，把方便和温暖献给客人。

[微型案例]

余先生体验到的优质服务

余先生住进了泰国曼谷的文华东方酒店。第二天早晨，余先生走出房间后，遇到所有的酒店员工，都接受了同样的问候：“余先生，早安！”余先生很纳闷，他们怎么都知道我的姓呢？乘电梯，门一开，又一名员工站在那里，“早安，余先生”。“啊，你也知道我姓余”。“余先生，上面打电话说您下来了”。原来她们腰上都挂着对讲机。

吃早餐时，余先生又发现了一个细节：所有服务员在回答客人的问话时，都会后退一步再作叙述。经询问余先生得知，后退一步是为了防止说话时唾沫会溅到食品里。

此后3年，余先生再也没去过泰国。有一天，余先生收到这家酒店寄来的一张卡片，上面写着："亲爱的余先生，3年前您离开我店后，酒店全体员工都很想念，下次经过泰国一定要来看看我们。祝您生日快乐！"原来，那天是余先生的生日。

第二节 客房服务心理

客房是饭店的主体部分，是宾客在饭店生活的主要场所，是旅游者在旅途中的家。宾客住进饭店后，除外出活动和到餐厅外，大部分时间都是在客房度过的，有的宾客还把客房作为社交和商务的场所。宾客在饭店的一切基本需求都希望能在客房生活期间得到充分的满足，并获得热情周到的服务。客房部常常被视为饭店的脊柱，客房服务工作直接关系着饭店的声誉和经济效益。做好客房服务工作的关键是要了解宾客，掌握他们在客房生活期间的心理特点。这样才能有预见性地、有针对性地采取切实有效的服务措施，使宾客在客房生活得亲切、舒适和愉快，获得物质和精神上的享受。

一、宾客对客房服务的心理需求

（一）求清洁卫生

清洁卫生不仅是人们生理上的基本需求，也是宾客对客房服务最普遍的心理需求。根据抽样调查，60%的客人把卫生列为第一需求。宾客希望客房的全部设备和用品都是清洁卫生的，可以让人放心地使用；特别是对于与口腔和身体直接接触的玻璃杯、洗脸盆、浴缸、马桶、拖鞋、布草等，更希望经过严格的消毒和清洁处理；希望客房服务员是健康的，不携带传染性的细菌病毒；也希望客房能得到及时的整理，时刻保持清洁、整齐和卫生。

（二）求理解尊重

对购买了客房服务的宾客来说，客房就是自己临时的"家"。他们希望客房服务员尊重自己对客房的使用权；希望自己是受欢迎的临时主人；希望看到服务人员亲切的笑脸，听到热情的语言，得到周到的服务；希望自己的兴趣爱好、宗教信仰、生活习惯都能得到充分的理解和尊重；同时也希望服务员尊重自己请来的客人。

（三）求宁静舒适

追求舒适、快乐和享受是旅游者旅游过程中的主要心理需要。宾客总是希望下榻的饭店能够提供一个宁静舒适的客房，里面有宽敞的空间、优雅的环境、清新的空气、适宜的温度、典雅的装饰、柔和的灯光、舒服的卧具、齐全的用品、完好的设施等。他们还希望服务员有良好的个性修养和服务态度，始终如一地提供优质服务，使自己不仅感到像在家里一样舒适，而且感到比家里还要舒适。

（四）求安全放心

安全需要是旅游者的第一需要，每一个旅游者都希望自己能够高高兴兴出游，安安全全回来。安全需要包括人身安全和财产安全。宾客住进客房以后，希望能保证个人的财物以及人身的安全。他们不希望自己的钱财丢失、损坏、被盗，不希望自己的隐私被泄露，不希望发生火灾、地震、被伤害等意外突发事故。客人还希望自己突然生病、醉酒或者出现意外危险情况时，服务人员能及时采取有力措施，保障自己的人身安全。

（五）求方便快捷

求方便是旅游者外出旅行时最基本、最常见的心理需求。他们十分希望在家外之“家”的客房中能够得到服务人员各种便利的服务。希望客房里备有常用的生活、文化用品；希望服务员代为洗衣、缝补、擦鞋；希望自己生病时服务员代为买药、熬药；有什么问题要打听一下，希望挂个电话给总服务台就能解决。总之，宾客希望一切都如同在家里一样方便。

二、客房服务满足宾客心理需求的举措

客房服务人员应该根据宾客的心理特点和活动规律，体现一切为宾客着想的服务宗旨，积极采取措施，最大限度地迎合和满足宾客的生理和心理方面的需求。

（一）营造舒适的客房环境

客房环境的设计要坚持以体现舒适感为原则，满足客人追求舒适的心理需要。要给客人提供足够的空间供其休息、阅读、书写、梳妆、放衣物和食品等；房间的颜色不要复杂，天花板用白色，墙面与地面颜色相近，窗帘与

床套颜色相近，多用柔和的颜色，少用易于引起视觉兴奋的颜色；客房的灯光要柔和并且采用分散照明的方式，书桌上有台灯，床头设床头灯，沙发旁设落地灯；房间的壁画一般以山水与花鸟画为宜，不要出现凶猛动物或鬼怪等恐怖形象；床垫、沙发要软硬适度，使客人躺、坐舒服。

客房是客人休息的场所，他们非常希望有一个宁静的客房环境。为了保持客房宁静，防止内外部噪音或其他过重的响声干扰客人的休息和活动，首先，要依靠必要的设施，如隔音性能良好的门窗、墙壁等来阻止外界噪声的侵入。其次，要减少人为因素的影响。服务员清扫房间应该尽量选择客人不在房间的时候进行；工作中要做到走路轻、说话轻、动作轻；对于大声喧哗的客人要有礼貌地制止等。另外，恰倒好处的背景音乐也能给客人带来宁静的心理感受。

（二）保证客房的安全卫生

饭店要为客人提供一个安全的住宿环境。首先，要加强饭店的安全保卫工作，尽最大可能改善客房的防火、防盗设施。其次，服务员要提高警惕，对在客房区活动的人员严加甄别；主动提醒客人保管好自己随身携带的物品，建议其将贵重物品放到饭店寄存处，晚上睡觉前提醒客人关好门窗；客人不在时不要随意到客人的房间；为客人整理房间时，未经客人允许不要翻动客人的物品。

服务员要保证客房的卫生状况良好，严格按照有关程序和规范对客房进行清扫整理。要坚持每天对卫生间的浴缸、浴帘、墙壁、洗脸盆、洗脸台、抽水马桶和地面等进行清理、擦洗，特别是对水杯、洗脸盆、抽水马桶等更要严格消毒，并放上写有“已消毒，请放心使用”字样的杯套和封条。同时，每天要及时更换卫生间的用品，经常检查设备的完好情况，让客人始终生活在一个干净、整洁、卫生的环境中。

（三）保持优良的服务态度

客房服务人员是饭店服务的主体，不仅要创造安全、卫生、宁静、舒适的客房环境，而且还要随时提供热情主动、耐心细致、文明礼貌的微笑服务。

1. 主动热情

主动就是要预测客人的主导动机和需要，把服务工作做在宾客开口之前。服务员要想客人之所想，主动为客人提供服务，例如，主动迎客、引路、让路、送客；主动照顾老弱病残，问寒问暖；主动介绍本饭店的服务项目；当客人需要休息时，主动把窗帘拉好等等。主动不仅表现在想客人之所想，还要想客人之所未想，例如，如果客人索要地图，服务人员可以主动征询客人想去什么地方，为其标出地点并画出路线。

热情是优良服务态度的本质表现，是取悦客人的关键。客房服务人员热情的服务可以消除客人初到异地的陌生感、拘谨感、紧张感，产生对服务人员的亲切感、信任感和依赖感。在客房服务过程中，服务人员要精神饱满，态度和蔼，语言亲切。注重与客人沟通是热情态度的重要表现。例如，客人挂出“请速打扫”的牌子，说明服务员整理房间时客人可能会在场。这时，与客人适当地聊几句家常，彬彬有礼地回答客人的提问，就可能避免客人由于和服务人员共处一室而产生的紧张和不安，增添一些亲切、舒适的感觉。

2. 耐心细致

服务人员的耐心细致就是要保持优良服务态度的连续性，对客人主动热情的服务要坚持始终，持之以恒。服务员要做到工作繁忙时不急躁，心情不好时不烦躁；宾客有服务要求尽可能满足，不怕麻烦；对客人的询问要做到百问不厌，有问必答；耐心听取宾客的意见，耐心处理服务中出现的问题和投诉，对爱挑剔的客人更要耐心对待。服务人员还要善于细心观察客人的习惯爱好，了解客人的生活规律，了解他们的现实需求和潜在需求，及时提供满意周到的服务。例如，客人就寝前，应该将窗帘拉上，拖鞋摆好；发现客人的衣服扣子掉了，替客人缝上；清理桌面上客人打开的书时，最好在打开的书页处夹上个小纸条；发现客人带小孩，及时提供婴儿用品等。总之，耐心细致的服务是赢得客人好感和赞赏的有效方式。

3. 文明礼貌

文明礼貌是人际交往的基本规范，是树立饭店良好形象的基石，是客房服务中最常用的心理策略。客房服务人员讲究礼貌、礼节能够体现出对客人的尊重、理解和善意，可以避免一些不必要的争吵，甚至能够减少客人对饭店的投诉。例如，与客人讲话时要轻声细语，注意礼貌用语；为客人服务时要聚精会神，彬彬有礼；为客人送水或整理房间时，服务员进门要先按门铃或敲门，决不能闯入房间，而且动作要轻盈利落，避免干扰客人；如果房门上有“请勿打扰”的牌子，未经客人允许不能擅自入内；当客人因不懂得如何使用房间用品而做错了事时，要给客人“留面子”，不能嘲笑、讽刺、批评和挖苦客人。

4. 微笑服务

旅游服务离不开微笑，微笑要始终贯穿于服务。微笑是一种世界语言，能够直接沟通人们的心灵，架起友谊的桥梁。微笑也是一种情绪语言，可以传递愉悦、友好的信息，也可以表达歉意和谅解，起到“此时无声胜有声”的作用。微笑赋予饭店服务以强大的生命力。饭店客房开展微笑服务，能够缩短服务员与客人之间的距离，使客人如遇亲人，好像回到了自己的家。世界著名的希尔顿酒店就是以微笑服务饮誉全球的。前希尔顿饭店集团董事长康纳希尔顿说：“如果旅馆只有第一流的设备而没有第一流服务员的美好微笑，就好比花园里失去了春天的阳光与和风。”他对他的下属和员工问得最多的一句话就是：“今天你微笑了没有?”因此，客房服务员一定要深刻领会微笑服务的真谛，不管在工作中遇到什么样的困难，也不管工作如何辛苦，总要保持最佳的精神状态，决不把消极情绪带到工作中来，在客人面前要永远满面春风、笑逐颜开。

[小资料]

客房个性化服务经典

要使客人高兴而来，满意而归，光凭标准的、严格的、规范化服务是不够的。只有在规范化的基础上，逐渐开发和提供个性化服务，才能给客人以惊喜，才能让客人感觉到“宾至如归”，才能使客人“流连忘返”。下面是几个客房个性化服务的参考实践。

1. 绝大多数客人晚上休息时，喜欢将客房的遮光窗帘拉合好，才会睡得香甜。然而有的客人却因一天的工作劳累，常常一觉到天明，为了不影响第二天的繁忙工作，希望将遮光窗帘中间留出一条缝，这就需要细心的服务员发现、分析、判断，在做夜床服务时提供客人满意的服务。

2. 服务员早上清扫房间时发现，客人将做夜床时已折叠好的床罩盖在床上的毛毯上，再看空调是23℃。这时服务员立即主动加一张毛毯给客人，并告诉中班服务员，做夜床服务时将温度调到26℃左右。

3. 服务员为客人清扫房间时，发现客人的电动刮须刀放在卫生间的方石台面上，吱吱转个不停，客人不在房间。分析客人可能因事情紧急外出，忘记关掉运转的刮须刀，这时，服务员要主动为客人关闭刮须刀。

4. 服务员清扫房间时，发现一张靠背椅靠在床边，服务员不断地观察，才发现床上垫着一块小塑料布，卫生间还晾着小孩衣裤，服务员这才明白，母亲怕婴儿睡觉时掉到地上，服务员随即为客人准备好婴儿床放入房间。

5. 服务员清扫房间时，发现床单、毛毯、床垫等各处都有不同程度的秽污。服务员马上意识到，客人外出旅游，因饮食不慎引起肠胃失调。于是，服务员将所有的被弄脏的物品更换一新，还通过楼层主管及时与导游联系，并通知医生及时治疗，让客人得以康复。

6. 服务员清扫住房时，发现暖水瓶盖开着，不知是客人倒完开水，忘记盖好瓶塞，还是客人喜欢喝凉开水，故意打开瓶塞的，疑虑不解，难以断定。为满足客人的需要，服务员为客人送去了装满的凉开水的凉水瓶；同时，也给暖水瓶照例更换了开水。

7. 服务员发现客房中放有西瓜，这一定是旅客要品尝一下当地的西瓜，而绝不会是千里迢迢要带个西瓜回家。所以服务员主动为客人准备好了一个托盘、水果刀和牙签。

第三节
餐厅服务心理

"民以食为天"，"食" 是旅游业六要素中的重要组成部分。餐厅服务是饭店服务中不可缺少的一个环节，餐厅的经济收入大约占整个饭店营业收入的1/3。因此，无论从服务角度，还是从经济角度，做好餐厅的服务与管理工作都是非常重要的。餐厅的声誉不仅仅要依靠菜单、装饰和餐饮质量，而且还有赖于服务的水准。倘若服务员反应迟钝、缺乏热情、技能粗糙，那么，环境再好、饭菜再香的餐厅也会变得门庭冷落。只有优质的服务与优质的菜肴的完美结合，才能产生"高朋满座，宾至如归" 的效果。可见，了解客人的就餐心理，采取有针对性的心理服务策略，更好地满足客人生理和心理的双重需求是做好餐厅优质服务工作的重要保证。

一、宾客对餐厅服务的心理需求

（一）求尊重心理

俗话说："宁喝顺心汤，不吃受气饭"。由于客人处在公开场合，有其他的人在场，因此，客人在餐厅的求尊重心理表现得更为强烈。客人希望在点菜过程中，无论所点的菜肴的价格是高还是低，服务员都应该热情对待。宾客如果在用餐时受到服务员的怠慢或无礼，再好的美味佳肴也会食之无味。如果是少数民族客人，他们更希望自己的宗教信仰、生活习俗得到餐厅服务员的充分理解和尊重。

［微型案例］

这杯咖啡是谁倒的

在某四星级酒店的咖啡厅四位客人在商谈工作。服务员上来给各位倒咖啡，其中一位客人因胃不适，要了红茶。其间一位客人去接电话，另外三位客人去洗手间，都离座了。等大家都回到座位上时，桌上的杯子里都加满了咖啡，连那杯红茶也变成了咖啡。客人把一位服务员叫过来，问道："怎么这杯红茶也倒上了咖啡?"服务员马上解释到："这不是我倒的，我去问一下谁倒的。"说完，转身就走开了。过一会，这位服务员过来对着客人指着吧台上的另一位服务员说："您瞧，是她倒的。"说完，转身便又走开了。

酒店效益的好坏与每个人、每个环节都息息相关。酒店全体员工应有全局观念，通力协作，树立共同的酒店良好形象，为共同的营销目标而努力。为此，全体员工团体需要协调一致，以快速反应的工作效率为客人提供及时、完善、周到的服务。这位服务员"追究责任"的作法，严重损坏了酒店的形象。实际上，这件事情的处理很简单，她只需要以酒店代表的身份向客人道歉，并给客人换上红茶即可。

（二）求舒适心理

客人到餐厅就餐，不仅是为了品尝美味佳肴、补充营养，也为了松弛神经、消除疲劳。因此，餐厅应是一个安静舒适、美观雅致的环境。客人进入餐厅，在感觉上希望餐厅的环境幽静高雅、温度适中、灯光柔和、陈设讲究。他们不但希望整个餐厅形象悦目，而且希望服务员仪表端庄，菜肴和餐具形象美观。客人在这样的氛围中就餐将有益于松弛身心，消除疲劳，能在赏心悦目中产生明净欢畅的情趣，获得舒心惬意的感觉。

（三）求快速心理

客人希望餐厅提供的服务是高效率的。一进入餐厅，客人希望马上能够找到合适的座位；希望服务员很快地为其斟上茶水，递上菜单；希望很快能品尝到自己所点的饭菜；希望服务员有秩序地按客人的先来后到供应饭菜；希望有什么要求，只要示意一下，服务员就能尽快满足自己的需求。然而，客人在不同的餐厅或在同一个餐厅进行不同类型的消费时，对服务速度的要求是不同的。他们并非一味求快，而是希望适时，该快就快，当慢就慢。例如，客人在快餐厅用餐时，适时即是快速服务；客人在正餐厅与亲朋好友叙旧时，适时则指把握适当的上菜时间，让客人能在从容舒缓的氛围中悠然地品尝佳肴美酒。

（四）求卫生心理

"民以食为天，食以洁为先"。就餐客人十分注意饮食卫生，对就餐中的卫生要求非常强烈。客人对餐厅的卫生要求体现在环境、餐具和食品几个方面。客人希望餐厅空气清新，地面洁净，墙壁无灰，窗明门净，餐桌餐椅干净整齐，台布口布洁净无瑕，厨房内无蚊无蝇。客人最担心并时刻提防"病从口入"，因此客人希望在餐厅吃到的食品是新鲜的、无污染的，符合卫生标准的；饮用的酒水符合质量标准，不是假冒伪劣或者过期产品；使用的餐、茶、酒具经过严格的洗刷消毒；为他们提供服务的人员不带病菌或病毒，符合健康卫生标准。

（五）求公平心理

追求公平是现代社会中人们的一种普遍心态。如果客人所享受的服务与他付出的费用相符，或者如果他所享受到的服务与支出之比与别人所享受到的服务与支出之比相一致的话，他就会感到公平合理，心情舒畅；反之，他就会产生不满、愤怒，甚至进行投诉。公平合理也是客人对餐厅服务的基本要求。客人希望餐厅服务人员不要因为自己的身份地位、穿着打扮、外表长相的不同，而受到不同的接待服务。他们希望餐厅在饭菜价格和接待规格上都要做到客观公正，质价相符。只有当客人认为在接待上、价格上是公平合理的，才会产生心理上的平衡，感到物有所值。

（六）求知识心理

客人在餐厅用餐的过程也是了解和体验饮食文化的过程。客人到了餐厅，都热衷于品尝当地有名的风味，例如，北京的"北京烤鸭"、广州的粤菜、山东的孔府菜、福州的"佛跳墙"等。他们还希望自己在品尝异国他乡的特色风味佳肴时，能够了解一些有关这些特色菜肴方面的知识；希望了解当地菜系的特点，每道菜的名称、寓意、来历、典故、营养价值、用料和烹制方法等；对于色香味型俱佳的拼盘和名菜还会拍照、录像，以满足自己追新猎奇的求知心理需求。

（七）求特色心理

客人光临餐厅的最终目的是为了享受餐厅的特色，例如，餐厅的菜肴特色、个性化特色服务、以及整个餐厅的装修设计蕴藏着很浓郁的文化内涵及特色，等等。

［小资料］

火焰冰果午茶餐宴

位于台北的力霸饭店别出心裁，在某年夏天推出“火焰冰果午茶餐宴”。主厨精心设计了十分有创意的午宴，品尝时需要点起熊熊火焰，冰果相融、美味十足，让客人感受到无比清凉快意。

“火焰冰果午茶餐宴”是以浓郁、香滑的明治冰激凌搭配各式季节水果，吃来充满果粒及果香，层次丰富、口感十足。客人可随意挑选自己喜爱的水果如哈蜜瓜、西瓜、凤梨等与冰激凌组合，再交由专业师傅现场烹调，淋上水果甜酒、水果，最后点火食用，成为特制的“火焰冰激凌”，不仅酸甜够味，营养丰富，也很有“看头”，真正迎合了客人求新求异的消费需要。

二、满足宾客心理需求的餐厅服务策略

针对客人对餐厅服务的各种心理要求，餐厅的经营管理者及服务人员应该有针对性地采取一系列的服务策略来赢得客人的满意和忠诚。

（一）塑造优雅舒适的餐饮环境

良好的餐厅形象和就餐环境会给客人以安全、愉快、舒适的感觉。根据宾客在餐厅的各种心理需求，餐厅环境的气氛营造和装饰布置应该力求达到宽敞气派、清洁整齐、安静舒适、美观雅致、协调柔和的艺术效果。

1. 要塑造一个清洁的餐饮环境

餐厅是客人就餐的场所，应该时时、处处、人人保持整洁干净。要做到空气清新，地面洁净，墙壁无灰，窗明门净，餐桌餐椅干净整齐，台布口布洁净无暇，厨房厅内无蚊无蝇，服务人员仪表整洁。只有当客人处在清洁卫生的就餐环境中，才能产生安全感和舒适感。

2. 要塑造一个清静的餐饮环境

客人到餐厅用餐，要求环境幽静、祥和。所以餐厅的布局应该以闹中取静为佳。为了不影响客人的食欲和情绪，餐厅要尽量减少噪音。在餐厅装修中，要选择那些有吸音和消音功能的材料；加大餐桌之间的距离，以减少客人之间的相互影响。餐厅中播放恰当的背景音乐，也可以掩盖和冲淡噪音。员工服务要做到走路轻，说话轻，操作轻，这样不仅能减少噪音，而且能使客人产生文雅感和亲切感。

3. 要塑造一个清馨的餐饮环境

餐厅的门面要醒目，要有独特的建筑外型和醒目的标志，餐厅内部装饰与陈设布局要整齐和谐。从窗帘的色彩、地毯的花纹、屏风的图案到华丽的灯饰、柔和的光线、悦耳的音乐，都要体现餐厅的清馨典雅的形象美，营造出一种舒适、悠闲、幽雅的用餐环境和氛围，使客人产生舒服惬意的感觉。

（二）供应货真价实的特色美食

当代美国销售学家韦勒有句名言："不要卖牛排，要卖烤牛排时的滋滋声"。他认为，如果酒店只是简单地介绍食品或者服务，就难以持久地吸引消费者。因为餐饮消费者不仅仅购买食品，他们还要求得到快乐、满足和享受。客人来到餐厅用餐，主要是享受美味佳肴，希望得到品尝特色美食的快感和体验美食文化的魅力。

1. 餐厅要能够满足客人口味的要求

服务人员要了解掌握各主要客源国客人的生活和饮食习惯，了解掌握国内各民族、各地区人民的饮食特点，例如，"南甜、北咸、东辣、西酸"是中国人大致的口味特点。餐厅要提供有地方特色的风味食品，让慕名而来的客人大饱口福。在菜肴的品种上，坚持"人无我有，人有我新，人新我优，人优我特"的经营方针，以特色和优质取胜。比如，有的饭店提供鲜花烹饪，厨师把玫瑰花瓣撒在餐汤的表面，用蒲公英的蓓蕾做沙律，用鲜花做油煎饼，以此吸引客人。

2. 餐厅要能够满足客人的审美要求

食品要做到色、香、味、形、名、器俱佳，给人以嗅觉、味觉、视觉上美的享受快感。例如，"鸳鸯戏水"、"二龙戏珠"等菜点，造型雅致、妙趣横生，使客人一见则喜，一食则悦，百吃不厌。菜肴还要通过精美雅致的菜单和寓意深长的菜名相映衬，给人以美的回味。服务人员在送菜上桌时应该报菜名，如果客人有要求，还应该简要介绍菜名的含义及烹饪过程。

3. 餐厅要能够满足客人的养生要求

随着人们保健意识的逐渐增强，营养保健餐将成为21世纪餐饮消费者的一大热点。客人用餐不仅讲究食品的色香味美，还很注重膳食的营养搭配。因此，餐厅要多提供有机、无公害绿色食品，不以次充好，不提供假冒伪劣食品；要合理配膳，科学烹调，提高菜点的营养价值；在满足客人生理和心理需要的基础上，努力使菜点成为治病健身、延年益寿的保健食品。例如，“乌枣炖全龟”既清热去火，又能乌发补血，是一道非常适合女性饮用的靓汤。

（三）提供物超所值的心理服务

1. 服务形象要端庄大方

餐厅服务人员对来店用餐的客人应该展现出仪容端庄、仪态大方、仪表整洁、动作优美、举止文雅、精神饱满的良好形象。餐厅服务员的制服要合身，款式要高雅，与餐厅的装饰、气氛相协调。女服务员的制服不能太短，避免在取东西弯腰时惹人注目；男服务员的裤子要熨烫得合适，上衣、领带要干净、整齐。

2. 服务态度要热情主动

让客人吃得舒心、喝得顺心、玩得开心，是餐厅服务工作的宗旨。服务员对待客人应该彬彬有礼、面带微笑、谦虚恭敬，视同家人，且胜于家人。为客人提供殷勤周到、耐心细致的服务，要努力做到：客来我迎，客走我送，客停我问，客动我跟，客急我快，客慢我缓，客选我帮，客忧我排，客疑我释，客燥我静，客难我解，客争我劝，客对我歉，客错我揽。这是一种素质，更是一种品质。

[微型案例]

如此“热情服务”

5月初的一天中午，李先生陪一位外国朋友来到某酒店中餐厅，找了个比较僻静的座位坐下。刚入座，一位女服务员便热情地为他们服务起来。她先铺好餐巾，摆上碗碟、酒杯，然后给他们斟满茶水，递上热毛巾。当一大盆“西湖牛肉羹”端上来后，她先为他们报了汤名，接着为他们盛汤，盛了一碗又一碗。一开始，这位外国朋友以为这是吃中餐的规矩，但当李先生告诉他用餐随客人自愿后，就谢绝了女服务员要为他盛的第三碗汤。这位女服务员在服务期间满脸微笑，手疾眼快，一刻也不闲着：上菜后即刻报菜名，见客人杯子空了马上添茶斟酒，见骨碟里的骨刺皮壳多了随即就换，见手巾用过后即刻换新的，见碗里米饭没了赶紧添上……她站在他们旁边忙上忙下，并时不时用一两句英语礼貌地询问他们还有何需要。

吃了一会，这位外国朋友把刀叉放下，从衣服口袋里拿出一盒香烟，抽出一支拿在手上，略显无奈地对李先生说："这里的服务真是太热情了，有点让人觉得……"这位女服务员似乎并没有察觉到他脸上的不悦。她见其手里拿着香烟，忙跑到服务台拿了个打火机，走上去说："先生，请您抽烟。"说着，熟练地打着火，为他点烟。

"喔……好！好！好！"这位外国朋友忙把烟叼在嘴里迎上去点烟，样子颇显狼狈。烟点燃后，他忙点着头对这位女服务员说："谢谢！谢谢！"这位女服务员点了烟后又用公筷给李先生和这位外国朋友碗里夹菜。这位外国朋友见状，忙熄灭香烟，用手止住她说："谢谢，还是让我自己来吧。"听到此话，她却说："不用客气，这是我们应该做的。"说着就往他碗里夹菜。李先生和这位外国朋友只好连声说："谢谢！谢谢！"

见服务员实在太热情，让人有点透不过气来了，李先生只得对这位外国朋友说："我们还是赶快吃吧，这里的服务热情得有点过度，让人受不了。"听到此话，这位外国朋友很高兴地说："好吧！"于是，他们匆匆吃了几口，便结账离开了餐厅。

3. 服务技能要娴熟规范

客人进入餐厅时，服务员应站在门口迎候，并且问候客人；引领客人入座，并征求客人的意见安排座位；"客到一杯茶"，迅速为客人送上茶水；点菜时要注意菜单是否是干净的，要根据客人的人数、性别、职业以及口音主动向客人推荐菜肴，介绍餐厅供应的特色菜点，耐心回答客人的询问，当好参谋；在上菜时，动作优雅而且有风度、要注意上菜的动作，做到"左边上菜，右边撤下"；客人用完餐，只有客人要求结账时服务员才可呈递账单；客人离开时，要像到达时一样的热情，向客人道谢告别，留给客人良好的最后印象。

总之，针对宾客在餐厅的各种心理需求，服务人员只有热爱客人、技能娴熟、知识充足、礼仪周到、讲究效率，才能烹制出一道诱人的佳肴来款待五湖四海的宾朋。

第四节
康乐服务心理

一、宾客在康乐部的心理需求

饭店的康乐产品由于其较强的休闲娱乐性、项目多样性、活动趣味性，加上某些项目形式的刺激性和新奇性，能吸引较大范围的不同客人。虽然宾客消费康乐产品的心理需求会呈现出多样性，但是仍然存在一定的共性。

（一）求娱乐心理

娱乐心理需求，自古有之，人皆有之。现代旅游六大要素中娱乐亦占一席之地，住在旅游饭店的宾客对娱乐有很大的需求。由于康乐部也向社区非住店公众开放，因此就存在单纯进行康乐消费的宾客。宾客来自四面八方，娱乐的心理需要也因人而异。例如，从项目喜好上看，中青年参与游泳池、健身房、网球等项目为多；美容室则以青年女性为主；电子游戏机房青少年为多；棋牌室中老年居多；迪斯科舞厅中清一色是青年人。康乐服务要对不同宾客提供具有个性化特点的服务，使宾客的期望值和满意度达到统一。

（二）求健美心理

追求健与美是现代文明的心理反映。现代运动医学认为，即使是中等程度的运动，也能起到延缓衰老的作用，因为运动能改善心肺功能，提高大脑反应速度，减轻紧张和压抑的心理负担，促使身心愉快。运动还有助于睡眠，而充足的睡眠可以使人精神饱满。运动能够使体内逐渐堆积的脂肪慢慢地“燃烧”掉，特别是腹、腿、臂、腰、臀等影响形体健美的部位。健美标准除了形体美外，还有形象美和发型美两个方面，后者可以在美容美发室中实现。随着经济的发展、社会的进步和人们生活水平的不断提高，人们对健美的追求也越来越高，作为社会“小都市”的饭店，应尽可能地满足宾客的健美心理需求。

（三）求尊重心理

康乐部同客房、餐厅一样，都是饭店的一个部门，宾客在康乐部也同样有求尊重的心理需求，但表现方式不尽相同。康乐消费的宾客较多地结伴而行，而不少康乐项目都具有各种技巧和规则，宾客对技巧、规则和设备的熟悉程度存在一定的差异，需要服务人员不时地提示他们，提供技术上或规则上的指导。服务人员在进行这些服务时，应当充分尊重宾客，特别是要顾全一些争强好胜的宾客的“面子”。某些高级饭店的康乐项目采用半封闭式的会员制经营，俱乐部会员在康乐场所中，具有优先的优惠待遇。对这些身份较一般宾客高的客人，更不能在服务中出现疏忽和怠慢。

（四）求安全心理

康乐最根本目的是强体健身，宾客当然希望达到此目的，最起码的心理需求是安全、不发生人身意外伤害。不少康体项目都需要更衣，宾客不愿意在活动结束后找不到自己的衣服、首饰、钱财。在游泳和桑拿浴时，宾客也很注意保护自己的隐私。在美容室，宾客决不能容忍美容不成反被“毁”容。

（五）求卫生心理

康乐场所虽然是一个高雅、洁净的地方，但是由于客流量大，设备使用频繁，手柄每天都经多人接触，有潜在的污染因素；有些设备的运行有撞击声等噪音；有的房间因聚集的人太多而空气质量不好。宾客对这些难免会有所顾虑，因此，其卫生要求往往比对客房的卫生要求更高。对于直接与皮肤接触的美容美发设备、器具、用品和化妆品、游泳池水、桑拿浴室的水、按摩池水等，宾客对的卫生要求则是比较苛刻的。

（六）求知识心理

康乐项目种类繁多，娱乐方法多种多样。这些项目和方法一般都具有各种技巧和规则，有的规则还因不同国度而相异，有些较先进的进口设备比较复杂，宾客在康乐消费的同时也开了眼界。宾客在活动中，总会直接或间接地向服务人员或其他宾客了解、学习这些知识。

其他还有诸如求方便快捷、物有所值、文化审美等心理需求，因与本章其他节有相近之处，这里就不再重复了。

二、康乐部满足宾客需求的策略

针对上述宾客在康乐场所的主要心理需求，服务人员除了必须做到饭店一般员工应当完成的工作任务外，还应该特别注重康乐场所宾客的特殊性，提供恰到好处、恰如其分的服务。

（一）把宾客的生命财产安全放在第一位

对宾客身体构成安全威胁的因素主要来自两个方面：一是康乐设施器材等客观因素；二是宾客、服务人员等主观因素。不论是哪一方面的因素，都可以归结为服务人员因素。因此，康乐部服务人员应该有"隐患险于明火，防范胜于救灾，责任重于泰山"的敬业精神，始终把宾客的生命财产安全放在第一位。

1. 检查和保养设备

设施器材的安全保养，是康乐服务的基本任务之一。随着时间的推移和客流量的增加，康乐设施的使用次数增加，设备和器械的磨损、错位是不可避免的，设备制造时出现的铸造沙眼、气孔等潜在的隐患也会显露出来；电器绝缘破损也会造成漏电。此外，宾客的不当使用也可能造成设备和器械的损坏。如果平时缺乏检查保养，隐患由量变到质变，就可能给宾客带来意外伤害。

2. 保养和修缮场地

康乐场地也有安全隐患，例如，戏水设施的地面如果滋生青苔，宾客就容易滑倒摔伤；在保养保龄球道上，如果没有随手擦干净洒落在发球区的球道油，就可能发生宾客摔倒或扭伤的事件；舞池或者一些铺磁砖或石材的地面上，如果有水也容易造成宾客摔倒；有些场地的地面、扶手、墙壁、隔断等部位，因受到碰撞等原因而损坏没及时修缮，也容易使宾客被划伤皮肤或衣物。设施和场地的种种类似情况，不一而足。因此，为了最大限度地杜绝这些不安全因素，康乐部责任人员每天都应该进行例行的定时检查和保养。每隔一定的周期要有重点地进行检查和维护、修缮，及时发现安全隐患，及时处理，杜绝因"硬件"问题造成的宾客受伤事故。

3. 预见和预防隐患

康乐部服务人员应当对自己服务的项目和场地了如指掌，预见可能给造成的危险，以便防患于未然。例如，游泳池服务员和救生员应该对游泳姿势笨拙的游泳者多加关注，以防溺水；桑拿服务员要密切注视体质较差的宾客的动向，除了帮其把温度控制在45℃，还要每隔几分钟就从门上的玻璃窗口观察，检查宾客浴疗是否适当，避免出现虚脱；在戏水游乐场，要严格控制每场人数，严禁超员；在水滑梯，服务人员应该规劝宾客用规范动作，按照安全的间隔时间下滑；要提示带孩子的宾客："请带好您的孩子，请注意不要到深水区"；在游泳池边平台，所提供的饮料杯必须是纸质的，不要使用玻璃杯，以保证赤脚行走的安全等。

4. 劝阻和说服宾客

有的宾客可能不熟悉设备和器械的性能，有的宾客可能不按运动生理规律行事，有的宾客可能会争强好胜，有的宾客喝醉了酒或有高血压、心脏病却还要做某些项目的活动。对这些可能造成人身伤害的因素，服务人员都应该及时出面说服和劝阻。例如，要告诉宾客，健身器械都具有“冲撞性”，用力过猛或过快，就可能拉伤肌肉或损坏器械。对青少年宾客，要劝阻他们不要长时间持续呆在电子游戏机前，以免对其视力和身体造成伤害。在向泳客提供饮料的时候，要提示客人不要饮用烈性酒，谢绝饮酒过量者入场。在康乐部，很多规劝都要采用宾客须知告示牌的形式，以利于客人安全消费。事先告知也可以使处理投诉时言之有据。告示牌经常分别设置在康乐场所入口处、更衣室和场地内。

[微型案例]

桑拿室的木板断了

于先生是一位从上海来的商务客人，经过一天的业务洽谈，带着疲倦的身躯回到了酒店，他拨通了酒店康乐中心的电话，“喂，你好！这里是康乐部，有什么可以帮你呢？”服务员接到电话后温和地问。“你好！我想到你们的康乐中心放松一下神经，舒缓疲劳，你能给点好的建议吗？”于先生说话声中带着疲劳。服务员向于先生推荐了他们中心的桑拿浴，于先生按照服务员的指引来到了康乐中心的桑拿浴室。

到了桑拿浴室，于先生办理了有关手续后，在服务员小王的引领下，他换上了洁白干净的浴袍。在于先生进入桑拿室前，小王向他介绍了洗桑拿浴的方法和注意事项，并按于先生的要求把温度控制选择盘转到他需要的温度。于先生进入室内干蒸不到5分钟，突然里面传来“嘭”的一声异响，小王闻声立刻打开门，发现于先生踩断了桑拿室地下的一条木板，重重地摔倒在地上，并弄伤了手指，小王立刻把于先生扶起来，安顿他坐下，并细心地询问于先生的摔伤情况。随后，他打电话报告台班、主管和经理。据了解，原来于先生嫌离桑拿炉较远的地方不够热，于是走到靠近桑拿炉的地方，以方便向桑拿炉泼水，结果踩断了地下的木板。事情发生后，康乐部许经理和助理主管陪同于先生到医院就诊，经拍片检查后，证实于先生左手无名指骨折。

（二）充分满足宾客多层次的需求

宾客在康乐部有多层次的需求，较低层次的需求除了上述的安全需求外，还有卫生需求，而较高层次的需求有健美需求、享乐需求、尊重需求和知识需求。

1. 满足宾客的卫生需求

康乐场所由于其特殊性，宾客对卫生的心理需求很高，康乐部服务人员除了按饭店通用的卫生标准，对布草、餐饮具、场地和服务员个人卫生按规定要求进行处理外，还应该注意每天对各种器械手柄进行消毒清洁，必要时要贴上“已消毒，请放心使用”字样纸条。对游泳戏水场所，应该严格执行卫生防疫部门的规定，对患皮肤病、红眼病等传染病的宾客要进行有效劝阻，请泳客更衣冲身后再入池。

2. 满足宾客的健美需求

康乐部服务人员应该拥有较高的专业知识，一般应该熟悉所负责的项目的基本知识，熟悉设备器械，熟悉卫生保健知识，能根据宾客的需要为其制订健身或者健美的训练计划。特别是健身房及其他健体强身类项目的服务人员，需要有强健的体格，能够正确地做出示范动作，能够满足客人的要求，当好陪练。宾客从体格健美的服务员身上，不但可以获得赏心悦目的感觉，还可以看到自己的健美前景。

3. 满足宾客的享乐需求

宾客在康乐消费时，往往同时也进行食品饮料的消费，有的运动性活动之后需进餐、桑拿或按摩，因此康乐部应该与饭店其他有关部门配合，满足宾客的享乐需求。康乐部服务人员应该具备康乐活动的技能，在客人提出要求或邀请时，陪同宾客一起练习、比赛、演唱或跳舞等。

4. 满足宾客的尊重需求

同其他部门一样，康乐部员工如果遇到熟悉的常客，应该热情地以尊称打招呼。如果宾客不太了解康乐宾客须知（例如，宾客不按规定换鞋、更衣，涂过太阳油就要直接下游泳池等）而需要对其进行规劝时，应该十分注意方式和语气，万万不可得理不让人，使宾客觉得服务人员不尊重他。如果宾客不慎损坏设备或器械而需要劝阻时，也应该掌握好分寸，做到有礼、有理、有节。在美容护肤操作时，时间较长，只要宾客没有反对的意思，服务人员就要与之沟通，介绍美容品的种类功能、面部按摩的作用效果以及其他话题，不要仅仅把宾客当成劳动对象。

5. 满足宾客的知识需求

康乐部服务人员只有对自己的服务项目的专业知识有比较精深的了解，

才能在提供运动技能技巧指导服务时更好地满足宾客的求知需求。要针对不同的消费层次和文化层次的消费者，进行适当的介绍，内容可涉及该项目的产生和发展、健身功能和功效、康乐竞赛的规则和计分方法、器械和设备的正确使用等。例如，向宾客讲述生理学上的“极点”和“第二次呼吸”，讲述锻炼后肌肉酸痛与力量增长的关系、肌肉酸痛与肌肉损伤疼痛的区别，鼓励宾客坚持锻炼又避免受伤。又例如，提示宾客控制向桑拿炉泼水的量，以免一次超量太多而导致损坏炉具。

（三）努力提高服务人员的素质

康乐部的服务工作专业性很强，技术要求比较高，各种项目具有相对独立性，因此，对服务人员的素质要求也比较高。服务人员一般都应该经过国家职业技能考核，持有职业资格证书方可上岗。服务人员除了应该具备饭店一般服务人员的素质条件外，还要有正派的作风、健康的身体、良好的仪容仪表及较强的对用外语会话的能力。服务人员还应该熟悉卫生保健知识和本项目专业基本知识、设备器械知识，能为宾客做出示范动作，能指导宾客正确使用设备，宾客发生危险时能够救护，发生意外时，能及时、迅速、安全地处理。

康乐部应该结合采用在岗培训、脱产轮训和学校学习等方法，提高服务人员的素质，真正提高服务质量，使宾客玩得满意、玩得舒心。

[案例分析]

这里更像我的家

来自瑞士的Simon先生是首届中国大连“夏季达沃斯”——新领军者年会组委会的成员，多日来繁忙的会务工作使他生了病。9月6日凌晨，下榻在富丽华大酒店的Simon先生突然胃疼，于是他拨打了酒店大堂副理的电话，得到消息的工作人员立刻赶往客人的房间。房间内的Simon先生已经因为疼痛直不起腰，工作人员立即背起这位魁梧的客人，送往医院。为了减轻客人的疼痛，这位员工硬是自己一个人背着他从房间来到车上。

来到医院，富丽华酒店的员工挂急诊、向医生介绍病人病情、担当病人和医生之间的翻译、办理化验手续、带病人去化验、办理住院手续……直到病人住进病房。这时候，已经是上午10时多，已经超过这位员工下班时间足足3个多小时。他对病人耐心、细致的照顾，让很多医生都误以为生病的

Simon 先生是他的外国亲戚！当他们得知 Simon 先生只是富丽华的住店客人时，医护人员都投来了赞许的目光。Simon 先生一次又一次地说着谢谢，流下了感激的泪水……

第二天，富丽华酒店又精心准备了一些清淡、精致的小菜和粥送往医院，并派专人陪护 Simon 先生。经过了一天的调养，Simon 先生很快康复，富丽华大酒店安排专车把他从医院接了回来。回到酒店的 Simon 先生第一件事情就是找到那位员工，表达自己的感谢。他说："真的非常感谢你，感谢你们大家，没想到中国人这么热心，富丽华不单单是酒店，更像我的家，我在这里得到家人一样的关怀，谢谢你们，有机会我还来你们这里。"

（资料来源：《大连日报》，2007 年 9 月 8 日，有改动。）

讨论问题：

1. 大连富丽华酒店对客服务的取胜之道是什么？
2. 结合案例，分析酒店服务提高客人满意度的方法与策略。

思考与练习

1. 客人对前厅服务有什么样的心理需求？
2. 饭店应该采取哪些心理策略来提高前厅服务的质量？
3. 客人在住宿时的心理需求是什么？
4. 客房服务人员应该如何满足客人的需要？
5. 客人在就餐时有什么样的心理需求？
6. 联系实际，阐述餐厅开展优质服务的心理策略。
7. 康乐部如何满足宾客多层次的心理需求？

第十一章

旅游景区服务心理

内容提示

- 游客在游览初期的心理特点
- 游客在游览中期的心理特点
- 游客在游览后期的心理特点
- 游客对景区服务的心理需求
- 旅游景区满足游客心理需求的服务策略

第一节
旅游者在游览活动中的心理特点

一、游览初期阶段的心理特点

旅游者刚到旅游景区，兴奋激动，但人生地疏、语言不通、环境不同，往往容易产生孤独感、茫然感和不安全感，唯恐发生不测，有损自尊心，危及财产甚至生命。也就是说，在观光游览初期阶段，游客求安全的心态表现得非常突出，因此，消除游客的不安全感成为景区工作人员的首要任务。同时，旅游者来到新的景区，全新的环境、奇异的景物、独特的民俗风情，使游客逐新猎奇的求新心理空前高涨。所以，旅游景区应该提供新颖独特的娱乐活动，满足旅游者的求新心理。

二、游览中期阶段的心理特点

随着时间的推移、旅游活动的开展，游客开始感到轻松愉快，会产生一种平缓、轻松的心态。但是，正由于这种心态的左右，游客往往忘却了控制自己，思辨能力也不知不觉地减退，常常自行其事，甚至出现一些反常言行及放肆、傲慢、无理的行为。一方面，游客的个性充分暴露，开始出现懒散心态，例如，时间概念较差，群体观念更弱，游览活动中自由散漫；另一方面，游客把旅游活动理想化，希望旅游活动的一切都是美好的、理想的，从而产生生活上、心理上的过高要求，对旅游景区服务横加挑剔，求全责备的心理非常明显。同时，由于游客的思考力和判断力减弱，如果团内出现思辨能力较强而又大胆直言的“领袖人物”，其他游客便会不假思索地附和他，唯其马首是瞻，不知不觉地陷入一种人云亦云、随波逐流的从众心理状态。

[小资料]

旅游者的娱乐心理

娱乐是旅游活动的六要素之一，大多数游客对旅游景区的游乐项目都非常喜欢。一般来讲，初玩者的心态是激动、害怕、担心，但绝大多数游客不清楚参加此类游乐项目的注意事项和安全规则。虽然重复来玩的人不会害怕和担心，但是激动的心理仍然存在。在这种情况下，可能导致忘记系安全带或采取其他安全措施。旅游者的这两种心态，都要求娱乐项目的服务人员和管理人员必须再三提醒游客注意安全事项，并仔细检查和核实安全措施是否到位。

三、游览后期阶段的心理特点

游览活动后期阶段是客人对旅游景区游览活动期间所接受到的服务进行整体回顾和综合评价的阶段。在游览活动后期，即将返程时，游客的心理波动较大，开始忙乱起来，主要表现为既归心似箭，又流连忘返。譬如，与家庭及亲友联系突然增多，想购买称心如意的纪念品但又怕行李超重，等等。总之，他们希望有更多的时间处理个人事务。在这一阶段，导游人员应该给游客留出充分的时间处理自己的事情，对他们的各种疑虑要尽可能耐心地解答，必要时做一些弥补和补救工作，使前一段时间未得到满足的个别要求得到满足。

第二节
旅游者对景区服务的心理需求

一、对主动服务的需求

主动服务指服务在客人开口之前，也叫超前服务。游客在景区游览活动期间希望景区服务人员能主动关心他们、理解他们，把他们当作有血有肉的人，能主动提供他们所需的服务。因此，景区工作人员要有游客至上的态度，充分发挥主观能动性，主动了解客人的需求和心理，认真观察游客的需求变化，把服务做在游客开口之前。例如，山东省长岛旅游景区针对游客心理，提出了“嘴巴甜一点，脑筋灵一点，行动快一点，理由少一点，胆量大一点，脾气小一点，说话柔一点，微笑多一点”的“八个一点”主动工作条例，改变了原来的等待、被动、呆板的工作方法。

二、对热情服务的需求

在游览过程中，游客都希望自始至终得到景区工作人员热情友好的服务，而且这种热情应该是真诚的和发自内心的。热情服务在工作中多表现为精神饱满、热情好客、动作迅速、满面春风。游客对景区工作人员服务态度的评价，很大程度是依据导游员是否热情、微笑和耐心，特别是对工作人员在非本职工作范围的“份外”热情服务和帮助，游客会感到更大的心理满足。例如，在迪斯尼乐园，当有小朋友问话的时候，所有的工作人员必须蹲下来回答问题，让自己的视线和小客人的视线在一个水平线上。公园里经常会发生小孩走失的情况，但是迪斯尼乐园不会通过广播寻找孩子的家长，而是马上把小孩送到附近的服务中心，工作人员会根据小孩的穿着、年龄，以及肤色、口音来判断他们来自哪里，随后在网上网下查找。当孩子的父母来到服务中心的时候，小家伙正幸福地和其他小朋友一起吃薯条、喝可乐，玩得非常开心。

三、对周到服务的需求

所谓周到服务，指旅游景区工作人员在服务内容和项目上，想得细致入微，做得无微不至，处处方便游客、体贴游客，千方百计帮助游客排忧解难。例如，游客期望景区能够专门设立旅游信息咨询中心，使游客免去麻烦，节省时间。游客还希望景区能够针对来自不同地域、不同文化背景、不同年龄、性别及不同人格类型的旅游者，提供个性化服务。因此，旅游景区可以开展为游客免费提供晴雨伞、凉毛巾、针线包、饮用水、残疾人轮椅、常用药、纯净水、宣传册等周到细致的亲情化服务。

[小资料]

迪斯尼乐园创始人沃尔特对细节的关注可以用苛刻来形容，任何一个角落都逃不过他追求完美的眼睛。例如，在迪斯尼乐园，一名正在扫地的清洁工遇到一位游客上前询问哪里有冰水。清洁工无法丢下手边的清洁机器，于是指引游客到对面的饮水机。游客一转身，清洁工便拿出无线电对讲机通知饮水机服务员。等到那名游客走到对面时，服务员已端了一个纸杯迎上前来说："您想要杯冰水，是吗?"游客惊讶得说不出话来。此外，迪斯尼还时时刻刻周全地为儿童着想。以饮水池为例，都是一大一小两个。垃圾桶的高度也让孩子们伸手可及。乐园里还专为小朋友们准备了安全的刺激性较小的游玩项目，指定必须有大人陪同参加，像旋转木马、小飞象、小人国等。

四、对知识信息的需求

当游客抵达旅游景区进行参观游览时，探新猎奇的心理和激动兴奋的心情共同交织在一起。面对各种见所未见、闻所未闻的秀丽的自然风光、珍贵的文物古迹、壮观的现代建筑与先进的娱乐设施，旅游者会产生先睹为快的强烈欲望，驱使自己尽情地观赏。观赏之余，旅游者求知的心理意识，又促使他们想知道其中的缘由，便向景区工作人员提出各种各样千奇百怪的问题。景区工作人员应该把握旅游者心理上的变化，最大限度地满足旅游者的好奇心和求知欲。同时，景区工作人员还应该与游客进行有效的信息沟通，向游客介绍景区正在举办的节目或者正在进行的项目，为游客提供准确的游览信息，及时告知景区客流量的真实情况，避开旅游高峰时段。

五、对审美愉悦的需求

"爱美之心，人皆有之。"尽管每一个旅游者的旅游动机不尽相同，但是审美和愉悦无疑是人们共同的追求。旅游过程就是审美过程，旅游者的游览活动是一种寻求美、发现美、欣赏美、享受美的综合审美实践活动。一般在游览中，旅游者的审美需求主要集中于旅游景区的自然美和人文美。旅游者的审美意识是旅游者思想感情和心理状态主动作用于审美对象而形成的，不同的旅游者具有不同的审美观念。景区工作人员应该了解旅游者在游览过程中的审美心理及其变化规律，有目的地引导和利用旅游者的审美意识，满足他们的审美情趣和审美需求。

［微型案例］

培训从学习扫地开始

迪斯尼对新员工的培训首先不是着眼于其素质和水平的提高，而是把它作为企业精神教育的一种重要手段。迪斯尼要求每一个新员工都要接受由迪斯尼大学教授团的新员工企业文化训练课，以便让他们认识迪斯尼的历史传统和成就、经营宗旨与方法、管理理念和风格等。除了这些，迪斯尼专为新员工制订了一个为期三天的特色培训计划：

第一天上午学扫地。让员工学习怎样扫树叶不会让树叶飞起来、怎样刮纸屑才能把纸屑刮得很好、怎样掸灰才不会让灰尘飘起来。而且扫地时还另有规定：开门时、关门时、中午吃饭时、距离客人15m以内等情况下都不能扫。

第一天下午学照相。因为客人会叫员工帮忙照相。如果员工不会照相，就不能照顾好顾客。十几台世界最先进的数码相机摆在一起，各种不同的品牌，每台都要学。

第二天上午学包尿布。孩子的妈妈可能会叫员工帮忙抱一下小孩，但如果员工不会抱小孩，就会增添顾客的麻烦。不但要会抱小孩，还要会替小孩换尿布。

第二天下午学辨识方向。有人要上洗手间，有人要喝可乐，有人要买邮票……顾客会问各种各样的问题，所以每一名员工要把整个迪斯尼的地图都熟记在脑子里，对迪斯尼的每一个方向和位置都要明确。

第三天上午学怎样与小孩讲话。游迪斯尼有很多小孩，这些小孩要跟大人讲话。迪斯尼的员工碰到小孩问话，统统都要蹲下，蹲下后员工的眼睛跟小孩的眼睛要保持同一个高度，不要让小孩子抬着头去跟员工讲话。

第三天下午学怎样送货。迪斯尼规定在客人游玩的地区里是不准送货的，送货统统在围墙外面。迪斯尼的地下像一个隧道网一样，一切食物、饮料统统在围墙的外面下地道，在地道中搬运，然后再用电梯送上来。

在迪斯尼，顾客站在最上面，员工在中间面对客户，经理站在员工的底下来支持员工，员工比经理重要，客户比员工重要。

第三节
旅游景区服务心理策略

一、闸口接待服务

旅游景区闸口接待服务包括游客入园售票服务与验票服务，是旅游景区满足旅游者需求的第一步工作，是在旅游者心中奠定美好感知印象的关键一步，因而在整个旅游景区的服务工作中占有非常重要的地位。旅游景区闸口接待服务的关键是做好排队服务。

首先，设立宽敞的售票窗口。一位旅游专家曾经说过："我只要一看到售票窗的高度是方便客人的，窗户是比较大的，这样的景区里边不用看，肯定是一个好景区"。售票点是游客认识景区的第一站，为了给他们留下良好的第一印象，体现想游客之所想的人文关怀精神，景区应该设立宽敞的、高度适当的售票窗口。

其次，创造良好的排队环境。良好的排队环境包括舒适的座椅、具有吸引力的视觉画面、优美的音乐、丰富的阅读材料、电视录像等。另外，在等候区提供当天的报纸及景区自办的报纸供游客阅读，设置定期更换的景区宣传栏，公布游客来信，张贴优秀员工的照片和事迹，发布促销活动通知等。这些都可以让游客在不知不觉中度过等待的时间。

最后，提供热情的等待服务。景区接待人员应该做到冬天送热饮，夏天送冷饮，为老人搬椅子，为小孩儿提供简单玩具，为等候的游客送上景区的宣传册；做一些小游戏、讲一些故事或笑话、猜一些谜语，分散游客的注意力，消除游客的焦虑情绪。

[小资料]

游客排队等待心理

1. 无所事事的等待比有事可干的等待感觉要长；
2. 焦虑使等待看起来比实际时间更长；
3. 不确定的等待比已知的、有限的等待时间更长；
4. 没有说明理由的等待比说明了理由的等待时间更长；
5. 不公平的等待比公平的等待时间要长；
6. 服务的价值越高，人们愿意等待的时间就越长；
7. 单个人等待比许多人一起等待感觉时间要长；
8. 令人身体不舒适的等待比舒适的等待感觉时间要长。

二、信息咨询服务

信息咨询服务是旅游景区的窗口，与游客面对面接触的咨询服务人员是旅游景区的形象大使。景区咨询服务人员在问讯服务过程中应该做到：

（一）主动问候

当工作人员遇到表情迷茫或正准备走向自己的游客时，应该主动迎上前去询问，这样会给处在困难中的游客以温暖的感觉，并留下亲切、热情的好印象。回答游客的咨询，应当直到游客满意为止，当游客满意地准备离开时，应该主动向游客道别，并祝他们玩得愉快。

（二）专心倾听

工作人员对游客提出的问题应该认真倾听，全神贯注，以示尊重与诚意；对游客提出的问题应该以点头或者应答的形式有所反馈，让对方知道你听明白了他的阐述。另外，工作人员还要有优雅的姿态，在游客提问时要始终保持典雅的站姿、正确的坐姿和优美的步态，以及适当的手势。

（三）有问必答

对于游客的询问，工作人员要做到有问必答，用词得当，简洁明了，不能说“也许”、“大概”之类没有把握、含糊不清的话。自己能回答的问题要随问随答，决不推诿。对不清楚的事情，不要不懂装懂，随意回答，更不能轻率地说不知道。经过努力，确实无法回答的问题，要向游客表示歉意，并应该通过电话或向其他工作人员咨询的形式来解决游客提出的问题。服务人员如果需要离开现场去别的地方询问，问清楚以后应该马上回来答复游客，不能一去不复返。

[小资料]

旅游景区工作人员文明用语

- 您好，欢迎光临。
- 您好，请收好门票。
- 谢谢，欢迎下次光临。
- 对不起，您的证件不符合免票规定，请到售票处补票，谢谢。
- 请拿好票，往这边走，祝您玩得愉快！
- 您好，需要帮忙吗？
- 对不起，这个问题我现在无法回答，让我了解清楚再告诉您，请留下您的联系方式。
- 对不起，请再重复一遍。
- 请您坐下，慢慢说。
- 非常抱歉让你遇到这样的麻烦。
- 这是我们工作的疏漏，十分感谢您提出的批评。

三、娱乐表演服务

旅游景区还要致力于提供高品质、高标准和高质量的娱乐服务。给游客以欢乐应该成为旅游景区始终如一的经营理念和服务承诺。旅游景区的娱乐项目服务人员不仅应该具备良好的职业道德、文明素质、娴熟的技能技术和良好的心理素质，还要时刻注意微笑、眼神、语言、动作等与顾客接触的每一细节，善于营造欢乐的氛围。例如，在迪斯尼乐园，服务人员得到的不仅是一项工作，而且是一种角色。员工们身着的不是制服，而是演出服装。他们仿佛不是为顾客表演，而是在热情招待自己家庭的客人。工作人员根据特定角色的要求，扮演真诚友善的家庭主人或主妇，他们整齐的装扮，一丝不苟的服务在游客的脑海中留下美好的回忆。在各种游乐节目中，迪斯尼乐园还十分注意培养顾客的参与性，总是创造机会让人们发挥自己的主观能动性，让孩子们从小培养做人的能力。

四、环境卫生服务

保持和谐的游览环境和干净整洁的卫生面貌，不仅能够为游客提供美的享受，而且也能够为游客提供健康的保障。旅游景区应该开展总体游览环境规划，重视和加强服务人员的卫生保健，预防和控制空气、水、噪音、有害物质等对景区环境的影响，整治景区乱堆、乱放、乱搭、乱建、乱丢、乱刻、乱画、乱吐的“八乱”现象，建立严格的旅游景区卫生保洁制度，确保景区路面、水面、游览步道、栏杆等设施整洁干净。景区要贯彻星级厕所标准，完善厕所配备，包括采用防滑的地面、残疾人厕位、配备婴儿床等。景区应该在厕所门口处修建一条倾斜的残疾人通道，而且坡度不应该过大。有条件的景区厕所内还可以配备小型的婴儿床，方便妇女使用。

[微型案例]

美化环境

整洁优美的旅游环境是打造文明景区的关键。为此，山东威海刘公岛景区不断提高保洁标准，实施立体化全方位容貌整治。在卫生管理方面，景区严格落实游客游览的区域“看不到卫生死角、看不到果皮纸屑、看不到污水污物、看不到白色垃圾”的要求，实行分段包干、责任到人。严格落实“门前三包”责任制，建立检查通报制度，对垃圾实行统一收集、统一处理，做到日产日清。在标语口号、商业广告、招牌等设置上，景区坚持统一规划、统一设计、统一制作。近年来，刘公岛景区以突出海岛风光、园林文化、种类丰富、层次多样为目标，进一步提升绿化美化档次。在宜林地、森林公园内植树82600棵，在岛内主干路两侧新增绿地21万m^2，引种白玉兰、棕榈等名贵树种，增植各种苗木5万多株。2007年，景区又引进培育了30余万株荷兰郁金香，摆放在游客集中的游览区域，成为景区一道亮丽的风景线。

五、安全保卫服务

安全保卫是旅游景区为保障娱乐设施、游客人身财产安全、保证正常游览秩序的重要工作，景区应该建立和完善景区安全保障网络体系，设计景区突发事件的处置方案，保证良好的景区游览秩序，加强对员工的安全教育和培训，建立景区游客人身意外保险制度。工作人员每天上岗前要认真仔细检查娱乐设施、设备，加强对设备、设施的定期维护和保养，使其处于良好的使用状态，保障游客安全。景区应该健全防火、防盗、防爆、防拥挤、防踩踏及防地质灾害等危机处理机制，设专人进行日常游览秩序监控和景区日常防盗、防爆检查。凡是危险地段，都应该设置明显的中外文警示标志，提醒游客注意安全。防护设施要齐全有效，特殊地段应该有专人值守，提供24小时保安服务。例如，东京迪斯尼乐园制定了一条“S·C·S·E”员工基本行动准则，即安全（Safety）、礼貌（Courtesy）、表演（Show）、效率（Efficiency）。这四个单词的排列也代表着其中的价值顺序。首先是保证安全，其次是注重礼仪，第三是贯穿主体秀的表演性，最后在满足以上三项基本准则的前提下提高工作效率。可见，安全是旅游景区服务的重要因素。

六、应急医疗服务

应急医疗是旅游景区考虑到游客会因为突发疾病、突发自然灾害、娱乐设施事故、游客自身原因造成的伤害等情况，为游客提供的一种保障措施。景区应该建立景区紧急救援机制，配备紧急救援人员，为游客提供走失、迷路等救援服务。景区还应该建立备有常用急救药品和器材的医务室，医务人员应具备专业资格证书，制订日常应急医疗的处置方案、重大活动的医疗保障方案和游客危重病人的处置方案等。例如，医疗服务是陕西乾陵旅游景区人性化服务的一个亮点。医疗室设有专职医护人员，并配备常用药物和医疗器械，对游客在乾陵景区参观期间的小伤小病提供快捷方便的就诊服务。医疗室还和当地医院保持着密切的联系，以便使个别游客的突发性疾病能够在第一时间内得到救护。游客患者在医疗室就诊时，医疗室按照药品价格只收取成本费。

七、特殊亲情服务

伴随着旅游服务的标准化和游客需求的个性化，针对特定游客提供亲情化服务是旅游景区发展的潜力之所在。标准化服务是使游客满意的重要手段，个性化服务会给游客带来惊喜。亲情化服务是标准化服务与个性化服务的完美结合，为游客提供意料之外但又是在情理之中的、额外的服务。因此，旅游景区要以提高游客的满意度为出发点，以细节为基础，以急人所急、换位思考为原则，最终实现游客的“满意加惊喜”。旅游景区的特殊亲情服务一般包括：高龄老人的特殊照顾；残疾人士的特殊照顾；提供婴幼儿轮椅车服务或托婴服务；提供贵重物品保管服务；提供部分商务服务；代邮、寻人服务；预约、送票、送餐服务；提供特殊的游乐项目和活动服务。

[微型案例]

以人为本　亲情服务

为了给游客提供一个健康、舒适、愉悦的游览环境，四川松潘黄龙风景区将“以人为本、亲情服务”的工作理念贯彻到实际服务工作中，让游客感到了这种人性化服务带来的温暖。这些人性化服务主要体现在五个方面：一是厕所更加人本化。根据游客的消费心理，将马桶式厕所更换为蹲便式厕所，并在游客集中的旅游信息中心修建了五星级旅游厕所；二是栈道更加人本化。结合黄龙游览特点，更换了安全省力的景区游览栈道，并在栈道上雕刻出细纹，增强雨雪天气的防滑作用；三是标牌更加人本化。随着世界各地游客的增多，新增了景区多样语种，指示准确的标志牌；四是索道更加人性化。为方便游客乘座索道，新增了索道公交车站和公交车岗亭；五是导游更加人性化。为了给国外游客提供便捷的讲解服务，还特意配备了英语、日语、韩语等景区导游讲解人员。

八、投诉受理服务

旅游景区应该把游客的投诉视为建立诚信的契机，设立专用投诉电话，并在景区明显位置标明投诉电话号码，派专人值守。景区游客投诉受理服务人员要着装整洁，举止文明。接待投诉者时，要本着实事求是的原则，不与客人争对错、论短长，要以“换位思考”的方式去理解投诉游客的心情和处境，满怀诚意地帮助客人解决问题，既要尊重游客的意见，又要维护景区的利益。

[案例分析]

欢乐谷主题公园的“三先”和“六心”服务

深圳欢乐谷主题公园根据长期实践，对“三先”和“六心”服务制定了具体的服务要领。“三先”服务，即：先注视、先微笑、先问候。

“先注视”，是认识的起点、自信的表现。在游客接近服务员的工作岗位时，服务员以注视的方式与游客进行远距离交流，以达到识别和初步了解游客需求的目的。让游客感觉受到重视、受到欢迎。员工眼神应该炯炯有神、和蔼可亲，避免无精打采、目光呆滞，争取先给游客一个美好的印象。

“先微笑”，是友谊的基点、魅力的展现。在游客接近服务员的工作岗位时，售票服务员应以微笑的方式与游客进行交流，以达到进一步沟通交流的目的，使接待环境祥和融洽，让游客感觉受到欢迎。

“先问候”，是欢乐的源泉、诚恳的体现。游客到达服务员的工作岗位时，服务员应该使用礼貌语言，先对游客进行问候，询问游客的需求，以达到最终了解游客需求的目的，使游客在服务员的关心、问候中感受到安全和舒适，从而乐于参与游乐。

深圳欢乐谷主题公园将游客分成 6 种类型，并有针对性地提出“精心、专心、热心、细心、全心、耐心”等“六心”服务。

第一，对 VIP 游客要“精心”服务。因为贵宾对服务的要求和对专业技能的要求会相对高一些，因此，要在平时的服务平台上更上一层楼，提供更高水平的优质服务。

第二，对特殊游客要“专心”服务。在接待特殊游客时，要问清楚他有什么需求，在自己的能力范围内，尽量满足游客的要求。

第三，对反常游客要“热心”服务。如果游客是带着满脸怒气而来的，那我们在语气方面就要更加亲切一些，多与他们沟通，平息他们的怒气。

第四，对有困难的游客要“细心”服务。应及时了解游客有什么需要帮忙的，并主动提供帮助。

第五，对普通游客要“全心”服务。对一般游客来说，我们提供全员服务，让他们有宾至如归的感觉。

第六，对挑剔的游客要“耐心”服务。接待这样的游客，要做到在保证景区利益不受损害的情况下百问不厌。

识别游客，是提供优质服务的前提；满足游客，是提供优质服务的延伸。深圳欢乐谷主题公园要求服务员在接待工作中做到“六心”服务，是对优质服务的保证和延伸。

（资料来源：www.happyvalley.com.cn，有改动）

讨论问题：

1. 总结深圳欢乐谷主题公园游客服务的成功经验。

2. 结合案例，分析旅游景区提高游客满意度的方法与策略。

思考与练习

1. 在游览过程中，旅游者的心理活动有哪些特点？
2. 旅游者对景区服务有哪些心理需求？
3. 为了满足游客心理需求，旅游景区应该做好哪些服务工作？
4. 简述旅游景区游客排队服务工作的心理策略。
5. 简述旅游景区游客信息咨询服务工作的心理策略。

第十二章

旅游交通服务心理

内容提示

- 旅游者对旅游交通需求的特点
- 旅游者对旅游交通服务的基本心理需求
- 旅游交通服务的心理策略

第一节 旅游者对旅游交通服务的心理需求

一、旅游活动与旅游交通服务

旅游交通是旅游活动的首要环节。旅游者外出旅游，“行”是第一步的，旅游者最先接触到的就是旅游交通服务。旅游交通服务包括旅游客源地与旅游目的地之间的交通服务，以及旅游者在旅游地游览时所涉及的各种交通服务。

由于客源地经济、政治、文化、教育等社会因素的影响，以及旅游者年龄、性别、职业、信仰等自身因素的不同，旅游者对交通服务的需求存在很大差异。在旅游发展的初级阶段，很多人可能会持有“受些辛苦，去饱眼福”的旅游观念，因此可能会把对旅游交通服务的心理需求压缩到最低限度，对某些交通服务不到位所带来的辛苦，在一般情况下能够忍受，例如，长途汽车的颠簸跋涉、铁路客运的晚点运营等。但是随着中国人旅游体验的增加，大多数中国旅游者将会和发达国家的旅游者一样，会对旅游提出更高层次的要求，认为旅游是一种“追求快乐的旅行”，要在旅游的全过程中尽情地享乐。旅游者不仅把交通看作是到达目的地的一个手段，同时还把它作为整个愉快旅游的一个组成部分。由此可见，旅游者对旅游交通的需求是多层次、多样化和多方位的。

二、旅游者对旅游交通服务的心理需求

由于旅游者背景条件的差异，旅游者对旅游交通服务的需求也是多层次、多样化和多方位的。这里我们仅讨论旅游者对旅游交通服务最一般、最普遍的需求。

（一）求安全心理

马斯洛的“需要层次理论”认为，安全需要是人们满足生理需要后最基本的一种心理需要。旅游是人们追求愉悦的一种行为，安全是旅游活动的生命线，有了安全保障，才能使旅游者在旅游过程中达到乐在其中的效果。旅游，首先是“旅”，旅游者的安全需要在旅途中表现得特别突出。旅游者都希望自己在旅途中事事顺利，一路平安，决不希望发生交通事故。一次交通事故会给旅游者在心理上留下阴影，影响旅游者旅游动机的产生。如果旅游交通服务不能保证旅游者的基本安全，那么人们就不敢“旅”，更谈不上“游”了，只会谈“旅”色变、望“游”生畏，不会对旅游产生浓厚的向往和兴趣。例如，2001年，美国发生了“9·11”恐怖事件之后，旅游者对旅行安全因素的关注胜过了任何因素，很多人都谨慎地取消了出国旅行计划，给整个世界旅游业造成了巨大的损失。可见，旅游交通服务是旅游服务业的关键环节，旅游交通只有在确保游客安全的前提下，才能构成有效的服务，才会促进到整个旅游服务业的发展。

（二）求舒适心理

在旅游高度发展的当今社会，人们已经改变了过去那种“受些辛苦，去饱眼福”的旅游观念，外出旅游的目的是为了放松自己并得到物质和精神的享受。旅游者希望旅游交通部门不仅能够保证自己“行”的安全，而且还要提供“行”的舒适和快乐。在旅行中旅游者都希望能够坐上豪华舒服的交通工具，里面干净整洁、温度适宜、空气清新；希望机场、车站、码头能够配备各种完善的服务设施，让旅游者有一个舒适的休息、饮食和娱乐的环境；希望服务人员提供热情周到的礼貌服务，满足旅游者在旅途中的各种生理和心理需求。例如，易于晕机（车、船）的旅游者，希望服务人员

能够提供预防性应对措施和手段；老幼孕残旅游者，希望服务人员能够多给予特殊的关照。总之，旅游者非常希望旅途中能够坐得稳，吃得好，睡得香，无忧无虑，轻松愉快。

[微型案例]

服务北京残奥会　首都机场送温馨

2008年北京残奥会期间，有150个国家及地区的4000多运动员，2500多教练员及裁判员，4000多名文字、摄影、广播、电视及技术人员，总共约10500多人抵达首都机场。首都机场为这些来自五湖四海的残奥代表团成员提供了温馨便捷的服务。

为了满足残奥会大批轮椅旅客到港时对卫生间的需求，首都机场在改造完原有无障碍卫生间的基础上，在3号航站楼加装了8座临时无障碍卫生间。为了简化残奥大家庭成员的保障流程，首都机场将2号航站楼01号远机位大棚用作残奥团队保障的专属区域，实现了与普通旅客的分流，减少了旅客换乘电梯的次数，节省了旅客出入境时间。首都机场还设置9条残奥专用安检通道，并根据航班计划及旅客人数等实际情况动态调整增开。为了方便使用轮椅的残奥旅客，无障碍通道的宽度大大增加，检查台高度比普通的降低一半。首都机场的这些人性化服务措施赢得了来自世界各地的残奥会成员的欢迎和好评。

（三）求准时心理

时间就是金钱，时间就是生命。准点运行是交通部门最基本的行业规范，也是旅游者在旅行中最普遍的心理需求。这种需求是人们计划旅游活动内容、保持正常的生活和工作秩序的基本需要。旅游者一般在出游之前就已经制订了旅行计划，做好了时间安排。如果旅游交通服务不能按计划要求准时运行，一方面会打破旅游者的心理平衡，产生烦躁感，甚至发展成不安、不满、反感、恼怒的情绪体验；另一方面将会延误旅游者的行程，浪费旅游者的时间，打乱其预定的旅游计划安排，给旅游者增加额外花费，有的还会因不能及时返回客源地而耽误正常的工作。因此，旅游交通部门应该充分认识到“准点运行”是旅游者对旅游交通服务最基本的心理需求，是维持旅行正常秩序的重要保证。

（四）求便捷心理

在旅游活动中，“旅”是手段，“游”才是目的。“旅宜速”，要求旅游交通便捷省时，是旅游者最常见的一种心理要求。旅游者都希望以最快的速度到达目的地，能尽量缩短时空距离。旅游者一般认为，旅行时间是无意义的和枯燥乏味的。尤其是当旅游交通不便捷而又没有其他的旅游刺激因素时，旅游者常常产生厌烦的心理体验和疲劳的生理体验。在旅游过程中，人们为了能尽快地到达旅游地，在经济条件允许的情况下，总是想选择最快的交通工具。很多旅游者选择飞机作为交通工具，因为它是到达旅游目的地最迅速的方式。若乘火车旅行，也往往选择乘坐旅游专列或高速列车，汽车则选择比较豪华的，以便能尽快地完成“旅”这一过程。例如，京承高速公路上设置的8处中英文对照的旅游交通标志牌，采用美国3M公司钻石级反光膜，能够保证广大游客夜间也能清晰看到交通指向，为中外游客特别是自驾车游客提供了方便快捷的服务。

[微型案例]

黄山风景区的交通服务

作为旅游接待的重要组成部分，提供安全便捷的交通服务是黄山人不懈的追求。黄山风景区在“十·一”到来之前就着手开辟多个新停车场，增加停车泊位，主动顺应自驾车旅游的发展，为“自驾游”提供便利。在高速公路出口处，一个修整一新的大型临时停车场已经启用，自驾与换乘进山实现无缝对接。另外，其他各停车场也都准备了充足的车位。黄山风景区不仅注重交通的硬件投入，还充分安排好每一个细节，让游客享受温馨细致的服务。青年志愿者服务队是活跃在换乘中心的一群快乐天使，他们是从一大批报名者中脱颖而出的。面对游客咨询的各种问题，志愿者们始终做到微笑服务、细致服务、爱心服务，用实际行动诠释着黄山人“温馨旅途、真情处处”的承诺。来自韩国首尔的李先生一家人就享受到了这种热情周到的服务。在换乘中心，他们被邀请步入境外宾客换乘专用通道。一位志愿者流利地用韩语提供咨询服务，并针对客人的具体情况提供了恰当的出游参考。良好的沟通使李先生一家人消除了陌生感，对黄山之行充满了期待。

第二节
旅游交通服务的心理策略

旅游交通服务归根到底是为旅游者提供“行”的服务。搞好旅游交通服务工作不仅要加强“硬件”建设，即加强交通基础设施建设，例如，修建和改善现代化的机场、车站、码头，增加使用先进的交通工具等；还要重视“软件”建设，即研究旅游者的生理和心理特点，了解旅游者对旅游交通服务的心理要求，为旅游者提供规范化、个性化、情感化的服务。

一、交通运行安全化

安全是旅游的生命线，是旅游交通服务最基本的工作。为了满足旅游者的安全需要，在旅游交通服务中首先要重视安全性。旅游交通部门要采取一切有效的措施确保旅游交通的安全运行，确保旅客的安全，防止交通事故的发生。首先，要认识到任何交通事故都是旅游业的灾难，把安全保证工作置于一切工作的首位；其次，要采用先进的技术，严格进行安全检查，防止旅客擅自携带易燃、易爆、危险品进站上车（登机或登船），特别是航空管理部门要严防由于劫机而造成的空难事件的发生。另外，要加强陆上交通秩序的管理，防止交通事故；还要要加强水上客运安全管理，防止客船在危险的航道上或在恶劣的天气状况下航行。

[微型案例]

司机老林的“三表一卡”

在日本，我们处处体会到日本人的认真。给我们开车的司机老林，50多岁，北海道人，服务态度不但一流，而且技术过关，认真负责。每到一处，他都要拿出一个本子来写写画画。开始我们很奇怪：开好车就行了，还用这么复杂吗？仔细一问，我们对林师傅肃然起敬。

老林的面前有三张表：行车时间表，车辆检验表，路程计划表，另外还有一张行车自动记录卡。行车时间表上，几点开车，几点停车，时间安排一目了然。每天出车前，司机要对车辆重要安全部位进行全面检查，并记录在案。路程计划表是对一天行车路线的计划安排，司机可以根据计划选择最佳的出行路线和时间。自动记录卡好似汽车黑匣子，有24个刻度，从早上车辆启动到晚上入库，它都有详尽记录。“三表一卡”，缺一不可，而且行车时间表必须与自动记录卡相符，否则受罚。

我们问翻译为什么这么烦琐？他解释，只有这样才能保证车辆处于最佳安全状态，司机、旅客各方权益才能得到有效保护。

二、交通设施现代化

旅游交通服务的硬件设施是为旅游者提供交通服务并使其获得最佳心理效果的硬件条件和物质基础。“工欲善其事，必先利其器”。加强旅游交通硬件设施建设主要指逐渐使机场、车站、码头、运输工具实现现代化、网络化。旅游交通部门应该配备足够的豪华型现代化交通工具，以保证旅行的快捷性和舒适性。同时，旅游交通部门要强化准时运行的观念，做好全局的统筹调度工作，防止晚点事件的发生。近年来，我国飞机航班不断增多，火车不断提速，高速公路网不断扩展，这都可以满足旅游者对交通服务快捷省时的心理需求。例如，我国在长江上配备了“三峡”号、“扬子江”号等几十艘豪华游轮，使旅客既能“旅”又可以“游”，在饱览三峡风采神韵的过程中，还能够享受到舒适的旅游交通服务。又例如，目前我国的航空网已遍布全国所有省级行政区的中心城市和主要的旅游区，以及世界30余个国家和地区。北京首都国际机场是我国最现代化的航空港，可以保证世界最先进的各种大、中型客机在复杂的气候条件下顺利起降，从而避免或减少了飞机延误事件的发生，使游客随时来得了、走得出，畅通无阻。

三、交通服务情感化

旅游交通部门要想为旅游者提供高质量的服务，取得最佳的服务效果，还必须加强软件设施建设。旅游交通的软件设施就是交通部门为旅游者提供的服务。旅客对交通服务知觉的很重要的方面来自服务人员的态度。“态度决定一切”，因此旅游交通服务人员只有树立以旅游者为中心的服务观念，时刻保持良好的态度，积极提供热情的服务，才能使旅客满意。例如，飞机乘务员不仅要在旅客登机时列队笑脸相迎，而且在旅客下飞机的时候，要笑脸相送。此外，交通服务人员还要具备高尚的情感，坚强的意志、敏锐的观察能力、灵活的应变能力等良好的心理品质，要善于捕捉游客心理和情感的变化，了解游客的好恶、困难、需求和愿望，全心全意地为旅客排忧解难，在客观条件许可的情况下，尽量满足旅客的合理要求，做好旅客的知心人。以铁路运输为例，列车服务员不仅要提供规范化服务，例如，时刻保持车厢干净整洁，殷勤地为旅客端茶送水等；还要提供个性化、情感化、人性化服务，例如，为老弱病残旅客设置专门的席位，为防止旅客烫伤，将暖瓶固定起来等。总之，旅游交通服务人员要把“一路行车一路情”、“把爱撒满车厢”由响亮的口号转化为实际的行动。

[微型案例]

成都交警开通旅游交通服务专线

在创建中国最佳旅游城市的活动中，交通民警作为代表城市形象的“窗口”，处在与市民和中外游客零距离接触的最前沿，不仅应当在交通管理工作中认真履行依法管理的职责，更要以城市主人翁意识，积极主动地承担起为市民和中外游客提供热情周到服务的义务。为此，成都交警开通了旅游交通服务专线。开通的第一天，游客们打来的30余个咨询电话都得到了满意的答复，成都交警的热情让客人们感受到了这座城市的温暖。同时，交管局还印制了成都交警旅游交通服务提示卡，公布了24小时旅游交通服务专线，并深入到康辉旅行社、中国青年旅行社等旅游企业和全市主要旅游景点，向导游员和游客进行发放，为国内外客人提供优质服务。当三分局民警来到皇冠假日酒店为一位来自德国的游客送上成都交警旅游交通服务提示卡时，这位不远万里来到成都旅游的外国客人欣喜之情溢于言表，情不自禁地连声说道：“Wonderful，成都是一座美丽的城市，成都交警给我留下了深刻的印象!”

四、服务结构多元化

现代旅游交通不仅仅是解决旅游者“行”的问题，还应该为旅游者提供多方位的服务。在充分认识旅游者需要节省时间、获得方便快捷的交通服务的心理需求的前提下，应该逐步使旅游交通服务形成系列化和多元化。在重要的交通枢纽，一方面可以设立旅游咨询服务中心，以方便出游的旅客；另一方面可以配备各种完善的服务设施，让游客有一个舒适方便的休息、饮食及娱乐场所。在机场、车站及列车上配备视听设备，在游轮上开设健身房、游泳池、舞厅、酒吧等服务项目，为旅游者提供更多的休闲娱乐活动场所，以减轻旅客在旅途中无聊和寂寞的感觉。例如，美国泛美航空公司的一条龙服务体系向旅游者提供机场—酒店的一条龙服务。旅客无需到机场，在酒店就可以完成行李交运、办理登机手续、取得登机牌和行李牌。这样，旅客就可以避免携带行李乘车去机场的辛苦，也可以减少候机的时间。又如，北京首都机场不仅有现代化的交通设施，而且机场还设有银行、邮局、书店、画廊、超市、餐厅、酒吧等，在贵宾休息室内有70多幅壁画，旅客置身于色彩缤纷的画廊之中，顿感赏心悦目，心旷神怡。

[案例分析]

独树一帜的美国公路旅游交通

很多美国人喜欢自驾车旅行，但旅行的路程相对较近，一般在150km以内。而500km以上的路程，大多数美国人会选择乘坐飞机。若旅行路程在150至500km内，近半数美国人会选择乘坐长途汽车。美国的长途客运高效、安全、快速、准时，车内整洁，服务周到。其运营管理方式和铁路一样，24小时运行，有基本固定的到站和发车时刻表。长途客运的上、下车地点较灵活。与乘坐飞机相比，美国公路客运具有两个明显的优势，一是票价低廉，二是长途客运站都在市中心。而乘飞机，从机场到市区需换乘其他交通工具。

在美国，有很多长途客运公司供出行人选择，“灰狗公司”（Greyhound）往往成为人们的首选。“灰狗”是美国的长途旅游巴士，是当今美国旅游业举足轻重的交通工具，并享有良好的口碑。现在，众多的美国人从美国西部到南部去旅游，都非常乐意乘坐“灰狗”。因为这种旅游巴士，不仅票价低廉，而且服务也十分周到、可靠。一个行驶旅程约为3天3夜。美国旅游部门的最新调查表明，美国国内游客乘坐这家“灰狗公司”的长途旅游巴士到美国各地去旅游观光，要比自己驾车容易方便得多。因为用不着担心车辆在中途抛锚或路检等，情绪自然也非常愉快。在“灰狗”的行驶过程中，旅客可以结识许多素昧平生的朋友，在旅途中可以尽情地相互交谈。

美国的长途客车上一般仅有一名驾驶员，既驾车又检票。旅客在汽车站购买车票，可以用现金付款，也可以用信用卡支付。美国长途客运公司售票实行全国联网，旅客可以在网上或打电话购买车票，用信用卡付费，车票通过邮局送给本人。在灰狗长途客运公司总部和各地分部，可以查阅任何一个售票处的售票情况。由于全国联网管理，调集车辆、调动人员很容易。客运公司虽然站点多、线路长，但是通过联网，对客运收入、支出的管理以及统计均很方便。团体、学生、军人、老年人和经常乘坐长途客车的旅客，可享受不同比例的打折车票。

（资料来源：《中国交通报》，2005 年 6 月 9 日，有改动。）

讨论问题：

1. 美国公路旅游交通服务与管理有什么特色？
2. 探讨美国公路旅游交通管理经验对我国的启示。

思考与练习

1. 旅游者对旅游交通服务有哪些心理需求？
2. 旅游交通服务人员如何实现情感化服务？
3. 讨论旅游交通服务结构的多元化策略。

第十三章

旅游购物服务心理

内容提示

- 旅游商品应该具有艺术性和纪念性等特殊属性
- 旅游商品必须在设计、陈列、包装等方面具有特色
- 把握顾客的购物心理是做好旅游购物服务工作的前提条件
- 要提供特色突出、品种丰富、包装精美、质优价廉、货真价实的旅游商品
- 服务员的服务态度对游客的购物心理也有重要的影响

第一节 旅游者的购物心理

一、旅游者的购买动机

旅游者购买某种商品通常都出于一定的购买动机。购买动机是旅游者购买行为发生的内在原因，而购买行为则是购买动机的具体表现。了解旅游者的购买动机，是搞好旅游购物服务的前提。由于旅游者的具体情况千差万别，所以购买动机也是多种多样的。根据旅游者购买动机的共性特点，可以将购买动机分为以下几类。

（一）求纪念

持有这种动机的旅游者一般喜欢购买具有代表性和象征性的旅游商品。

一方面是为了纪念，留待日后据此回忆难忘的旅游生活；另一方面是作为一种凭证，作为曾到过某地旅游的一种证明，证明自己的旅游经历，以此来提高自己的声望和社会地位，赢得人们的羡慕和尊重。例如，在西安旅游，买一些兵马俑复制品；到南京的雨花台买雨花石；到宜兴买紫砂壶；到肇庆买端砚；到酒泉买夜光杯；到无锡买惠山泥人；到韶山买毛主席纪念章。有的旅游者从北京回来后穿上了一件印有“我登上了长城”字样的文化衫，以此来证明自己是一名好汉。

（二）求馈赠

人们外出旅游时，购买的旅游商品，除了上述求纪念的的动机外。还有一个重要的动机是赠送他人。这在人情观念很浓的中国社会是很普遍的，人们旅游归来后都要送给亲戚、朋友和同事一些在旅游地购买的商品。即使有的商品在本地也能买到，但从旅游地带回来的商品肯定别有一番情趣，它表达了对亲朋好友的感情和礼貌，既可以增进彼此的友谊，也可以提高自己的声望。在其他国家和民族，这种现象也是很常见的。例如，日本人外出或旅游归来也有赠送礼品的习俗。如果远游归乡没有礼物赠送，则被认为是没有礼貌的。

（三）求实用

实用性的要求是人们购买商品的一个普遍性心理需求。虽然旅游者来自不同的国家和地区，有着不同的爱好和风俗，但是对旅游商品实用性的要求是普遍的。旅游者在购物时特别注意商品的品牌、质量、功能和实用价值。旅游者买的东西不管是自用、收藏，还是馈赠亲友，首先看其是否有实用的价值，能否在生活中派上用场：作为艺术装饰或者日常生活之用品，然后再考虑是否要购买。例如，有的日本和东南亚游客，到中国旅游，喜欢购买中国的名贵中药，如六神丸和人参等；中国游客到瑞士喜欢购买军刀，到法国喜欢购买香水和名牌手袋，这些都是从实用的角度考虑的。

（四）求新求异

求新求异是以注重商品的时尚、奇异、新颖为主要目的的购买动机。好奇之心，人皆有之，追新猎奇是许多旅游者固有的心理需要。旅游者一般都喜欢购买异国他乡的具有新奇性的物品，他们在购买旅游商品时，追求新奇和与众不同，特别重视商品的外观、造型、款式、装饰等，对落后陈旧、毫无新意的商品不愿问津。买点地方特产，是旅游者的普遍心态。地方特色商品，不仅具有纪念意义，而且正宗，并有价格优势，消费者值得购买，例如，杭州的龙井茶、海南的椰子、云南的民族服饰、西藏的哈达等，购买后可以留作纪念或送给亲朋好友。一些外国旅游者常常对中国的稀奇古玩、工艺美术品感兴趣，喜欢农村集贸市场上的竹篮、竹帽、草鞋等手工艺品。

（五）求审美

求审美是以注重旅游商品的欣赏价值和艺术价值为主要目的的购买动机。旅游者不仅希望在旅游活动中看到美丽的风景，而且也希望买到精美的旅游商品。很多旅游者在购买商品时都要考虑到商品的美观和艺术，重视商品对人体的美化作用、对环境的装饰作用、对精神的陶冶作用。他们非常喜欢具有民族特色、地方特色和审美价值的旅游商品，尤其是对那些具有艺术美、色彩美和造型美的旅游商品更具感兴趣，购买的旅游商品往往是首饰、工艺品、字画、陶瓷、民族服装等。

（六）求珍藏

求珍藏是旅游者为了满足个人特殊兴趣、嗜好而形成的购买动机。旅游者个人嗜好千差万别，例如，有人收集火柴盒、香烟盒；有人收集各国邮票、旧式手表；有人收藏古玩字画。有的旅游者对具有保存价值的工艺珍品、名人字画和传世古董等，不惜高价购买，以作珍藏，这类旅游者以高级官员、大企业家、高级学者等为多。

以上是旅游者购物的几种主要动机。在旅游者的购买行为中，可能同时存在两个或两个以上的具体购买动机，相互交错。不同的旅游者由于具体情况不同，购买动机也各具特点，从而导致了不同的购买行为。在旅游商品的开发和服务中，应该注意研究旅游者的不同购买动机，更好地为旅游者服务。

二、旅游者的购物行为分析

旅游者购物的全过程是人的认知活动、情感活动和意志活动综合作用的结果。也就是说，旅游者在购买活动中要经历感觉、知觉、记忆、思维、想象、情感、意志等过程。但是，不同的旅游者在具体的购买活动中所表现出来的行为特点却具有很大的差异性。对这些不同的旅游者，我们可以按年龄、性别、职业等几个方面进行分类。

（一）青年旅游者的购物行为

青年人主要指年龄在15～30岁之间的人。据统计，这部分人占人口总数的1/5左右。青年人富有朝气，精力充沛，是旅游者中的庞大人群，也是旅游商品购买者中最活跃、数量最多的人群。青年旅游者的消费心理和行为有如下特点：

1. 追求新颖时尚

青年人思维活跃，富于幻想，有冒险精神，对事物有很强的敏感性，对新鲜事物有强烈的好奇心。他们喜欢购买能够代表社会潮流、富于时代精神的商品，常常成为新旅游商品的最先购买者、最早试用者和最有力的推广者和传播者。

2. 喜欢张扬个性

自我意识的加强使青年旅游者喜欢追求明显的个性张扬，显示自己的与众不同。在选购商品时，他们喜欢购买那些能够同自己的理想、职业、爱好、性格密切相关的商品，以此来展现自我个性，满足表现自我的心理要求。一些高科技含量的旅游纪念品和一些 DIY （do it yourself）旅游商品十分受青年旅游者欢迎。

3. 容易冲动购买

青年旅游者的购物决策带有较强的冲动性，注重直觉效果，迅速作出购买决定而很少考虑到价格的因素。在理智和感情发生冲突时，感情的作用更大一些，冲动性购买多于计划性购买，往往忽略商品的综合性，而片面强调某一款式、某种颜色等。青少年容易感情用事，容易产生积极的购买感情。

（二）老年旅游者的购物行为

人们一般把 60 岁以上的人称为老年人。老年人一般具有较高的经济收入，购物的范围极为广泛。老年旅游者的消费心理和行为特征都比较成熟，具有以下特点：

1. 全面评价商品

老年旅游者见多识广，经验丰富，能对商品作出全面的评价。他们要求旅游商品不仅外型美观，式样新颖，更看重商品的内在因素，讲究货真价实，关注商品的质量与价格比。

2. 追求实用价值

老年旅游者经常把旅游商品的实用性作为购买商品的第一目的。他们强调商品的经济实用，舒适安全，质量可靠，使用方便，至于商品的款式、色泽、包装等放在次要的位置。由于自身的身体状况和思维惯性，他们还注重旅游商品的便携性和多功能性。

3. 注重服务质量

老年旅游者具有较强的习惯性购买心理，一般的广告宣传和促销手法很难改变其已有的消费习惯。他们希望服务员尊重自己动作缓慢、精挑细选、犹豫不决的购买习惯，提供方便、安全、耐心、周到的服务。他们走南闯北，对优质服务多有领略，喜欢进行比较，经常会对服务员提出意见和建议。

4. 带有馈赠动机

大多数老年旅游者带着馈赠的心理动机到商场购物，他们希望从旅游地购买更多的旅游纪念品，回家后赠送给自己的子女、亲戚、朋友和邻居。

（三）女性旅游者的购物行为

女性旅游者与男性旅游者在旅游活动中最明显的差异之一，是她们更愿意借外出旅游之机购买所需要的商品。因此，人们常常可以看到，女性旅游者回家总是满载而归。女性旅游者的消费心理和行为特征表现如下：

1. 注重商品的外观形象

女性旅游者在选购商品时，往往受款式、颜色、造型以及情感等因素的综合影响，进而产生购买欲望。特别是当她们为男友、丈夫、子女和父母选购时，受情感因素的强烈影响，容易产生冲动性购买。

2. 强调商品的实用价值

女性旅游者在选购商品时，除要求商品的外观美外，还要求其必须具备一定的实际效用，对其实用价值考虑得周到而详细。例如，即食性旅游食品是否含防腐剂和色素，服装是否会缩水和褪色等。

3. 具有较强的自我意识

女性旅游者的自我意识和自尊心比较强，对外界反映敏感。她们在选购商品时，常常以自我为中心，凭借自己的直觉来评价商品的优劣，喜欢显示自己，往往认为自己所购买的商品符合时尚潮流，渴望得到别人的赞扬和认可。

（四）知识分子旅游者的购物行为

这里所指的知识分子旅游者主要是文教、卫生、科研人员。知识分子的特点是文化程度较高。

1. 追求文化品位

知识分子旅游者在旅游活动中的购买行为显示出较高的品位。他们购买旅游商品的标准是要与自己的身份相符，能显示出自己具有一定的文化知识和修养。与其他旅游者群体相比，知识分子旅游者对文化气息较浓的旅游商品更感兴趣，尤其注重旅游商品的艺术性和保存价值。

2. 购物思维理智

知识分子旅游者在购买旅游商品的自主性较强，大多愿意自己挑选所喜欢的商品，对于服务人员的介绍和推荐抱有一定的戒备心理，对于广告一类的宣传也有很强的评价能力。另外，他们在购买行为中表现出较高的理智性，受社会流行和时尚等因素影响较小。

第二节 旅游商品及其内含的心理因素

一、旅游商品的三大属性

旅游商品是一种比较特殊的商品，除了具有一般商品的属性外，还具有一些特殊属性，例如艺术性和纪念性等。

（一）旅游商品的实用性

实用性是所有商品的一般属性。旅游商品首先要具备实用性，即旅游者可以使用和消费的效能。旅游者在旅游过程中所使用或者消费的商品数量大、种类繁多，因此，旅游商品的生产和销售，首先要考虑商品的实用价值，做到产销对路。

首先，旅游商品的产销要考虑各国、各民族、各阶层、各种宗教信仰和年龄的旅游者的爱好和风俗习惯。例如手饰，各国、各民族、各阶层的妇女都喜爱，但对其需求却存在很大差异。东南亚人对戒指、项链、手镯等饰物极为重视，由于风俗习惯，上述物品几乎成为他们身体的一部分而不再是单纯的装饰品了。东南亚人又多信佛教，每人胸前都用项链挂着一个小佛像，因此，一条挂着一个精致贵重的小佛像的项链，对东南亚国家的佛教徒来说，就很有实用价值。而对西方国家的基督徒而言，带有十字架或基督小像的项链才具有实用价值。

其次，旅游商品要因时制宜，要为旅游者提供适时的旅游商品，以突出其适用性。夏天，各旅游商店应销售 T 恤衫、裙子、凉鞋之类凉爽轻便的夏装服饰；秋冬，则应多供应御寒类服装。位于名山大川的旅游商店，应销售具有民族特色的登山鞋、旅游鞋，以方便旅游者。

最后，旅游商品的实用性还应因地而异，具有民族特色和地方特色。例如，旅游者在贵州民族聚居区旅游，若能买到集艺术性与实用性于一身的蜡染制品及服饰会非常高兴，而在其他地方，蜡染制品的吸引力和韵味就没有如此强烈。

（二）旅游商品的艺术性

艺术性是旅游商品的重要属性。在很多情况下，旅游者购买旅游商品是为了作为礼品送人，或当作纪念品、收藏品珍藏，因此，旅游商品应具有较高的艺术性。只有具备艺术美的旅游商品才能给人以审美情趣，提高人们的审美能力，从而具有特殊的欣赏和收藏价值。

（三）旅游商品的纪念性

旅游商品除具有实用性、艺术性之外，还应该具有纪念性。旅游是人们享受生活、体现自我美好的过程，每个旅游者都希望以各种形式来保留这一美好的回忆。因此，旅游商品的设计与开发，要突出其纪念价值。例如，旅游者在登上长城后，能买到印有“长城”、“我到了长城”等字样的T恤衫或上衣，将倍感高兴，其原因是具有纪念意义。

二、旅游商品中的心理因素

为了满足旅游者的需要，旅游商品必须在设计、陈列、包装等方面具有特色，经营者必须有针对性地安排商品的设计、生产与销售。

（一）设计心理

旅游者对旅游商品的需求与对一般商品的需求既有相似的一面，也有差异的一面，因此设计人员在设计旅游商品时必须考虑这种差异的心理需求。旅游商品设计者要在广泛进行市场调查和心理分析的基础上，了解各类旅游者的购物需求，这样旅游商品才能畅销。为此，旅游商品设计人员应该做到以下几点：

1. 旅游商品要有纪念性、艺术性与实用性

旅游是一种异地、异时、异常的消费活动，会受到时空的制约；旅游是一种经历，是一种心理体验，是一种精神享受。旅游者为了使自己在异地、异时的美妙感受能够永久地保留下来，为了使这种愉快经历、体验能在以后重温回忆，就需要有一种象征物来替代，因此，拍照、摄像、购买旅游纪念品都是极好的方法。因此，旅游者迫切希望旅游商品具有纪念性、艺术性与实用性。就旅游商品而言，纪念性比经济性重要，艺术性比实用性重要。把旅游商品设计得美观大方、款式新颖、工艺精巧，才会得到旅游者的认同。

2. 旅游商品要有本国风格、民族风格和地方风格

旅游商品只有具备特色，才会有吸引力。设计者要运用当地的自然风光、历史传说或典型建筑来设计旅游商品的造型与图案，并使用当地特产的材料制作，以突出民族特色与地方风格。制作精良的北京国家体育场鸟巢模型就是一个典型的实例。我国的许多工艺品、药材、仿古文物、少数民族服饰等都极富特色，受到广泛的欢迎。有地方特色的纪念品，由于其新颖独特，必须能满足人们的好奇心。产品有特色才会有象征意义，而如果旅游商品与当地游览景点的主题无关、失去特色，它就不会有生命力。

3. 旅游商品要系列化、多样化、配套化。企业要设计和生产花色品种繁多、规格齐全的旅游商品，以满足旅游者的不同需求

绝大部分旅游者都有购物的需求，但是高收入、高消费者毕竟只占少数，大多数旅游者都属于中、低收入阶层。因此，旅游商品要以中、低档为主。小型旅游纪念品的成本低、售价低，又有纪念意义，因此尤其受旅游者的欢迎。琳琅满目、丰富多彩、品种齐全、规格多样的商品，本身就是一种美，不仅能满足旅游者的实用需要，又能满足旅游者的审美需要。

4. 旅游商品要就地选题、就地取材、就地生产

旅游商品的设计和生产只有立足当地，才会有特色。旅游商品只有体现当地的文化传统、当地的游览主题，才会吸引旅游者。

（二）包装心理

商品包装犹如人的穿戴，对顾客的感觉起着强烈的刺激作用。商品包装具有物理功能，通过包装使商品不致散失、溢出、挥发、腐败、污损或破坏，便于保管与运输。商品包装更有其心理功能。主要心理功能如下：

1. 区别性

旅游者在旅途中的购物时间很短，只有独特的包装才能让来去匆匆的旅游者在短暂的时间里识别、辨认并购买不同种类、不同品牌的商品。因此，一种品牌的商品，其包装要有特殊性，其包装的图案、形状、式样、色彩、材料、说明文字等均应有别于其他商品。商品包装要符合人们的消费习惯，便于人们识别、记忆。

2. 方便性

旅游活动是一种异地的活动，因此旅游商品体积要小巧、紧凑、轻便、实用，以便于旅游者在旅途中携带和使用，旅游商品不应该做得太大太重、易破易碎；包装应该便于开启；包装上应该印有使用、保管说明，尤其是指

导旅游者正确使用新产品的方法。

3. 适应性

旅游商品包装要适应旅游生活的特点，使旅游者用起来方便。例如：食品必须密封包装，便于放在桌上或者旅行背包里；玻璃、陶瓷品的包装要结实，防震性能好，便于途中携带。

4. 可靠性

好的包装会使人感到商品的质量可靠、可信。采用各种新型和高级包装材料，例如，塑料、夹层橡胶、新型纸张、绒布锦缎、金属等，可使人觉得该产品是精心设计、质量可靠。当然，包装成本价格应与商品价值和特点相适应。

5. 象征性

旅游商品的包装要能体现当地的传统文化、自然风光、建筑的特色，高级商品的包装应该精美，以满足旅游者“花钱买象征”的心理需要。

6. 审美感

旅游是一种寻求美、欣赏美的活动。在旅游活动中，旅游者对美的追求特别强烈。现代商品的包装本身就应该成为艺术品。为此，设计生产者在商品包装上要充分利用美学原理，充分利用心理活动中的联觉与错觉现象。大而沉重的商品用淡颜色包装，能使人觉得较为轻巧；某些化妆品、高级滋补品可用方形容器或厚底容器包装，给人以分量较重的感觉。

旅游商品的包装应满足旅游者的需要：男性旅游者希望包装设计风格刚劲有力，要有科学性、实用性；女性旅游者则喜欢构图精巧、线条柔和、色彩艳丽、突出艺术性与流行性；老年旅游者要求风格古朴、突出传统性和习惯性；少年喜欢新奇、色彩鲜明、具有知识性和趣味性的包装。

（三）陈列心理

商品为主体的商品陈列，通过布景道具的装饰，配以灯光、色彩、文字说明，运用美学的基本原理，可以从艺术的角度对商品进行宣传。在陈列中，要运用多种艺术手段使旅游者在感官上对陈列的商品易于感知、记忆和产生兴趣。根据知觉对比理论，橱窗的背景要突出，色彩要鲜明，光线要柔和，与商品的对比差异要大，这样才能易于人们感知商品。商品排列要根据人的视觉规律从上到下、从左到右排列，主要商品排列的位置要与客人的视觉保持水平。陈列的商品要选择精品，按主次类别合理摆布。商品要保持整洁，一尘不染。陈列商品的摆放要讲美感，对如何排列、突出什么、用什么做陪衬，都要统盘策划，做到和谐统一。对重点商品，要放在最佳位置，以吸引人的视线。货架的排列和商品的陈列通常应该满足以下要求：

1. 合理排列货架，提高营业厅内的能见度

客人刚步入商场，一般都会下意识地环顾店内四周的情况，对商场的摆设、货架的排列、商品的安排会形成一个初步的印象，而后才会趋近自己所关心的商品的柜台或货架。因此，企业应根据客人的这种行为规律，以"马蹄型"排列货架，使客人在环顾之中能够对所有货架都一览无遗。

2. 适应购买习惯，方便客人选购

为方便客人选购，旅游商品的陈列必须适应客人的购买习惯。商品陈列的摆放方法主要有：分门别类地放在专柜里；组合配套，按商品功能的接近与联系摆放；顺应客人逛商店时的行走习惯摆放。根据研究，国外客人多沿顺时针方向走动，因此商品摆放区域构成的主道与支道要按顺时针方向设计。根据观察，国内客人逛商店时会下意识地靠右行走，沿逆时针方向流动，因此在商品陈列中要把那些购买次数多、销量大以及男性用品按逆时针方向摆在通道入口处，吸引客人购买；那些挑选性强的或者妇女用品、儿童用品，应该放在离通道入口处较远的地方；把促销商品摆在货架外部显眼之处，把非促销商品摆在货架后部不显眼之处。

3. 根据商品的实用价值摆放

应该根据季节变化和传统节日的来临，把那些适应时节、能满足人们生活需要的商品摆在显眼之处；摆放时要设法展示出商品的个性。陈列方式有橱窗陈列、柜台陈列、悬挂陈列、就地陈列、货架陈列等。现代百货商场或者自选超市则让顾客能够在按规律放满商品的货架之中自由选购，为顾客创造了一个宽松和谐的购物环境。

第三节
旅游购物服务心理

一、旅游者对购物服务的心理需求

旅游者来到商店，不仅仅希望能够买到称心如意的商品，而且希望能够得到热情的接待和周到的服务。旅游者对购物服务的心理需求主要表现在以

下几个方面。

（一）方便

旅游者到一个地方旅游，往往昼行夜归，日程排得满满的，购物时间非常有限，因此，希望在购物时服务员能够提供方便快捷的服务，尽量节省旅游者等待的时间；希望旅游商店距离下榻的饭店距离不远，甚至希望不必走出饭店就可以选购称心如意的旅游商品；希望饭店商场有方便宾客的种种延伸服务，旅游者购物可以签单统一付账，购买的物品可由服务人员直接送到房间。

（二）尊重

这种心理是旅游者在购物过程中的共同需求，在购买旅游商品时，他们希望服务人员能够尊重他们的爱好、习俗和生活习惯，满足他们的自尊心。例如，希望服务人员能够热情回答询问，百问不烦；希望服务人员能任其挑选商品，百拿不厌；希望服务人员在语言、行为上彬彬有礼，等等。尽管有的旅游者到商场的目的只是闲逛，服务人员也必须以礼相待。

（三）实惠

不少具有地方特色的商品在旅游目的地的出售价格一般要低于客源地的价格。这一方面是一些土特产品具有"物离乡贵"的特点；另一方面是有些流行性消费存在地域差、品种差和时间差，例如，旅游者在目的地购买了已处于流行末期的商品，其价格必然下跌，而客源地可能正在流行，价格上涨。旅游者非常希望在旅游地买到物美价廉的地方特产。例如，不少日本旅游者都非常喜欢购买我国的人参等中成药；许多港澳台同胞和海外侨胞喜欢购买内地的中药材。

（四）放心

旅游者在商场购物，希望有一个舒适、安全、放心的购物环境，在购物过程中人身安全和财产安全能够得到保障；希望买到货真价实、物有所值的旅游商品；希望商场开具具有担保性的发票，以让旅游者放心购买，免去购买后发生的懊恼。

（五）知识

旅游者希望在购物过程或者闲逛过程中获得有关旅游商品的知识，特别是在购买字画和工艺品时，往往要求服务人员讲解一些有关商品的知识，希望多介绍一些工艺品、纪念品的艺术功能、审美特征、民族风格、地方特色、历史渊源、制作工序、作者逸闻以及鉴别商品真伪优劣的有关知识，等等。他们对当场作画或刻制的旅游商品特别感兴趣。

（六）新奇

旅游者一般都比较喜欢购买异国他乡的具有新异性的物品，追求时髦、新颖、与众不同。旅游者在旅游地看到一些以前从未见过的东西时，会产生好奇感和购买欲望。例如，在海南岛旅游，许多旅游者都喜欢购买与椰子有关的工艺品；到福建惠安旅游，女性旅游者喜欢购买一套蓝色短上衣、黑色宽绸裤的惠安女装；又如，不少外国人到中国旅游时都喜欢购买中山装。

二、旅游购物服务的心理策略

（一）把握顾客的购物心理

把握顾客的购物心理是做好旅游购物服务工作的前提条件。旅游者由不同性格、不同阶层、不同性别、不同文化背景的人组成，因此他们的购物心理也有所不同。所以，服务人员必须了解旅游者的购物心理，有针对性地为旅游者提供个性化的商品销售服务。例如，针对青年旅游者追求时尚、展示个性、喜欢冲动的购物心理与行为特征，服务员应该多向他们推荐和介绍反映时代潮流、具有高新技术含量的旅游商品和旅游纪念品。针对老年旅游者，商店推出的旅游商品必须注重内在质量与外在形象的统一，给老年宾客以实实在在的感觉；要提高服务员的服务质量，尽量减少老年顾客购物的等候时间；还要耐心地做好售前的介绍服务工作。针对女性顾客自尊和自我意识强的心理需求，在其购买过程中，不失时机和恰当地给予赞扬和肯定；适当宣传商品独特的优点，促进其冲动性购买。

（二）提供优质的旅游商品

俗话说："巧妇难为无米之炊。"没有优质的旅游商品，旅游购物服务工作就成为无源之水，无本之木。提供特色突出、品种丰富、包装精美、质优价廉、货真价实的旅游商品是做好旅游购物服务工作的基础。

首先，特色要突出。旅游者不是因为购物才去旅游，而是因为旅游才会购物。所以旅游商品应该区别于其他商品，应该具有纪念性、工艺性、实用性和地方特色的特点。如果没有特色，旅游者也就没有必要到千里之外的旅游地购买商品；没有特色就没有代表性和象征意义，也就失去了作为馈赠和纪念的价值；没有特色就失去了魅力和吸引力，也就不能引起旅游者的关注。

其次，品种要丰富。由于旅游者个性的差异、需要的不同、经济条件的差别，因此对旅游商品的需要也有所不同。有人需要高档商品，有人需要低档商品；有人欣赏珍贵的工艺品，有人喜欢廉价的纪念品；有人热衷于实用性商品，有人热衷于珍藏性商品。这样，商店就应该提供丰富多样、品种齐全的旅游商品，满足不同层次旅游者的需要。

最后，包装要精美。常言道："人靠衣服马靠鞍"。好的包装不仅起到保护商品的作用，而且具有美化商品、宣传商品、推销商品的功能。设计精美的旅游商品不仅能给旅游者以美的享受，引起对商品的好感，而且能使潜在的购买欲望变成现实的购买行动。据调查，有60%左右的消费者在选购商品时，受精美包装的吸引而最终采取购买行动。那些轻、巧、小的包装造型，新、奇、美的包装形式以及包装体上新颖别致的图案、简洁悦目的文字、和谐宜人的色彩，都能够给消费者以强烈的视觉冲击，产生心理上的美感享受，从而激起消费者强烈的购买欲望。

（三）保持良好的服务态度

虽然旅游者到商店是为了买东西，但是服务员的服务态度对游客的购物心理也有重要的影响，这是做好旅游购物服务工作的保证。俗话说："微笑招客，和气生财"。旅游购物服务人员要注意自己的言谈举止、动作表情、服务态度。要以诚挚、善意的微笑和关切、清晰的语言向游客打招呼；要用简单、明快、有效的语言向游客介绍商品；要不厌其烦地向游客出示商品供其挑选；当游客的目光与服务员的目光相遇时，服务员应该愉快地、面带微笑地向游客打招呼，例如，"您好！"、"欢迎光临！"、"请慢慢挑选"、"我能帮您做什么？"等等。商店服务员应当牢记这样一句话：诚招天下客，客从笑中来。笑脸增友谊，微笑出效益。

商店服务员还要善于通过语言与游客进行信息和感情的交流。准确、得体、优美、诚恳的语言对激发旅游者的购买动机起着巨大作用。首先，服务用语要准确、得体，不要说"你买什么？"或者"你要什么？"而应当说"您想看看什么？"这里虽然是一字之差，但对顾客的心理作用却是不一样的，因为这时虽然顾客对某一商品产生了兴趣，但他并没有决定要买这一商品，还要对商品进行分析比较，也可能买也可能不买，用一个"看"字灵活性就比较大，顾客即使不买，也不会感到尴尬。其次，服务语言要注意情境性，要把握游客的情绪。例如，"我帮你挑吧"，就会使自尊心强的顾客不太高兴，可以及时进行补救，说："您选的这个也不错，但是……"使之情绪自然转换过来。

［微型案例］

三米微笑

为了吸引顾客，美国沃尔玛百货有限公司有一个非常有名的“三米微笑”原则：它要求员工做到“当顾客走到距离你3m远范围内时，你要温和地看着顾客的眼睛向他打招呼，并询问是否需要帮助”。同时，对顾客的微笑还有量化的标准，即对顾客微笑时要露出“八颗牙齿”，为此他们聘用那些愿意看着顾客眼睛微笑的员工。

“三米微笑”的原则是由沃尔玛百货有限公司的创始人山姆·沃尔顿先生传下来的。每当他巡店时，都会鼓励员工：“我希望你们能够保证，每当你在3m以内遇到一位顾客时，你会看着他的眼睛与他打招呼，同时询问客人你能为他做些什么。”通过这一招，沃尔玛给顾客创造了一个非常舒适的购物环境。

（四）抓住恰当的销售时机

抓住恰当的销售时机是做好旅游购物服务工作的关键。一般来说，游客进商店有三种目的：一是想购买商品；二是想了解一下商品的行情；三是浏览参观，没有什么具体的目的，看到合适的就购买。因此，服务人员一定要善于观察游客的举止神态，判断游客的心理状态，抓住有利的时机为游客介绍商品。当观察到游客想购买商品时，就要热情地上前打招呼，不失时机地为他们介绍商品，诱发游客的购买行为。接触游客的最佳时机是在游客对商品产生兴趣和好感的时候。这些时机通常包括：当游客长时间地仔细观看某件商品时；当游客拿着几种同样的商品进行对比，不知道应该选哪一种时；当游客突然停步用眼睛盯着某件商品时；当游客用手触摸商品时；当游客从注意的商品抬起头，把视线转向服务员时；当游客到处看，好像在寻找什么东西时。服务员一旦捕捉到这样的时机，应该马上微笑着向游客打招呼：“您好！我能帮您的忙吗？”此外，服务人员对那些看上去只是闲“逛”的游客，可以用一句“请您随意看”的招呼语，任他们去“逛”，这样他们会感到自在舒心、无拘无束，说不定在不知不觉中选好了自己满意的商品。

［小资料］

在为顾客提供服务的过程中，我们若能及时捕捉到顾客传递给我们的肢体语言信息，我们的服务就容易得多了。

例如，当我们向顾客介绍某种产品时，如果他的头是倾向你这一边的，这代表他对此产品有一定的兴趣，如果他的头一直保持着与前平行的状态，那就表明他对该产品无太大的兴趣，如果他的头偏向另一方，那他购买该产品的几率就微乎其微了。向上焦急挥动手臂的人，是在强烈的表示"拜托——不要烦我了"，而双臂缩在背后则有袖手旁观的意思。

我们为顾客提供服务时，他们同样会从我们这里得到一定的肢体信息，所以作为一个服务者，即使言辞不动听，声音没有顿挫，却可以通过肢体的语言来传递信息，为顾客提供服务。

当服务员向顾客推销家用电器或精美的物品时，绝不能用手敲打，而只能谨慎又细心地触摸，使顾客无形中感到商品的尊贵与价值。

当服务员向客户推销太阳伞时，要轻松地将伞打开，扛在肩上旋转一下，充分展示伞的美丽，给顾客留下好的印象。

当服务员为顾客提供一款油污清洗剂时，一般会用示范的方法把手上的某处弄脏，然后用这种清洗剂洗干净。

[案例分析]

让旅游购物成为享受

旅游购物，不同于在超市购物，它与旅游心境息息相关。当旅游者对旅游满意时，往往会想到把这种快乐带回去留作纪念或与亲朋分享，于是，他们便会产生购买与景点相关的礼物或者纪念品的冲动。如果所购物品确实让游客感到满意，那么这种购物就是一种享受，增添了游程的快乐。

一天，几位游客到杭州西湖春酒店商场购物，径直走到茶叶专柜，看了看标价便议论道："这儿的东西贵，我们还是到外面去买吧！"这时，服务小姐便走上前，关切地说："先生们去外面买茶叶一定要去大型商场，因为市场上以次充好的茶叶很多，一般是很难辨别的。"客人立即止步问道："哪家商场比较好，茶叶又怎样进行选择呢？"于是服务小姐便告诉茶叶等级的区分，如何用看、闻、尝等几种简易的方法区分茶叶好坏，又介绍了本商场特级龙井的特点，价格虽高于市场，但对游客来说，买得称心、买得放心是最重要的。几位游客听了小姐的介绍，都爽快地买了几盒茶叶。服务小姐为商场做成了一笔较大的生意。

讨论问题：

1. 本案例中，服务小姐所提供的购物服务有什么特点？
2. 联系实际，分析提高旅游购物服务质量的方法与策略。

思考与练习

1. 旅游者购物时有哪些购物动机？
2. 简述老年旅游者的购物行为的特点。
3. 简述青年旅游者的购物行为的特点。
4. 简述女性旅游者的购物行为的特点。
5. 简述旅游商品的三大属性。
6. 举例说明旅游商品的设计心理因素。
7. 阐述旅游购物服务的心理策略。

第十四章

旅游售后服务心理

内容提示

- 妥善处理旅游投诉的重要性
- 引起旅游者投诉的主观原因和客观原因
- 旅游者投诉时的三种心理需求
- “客人与企业是双赢关系”是处理客人投诉的职业意识
- 处理投诉是体现服务人员道德修养、业务水平、工作能力等综合素养的工作
- 旅游企业的售后服务是旅游企业服务的延伸

第一节
旅游者投诉心理

旅游投诉指旅游者对旅游产品的供给表示不满的行为方式，通常包括口头投诉和书面投诉两种类型。旅游投诉是一种国际惯例，国家旅游局颁布的《旅游投诉暂行规定》中明确规定，旅游者具有投诉的权利。旅游投诉已成为旅游者进行自我保护的一种有效手段。

一、妥善处理旅游投诉的重要性

投诉是沟通旅游企业与旅游者之间的桥梁，也是旅游企业服务质量和管理水平的“晴雨表”。妥善处理好旅游者的投诉，对于旅游企业改善服务质

量、提高管理水平、增加经济效益具有重要意义。

（一）发现不足

旅游企业理应向旅游者提供优质、满意的服务，但是也难免由于设备设施故障、服务项目不尽如人意、个别服务人员技能差或者态度不好等自身原因被旅游者投诉。投诉固然反映了旅游者的不满，但从另一个角度也说明了旅游者对企业是寄予期望的，企业应当闻过则喜，将其看成是了解和发现服务和管理工作中存在的弱点、漏洞和不足的机会，并及时采取针对性的措施加以改进。

（二）提高声誉

旅游者投诉时，往往还有一些其他客人在场，因此，妥善、得当地处理投诉，会改善公众对企业的印象，感到企业是认真贯彻“宾客至上”服务宗旨的。俗话说：“不打不成交”，投诉者一旦获得满意的结果，就会加深对旅游企业的感情，这些都有利于提高企业的美誉度，从而变坏事为好事，变不利为有利。但是如果处理不当，其他客人一般会同情投诉者，而会对旅游企业产生不好的印象。

（三）避免危机

旅游者投诉，常常有一个从小到大，从息事宁人到忍无可忍的发展过程。显然，旅游企业对投诉的态度和处理方法可以起到减缓或加剧的作用。如果企业对投诉不重视，缺乏适当的应对措施，处理的结果与投诉者的期望值相差太远，旅游者就会不满意，投诉就会升级，事态就会扩大，旅游行政管理部门就会出面干预，因此，无论最终结局如何，受损失最大的终究还是旅游企业。

二、引起旅游者投诉的原因

引起旅游者投诉的原因是多方面的，有主观的原因，也有客观的原因。美国著名的管理学家坦朗，在分析客人投诉时，总结出了“85—15”模式。也就是说，在旅游者的一般投诉中，真正造成投诉的原因，员工的责任往往只占15%，其余85%大多是程序上、管理上或培训上的原因，换言之，大部分责任与旅游企业的管理相关。

引起客人投诉的主观原因主要包括服务人员不尊重客人和工作不负责任。

（一）不尊重客人

客人无论在车、船、飞机上，还是在饭店里以及游览途中，都需要得到服务人员的尊重。如果服务人员不尊重客人，就会引起客人的反感，甚至发生冲突，导致客人投诉。对客人的不尊重常常表现在：

1. 待客不主动、不热情

有的服务人员不主动礼貌地称呼客人，而是以“喂”来与客人打招呼。在工作时间，有的服务员与同事聊天、忙私事、打私人电话等。当客人到来时，态度冷淡，爱理不理，甚至客人多次招呼都没有反应。还有的服务员接待外国客人热情，接待华侨、港澳同胞和内地客人则很冷淡。

2. 不注意语言修养，冲撞客人

有的服务员对客人态度生硬，在言语上冲撞客人。例如，一位老华侨在某宾馆餐厅要了一杯咖啡，10分钟后服务员却端来了一杯啤酒。这位华侨告诉服务员，这杯啤酒不是我要的。服务员不但不道歉，反而气鼓鼓地说：“不是你的是谁的？”

3. 挖苦、辱骂客人

有的服务员对客人评头论足，挖苦客人。例如，一位客人到商场挑选玉器，觉得没有自己喜欢的，正要离开时，售货员挖苦道：“我看你这副穷酸样，早就知道你没钱买啦。”

4. 不尊重客人的风俗习惯和宗教信仰

例如，信仰基督教的客人在祈祷时，服务员闯进房间打扫卫生；在餐厅给不吃牛肉的泰国和印度客人用牛肉做菜；给伊斯兰教教徒送猪肉包子；给过生日的法国客人送黄菊花；给度蜜月的日本客人房中摆放荷花，等等，都是不尊重客人的风俗习惯和宗教信仰的表现。

5. 无根据地乱怀疑客人拿走宾馆的物品，或误认为客人没有付清账目就离开

在下面的案例中，服务人员无端怀疑客人拿走酒店的东西，是对客人的极不尊重。这种做法会大大伤害客人的自尊心，极易引起客人投诉。

［微型案例］

曾先生的怨气

某酒店的值班服务员小王对提着旅行包到楼层服务台交房门钥匙的客人曾先生不冷不热地说：“先生，请你稍等，等查完你的房间后再走。”说完

便给同伴打电话。曾先生顿时显得十分尴尬，心里很不高兴。这时另一位服务员小张从工作间出来，走到曾先生面前，将他上下打量了一番，又扫视了那只旅行包，曾先生觉得受了侮辱，气得脸色都变了，大声嚷道："你们太不尊重人了！"小张不搭理客人，拿了钥匙径直向客房走去。她进入房间后开始不紧不慢地检查：从床上用品到立柜里的衣架，从冰箱里的食品到卫生间的毛巾，一一清查，还打开电视机开关看看屏幕。然后她离开房间到服务台前，对曾先生说："先生，你现在可以走了。"曾先生早就等得不耐烦了，正要发火，又想到要去赶火车，只得作罢。他带着一肚子怨气离开了酒店。

除此之外，不尊重客人的行为还包括：未经客人同意擅自进入客人房间；拿物品给客人不是"递"，而是"扔"或"丢"；在客人休息时大声喧哗、高声谈笑、打电话等，影响客人休息。

[微型案例]

三声问好缘何反遭投诉

某大型酒店的服务员，早晨向一位客人问候了三声"先生，您好"，没想到却被这位客人投诉到总经理那里。原来，那位客人有早起散步的习惯。当日，他起来散步，出门时服务员问了一声："先生，您好"；散步回来进门时，服务员又问了一声："先生，您好"；上电梯时，一位服务员问了第三声："先生，您好"。这位客人面对如此礼遇，反而把他们投诉到酒店总经理那里。刚一开始，总经理感到莫名奇妙：为什么我们的服务这样规范还会被投诉？经过了解，原来是服务员的服务态度刻板，缺少情感，千人一面，让人心里不舒服。

（二）工作不负责任

工作不负责任，主要是指服务人员在工作时敷衍塞责、粗枝大叶、不细致、不认真等。具体表现在以下几个方面：

1. 工作不主动

例如，有的导游员在工作时不愿多开口，带客人游而不导，或者干巴巴地背导游词；有的导游员随便取消事先安排的旅游项目，不作任何解释；有的导游员到景点后让客人自己游览，而他却躲在车上睡觉。

2. 忘记或搞错客人交办的事情

例如，客人交代衣服要干洗，服务员送去湿洗；客人要代订飞机票，服务员忘记办理，误了客人的事；餐厅将客人的菜单写错或者上错菜品；叫醒服务而没有按时叫醒客人，使客人误了飞机、车、船，甚至耽误了客人的大事，给客人造成损失，等等。

3. 损坏或者遗失客人的物品

例如，行李员搬运行李时乱碰、乱丢，损坏了客人的旅行箱；服务员打扫客房时乱动客人的东西，损坏了客人的贵重物品，等等。

4. 卫生清洁工作马虎，食品用具不清洁

有的服务员卫生习惯不好，仪表不整洁，工作服不扣纽扣，衣服不干净；有的服务员随地吐痰、丢烟头；有的服务员用刷马桶的刷子刷浴缸和洗脸池；有的服务员边工作边吃东西；有的宾馆卧具不干净、食品不卫生，等等。

［小资料］

游客旅游景区投诉的原因

1. 对景区服务的投诉

◆　不回答游客的询问，或回答时不耐烦、敷衍了事。

◆　冷落游客的意见。

◆　服务语言使用不当。

◆　工作程序混乱，效率低下。

◆　漏点或错点游客人数。

◆　价格投诉，例如，景区门票价格太高，特别是园中园，重复购门票，商品或服务收费过高，随意宰客。

◆　最佳观景点被承包经营者占据，拍照需要额外付费。

2. 对景区硬件及环境的投诉

◆　没有或者缺乏卫生设施，或卫生设施条件太差，例如，厕所有异味等。

◆　没有与景区配套的娱乐项目，没有歌舞表演，缺少儿童娱乐或活动项。

◆　发生安全事故、意外事件，治安状况太差，缺乏安全感。

◆　旅游氛围太差，小贩穿梭其间，追客强行兜售。

◆ 交通混乱，车辆无固定停放场所。

三、旅游者投诉时的心理需求

在现实中，旅游者的需求不仅具有多样性、多变性、突发性的特点，而且不同的旅游者具有不同的需求层次和不同的主导性需求。这就要求旅游企业服务人员既要掌握旅游者共性的、基本的需求，又要分析研究不同旅游者的个性和特殊需求；既要注意旅游者的静态需求，又要在服务过程中随时注意观察旅游者的动态需求；既要把握旅游者的显性需求，又要努力挖掘旅游者的隐性需求。旅游者往往以自我为中心，思维和行为大都具有情绪化的特征，对旅游企业服务的评价往往带有很大的主观性，即以自已的感觉加以判断。因此，处理旅游者投诉必须先了解旅游者投诉的心理需要。一般来说，旅游者投诉时的心理一般包括求尊重、求宣泄和求补偿三种。

（一）求尊重的心理

旅游者在整个旅游过程中，对自己的“客人”角色认知十分清晰，求尊重的心理需求十分明显，服务人员的怠慢服务可能引起客人的投诉。客人在采取投诉行动之后，希望别人认为他的投诉是对的和有道理的，希望企业管理人员重视他们的意见，渴望得到同情和尊重，并希望有关人员和部门向他们当面赔礼道歉。

（二）求宣泄的心理

旅游者希望利用投诉的机会把自己的烦恼、怒气发泄出来，以维持自己心理上的平衡。具有挫折感的宾客，在投诉过程中把内心的怒气和怨气宣泄之后，挫折感和郁闷的心情就会一扫而光，取得了新的心理平衡。

（三）求补偿的心理

通过投诉，旅游者希望有关部门能补偿他们的损失。由于价格不合理、不公道，或者财物受损失，或者身体、精神受伤害等，旅游者会直接向相关企业索赔或采取法律诉讼要求赔偿，弥补损失。这是达到心理平衡的正常需求。

四、处理旅游者投诉的心理策略

在旅游服务过程中出现偏差是不可避免的，旅游者的投诉是我们搞好旅游工作、弥补工作中的漏洞、提高管理和服务水平的一个重要促进因素。处理客人投诉的目标是使“不满意”的客人转变为“满意”的客人。通过解决旅游投诉，旅游企业可以消除投诉者的不良情绪，实现为旅游者创建美好体验和经历的目的。

（一）处理投诉的原则

如果说“客人永远是对的”是旅游企业服务人员最起码的职业意识的话，那么“客人与企业是双赢关系”也应当成为处理客人投诉时所应有的职业意识。以和为贵，和气生财，只要让投诉的客人感到满意，客人和企业就都是赢家。怒气冲冲的投诉客人，一般总是先找来管理人员，倾诉他们的不满和愤懑。旅游企业的员工要学会“忍”的哲学。无“忍”，则小事变大事；无“忍”，则可能导致投诉变起诉；无“忍”，则可能使过失变事故。可见，受理及处理旅游者的投诉，事关重大，马虎不得，通常遵循以下原则：

1. 诚心帮助客人的原则

管理人员对投诉者应该有同情心，要设身处地为投诉者着想，理解投诉者当时的心情，同情其所面临的困境，并给予应有的帮助。处理客人投诉时的任何拖沓或者无反馈都会招致客人更强烈的不满。客人反映的问题解决得越快，越能表现出旅游企业的诚意和对客人投诉的重视，也越能体现旅游企业的服务质量，取得客人的谅解，换来客人的满意。否则，即使问题解决了，客人也不会满意。

2. “客人永远是对的”原则

服务人员绝对不能与投诉人争辩，要把“理”和“对”让给客人。在客人面前，服务人员永远不能理直气壮、理所当然、理由充分，因为客人是“上帝”，“上帝”永远是对的，这是旅游业的黄金法则，每一位员工都应该牢记。接待投诉者时，管理人员应该保持冷静态度，投诉的旅游者可能情绪激动、态度不善、言语粗鲁、举止无礼，接待人员都要予以理解和谅解，保持冷静和耐心，绝对不可急于辩解或反驳，与投诉者针锋相对，与客人较真。也不能无动于衷，冷落客人。即使是不合理的投诉，也应该本着“有理让三分”的原则，给足投诉人的面子，要让客人成为“胜利者”。

[微型案例]

醉汉订房

在酒店的日常服务工作过程中，总会遇到少数犯“错”的客人。面对粗鲁的客人，“忍”一下或许会“海阔天空”。除夕之夜，某饭店来了一位喝得酩酊大醉的中年男子要求订房。当接待员小刘解释已经客满时，醉汉二话不说，操起台面上的烟灰缸向前砸去，小刘来不及躲闪，烟灰缸重重地砸到了她的脸上，委屈和疼痛一齐涌上心头，眼泪夺眶而出。而那醉汉却已扬长而去。正当小刘强忍泪水继续工作的时候，房务中心通知有客人退房。此时，她只有一个念头：留住客人，为企业多创造一份效益。于是她擦干眼泪，追上了这位先生，仍十分热情地帮他办理了入住手续。当客人清醒过来回忆起自己酒后的粗暴行为时，不禁愧疚万分。他在感谢信中写到：“在那个寒冷的冬夜里，贵宾馆的服务真正让我感受到了春天般的温暖，所以我将选择贵宾馆作为长驻办事处。”

3. 维护企业利益的原则

企业是员工的物质领地和精神家园，处理投诉不能以无端损害旅游企业或组织的合法利益为代价，要做到既维护了企业的利益，同时又使客人满意。尤其是对于一些复杂问题，在真相明了之前切忌急于表态或当面贬低本企业及其部门或员工。应该弄清事实，通过相关渠道了解其来龙去脉，在真相清楚后，再诚恳道歉并作恰当处理。

（二）处理投诉的程序

对旅游者投诉的处理，通常要经过以下四个阶段。

1. 耐心倾听，弄清真相

先处理心情，再处理事情。客人投诉时心中有愤怒，尤其是发泄型客人，不通过发泄，他们心中就不舒服。作为接待服务人员，为了弄清客人投诉的真相，一定要耐心倾听。倾听时，适当地点头或做一些手势动作，与对方进行一些目光交流。一般要做到少讲多听，不要打断对方的讲话。要设法使交谈变得轻松，使投诉的人感到舒适，消除拘谨不安情绪。要表示出有聆听的兴趣，不要表示冷淡与不耐烦。处理投诉时应该尽量排除外界的干扰。要站在投诉者的立场上考虑问题，表示出对投诉者的同情，设身处地地为客人着想。对投诉者的感受要表示理解，尽量满足对方的自尊心，消除挫折感。一定要有耐性，要控制情绪，保持冷静，不要与客人争论，不要计较客人口气的轻重和意见是否合理。

2. 端正态度，诚恳道歉

美国人际关系学专家戴尔·卡内基指出，假如我们知道我们势必要受责备了，先发制人，自己责备自己岂不是好得多？听自己的批评，不比忍受别人口中的责备容易得多吗？客人向旅游企业投诉，接待人员不应该对旅游者的投诉采取“大事化小，小事化了”的态度，切忌置之不理，甚至与之发生争吵。应该先向客人道歉，而且道歉必须是诚恳的，应该用“这件事情发生在你身上，我感到十分抱歉”之类的语言来表示对投诉者的关心。这样，客人会觉得企业重视他们的投诉，自尊心也得到了满足，客人对企业的怒气随之降低，投诉处理起来也就容易了。在交谈的过程中，工作人员要用尊称和姓名来称呼投诉者，不转移目标，把注意力集中在投诉者提出的问题上，不转嫁他人，不推卸责任，绝对不可因投诉者对于某些细节没弄清而怪罪投诉者。

3. 区别情况，恰当处理

听完客人的投诉，必须给客人以明确的答复，能当场处理的就当场处理，不能当场处理的，也要把处理的时间和办法告诉客人。无论客人投诉出于何种心理需要，对一些看起来明显是旅游企业接待服务工作的过错，在征得客人同意后应该立即作出补偿性的处理。对一些比较复杂的问题，在弄清真相之前，不应该急于表达处理意见，要在征询客人意见的基础上，作出恰当的处理。对于一时不能处理的问题，要注意让客人知道事情的进展情况，以示旅游企业的重视，避免客人误以为接待部门将他的投诉搁置一边，从而使事态扩大。要坚持“首问责任制”的制度，即顾客投诉的问题，只需要陈述一次，一经受理，不需再找其他部门，就能得到解决处理。里兹·卡尔顿饭店有一条被称为“24/48/30”的规则。其含义是24小时内承认错误，48小时内承担责任，30天内解决问题。

4. 检查落实，记录存档

要与投诉者联系，检查核实旅游者的投诉是否已经得到了圆满解决，要将整个过程写成报告并存档，以便做好客人投诉的统计分析工作。投诉处理完毕以后，有关人员，尤其是旅游企业管理人员，还应该对该投诉的产生及其产生的过程进行反思，分析应该采取哪些措施，制定哪些制度，对这次投诉的处理是否得当，有没有其他更好的处理方法，等等。只有这样，才能防止类似的投诉再次出现，才能不断改进服务质量，提高管理水平，并真正掌握处理客人投诉的方法和艺术。

（三）处理投诉的技巧

处理投诉是一项集心理学、社交技巧于一体并能够体现出服务人员道德修养、业务水平、工作能力等综合素质，给投诉者所提问题予以妥善解决或圆满解答的工作。美国人际关系专家戴尔·卡耐基认为：“一个人的成功，只有15%是由于他的专业技术，而85%则是靠人际关系和做人处事的能力。”接待客人投诉需要一系列的语言表达和处理技巧，具有很强的挑战性。

1. 冷处理

旅游者投诉时，心中往往充满了怒火，投诉成了维持心理平衡的宣泄机会。在受理投诉者投诉时，首先要让投诉人“降温”。“降温”就是要创造一种环境，让投诉者自由发泄他们受压抑的情感，把火气降下来，让冲动的客人逐渐恢复理智的状态。“降温”的环境应是安静幽雅的接待室，投诉者在这里可获得受尊重的感受。受理投诉的管理人员最好是女性，因为女性的微笑能平稳投诉者的情绪，有利于事态的解决。

2. 热心肠

旅游者在采取了投诉行动后，都希望别人认为自己的投诉是正确的，是值得同情的。针对投诉者的这种心理，要把投诉者看成是一种需要帮助的人，在感情和心理上要与投诉者保持一致，创造出解决问题的和谐氛围。接受投诉的工作人员要以自己一系列实际行动和话语，使客人感到有关部门和人员是尊重和同情客人的，是站在投诉者立场上的，是要真心实意地处理投诉的，从而把不满的情绪转化为感谢的心情。这是解决旅游者投诉最积极有效的方法之一。

3. 快解决

在接受旅游者投诉时，要善于分析客人的意见和要求，然后迅速果断地进行处理。管理人员处理投诉的第一个姿态是：向投诉者表示真诚的感谢，把他的投诉看成是对本企业的爱护。如果是自己能够解决的问题，应迅速回复投诉者，告诉处理意见。对明显是服务或管理工作的失误，应该立即向投诉者致歉赔礼，在征得投诉者同意后，作出补偿性处理。所有旅游者的投诉，都应该尽量在投诉人离开旅游目的地之前得到圆满解决，要把处理旅游者投诉作为重新建立声誉的机会。

[小资料]

处理投诉的心理艺术

从客人心理来看投诉，可以将投诉分为三类：一是挑剔型客人的意见投诉；二是谈判型客人的索赔投诉；三是宣泄型客人的抱怨投诉。如果我们能够了解客人的心理，能够关注客人的心理需求，投诉的处理就会变得容易一些、轻松一些。

挑剔型客人经常住酒店，他们会比较各个酒店，也会比较同一家酒店的现状和过去，他们以挑剔的眼光看待酒店的现状。事实上，这类客人非常关心酒店，希望酒店能够认识到存在的问题并予以改进。如果酒店能够重视挑剔型投诉并积极改进存在的问题，这类客人将会成为酒店忠实的客人和朋友，会为酒店带来稳定的客源和收入。

谈判型客人非常理智，会列举种种事实和理由证明自己的合法权益受到了损害，要求酒店进行赔偿。处理这类投诉，合理的赔偿制度是非常重要的。例如，当班主管有多大权限，值班经理有多大权限，索赔金额超过多少的投诉由总经理处理，处理索赔的时限是以分钟、小时还是天数来计，等等。酒店不要试图对这类投诉采用拖延战略，不要设想可以大事化小、小事化无。如果效率低下，拖延时日，酒店即使最终按照客人的要求进行了赔偿，也无法让客人满意，因为时间是有价值的，效率代表了重视程度。

宣泄型客人在酒店遇到不公正待遇时，会进行抱怨式的投诉。这时客人需要的是有人能够耐心地倾听他们的抱怨和不满，希望可以获得同情和理解。解决这类抱怨式的投诉需要有耐心、爱心、细心，能够给予客人关心，有时仅仅是一两句安慰就可以化解客人所有的不满。

处理客人投诉是一种非正常状态的信息沟通，是酒店营销的一个重要部分。留住老顾客与吸引新客人相比，成本要低一些，难度更小一些。在当前竞争对手增加、客源却没有明显扩大的趋势下，有效地处理客人投诉，留住老客人的意义是不言自明的。

五、旅游投诉的预防

旅游服务部门对游客投诉问题最明智的选择，就是尽量避免投诉的发生。力争为游客提供完美的服务，使游客高兴而来、满意而归是旅游服务各部门追求的终极目标。然而，受各种条件的制约及一些无法预测因素的影响，游客对服务产生不满也是不可避免的。当服务工作已经出现了缺陷，已经使客人产生了不满时，旅游工作者必须尽一切努力，及时从“功能”和“心理”两个方面去为客人提供补救性服务，使客人由不满意转为满意，使问题不出“三门”（车门、店门、房门）就能得到妥善解决，避免客人带着遗憾和懊恼离去。

心理学研究认为，当一个人因为自己的需要未能得到满足，或者遇到不顺心的事情而产生挫折感时，可以采用替代、补偿、合理化、宣泄等方式进行心理调节。

（一）让客人得到代偿性满足

替代指人们在不能以特定的对象或特定的方式来满足自己的欲望、表达自己的感情时，改用其他的对象或方式来使自己得到一种“替代”性的满足或表达，用来减轻以至消除挫折感的一种心理调节方法。补偿指一个人在生活某一方面的需要无法获得满足而产生挫折感时，到其他方面去寻求更多的满足，使自己得到补偿的心理调节方法。当客人由于服务的缺陷而感到不满意时，服务人员可让客人得到某种“替代的满足”或得到某种“应有的补偿”，以此来消除客人的不满意。例如，在一家饭店的餐厅门前，一位身穿游泳裤的男士要进餐厅吃饭，被服务员阻拦，因为到餐厅用餐不能衣冠不整。服务员请客人换了服装再来餐厅，但是客人不同意，说过一会儿还要接着游泳的，换装太麻烦。这时，服务人员并没有完全拒绝客人的要求，而是采用变通的方式满足了客人的需要：“先生，您能不能先点餐，我们过几分钟送到游泳池去。”这样，既没有破坏规则，又满足了客人的需要。又比如，一个日本旅行团，由于饭店预订记录出了差错，客人到达时没有吃上晚餐。日方领队大发雷霆，怒气冲天。第二天，饭店经理亲自出面宴请客人，表示了歉意，在经济上给予客人适当的补偿，使客人变不满意为满意。

（二）引导客人往好处想

当人们遇到自己不愿意接受而又不得不接受的事情时，常常用一种解释来使这种无法接受的事情“合理化”，为自己找到一个借口进行辩解，以达到心理平衡。当客人遇到不顺心的事情时，服务人员也应该引导客人往好处想。在服务有缺陷而使得客人感到不满意时，也要让客人知道，这并不是服务人员不愿意为他们提供更好的服务，事实上服务人员已经尽心尽力了，要让客人觉得服务工作的缺陷是“可以谅解”的。这样，可以减轻以至消除他们的不满情绪，使他们对服务人员表现出合作而不是对立的态度。例如，在一次旅行中，游客要去尼泊尔，由于客观原因，不能按照原来的计划从曼谷直接飞往加尔各答，而必须改飞达卡再转机。导游员小李尽可能引导游客，以激发他们的积极情绪。他说："这就意味着我们能够多游一个国家，在各位的日记本上和相册中，除了印度，又可以加上在孟加拉国的见闻了。"对同一件事也可以有不同的解释。这个导游就很会把事情往好处说。比如，游西湖，他带的旅游团遇上晴天，就说："今天风和日丽，正是出游的好天气。"如果赶上下雨，就会用苏轼的诗句"水光潋滟晴方好，山色空蒙雨亦奇"来形容西湖的另一番动人景致。

（三）让客人出了气再走

宣泄指当一个人遇到某种挫折时，把由此而引起的悲伤、懊丧、愤怒和不满等情绪，痛痛快快地"发泄"出来的心理调节方法。能够把不满情绪发泄出来，就能够比较理智地来对待挫折。当客人对服务的缺陷感到不满意时，服务人员应该让客人"宣泄"自己的情绪，让他们"出了气再说"或者"出了气再走"。例如，导游员小朱接待了一个旅游团，该团下榻的是某市档次最高的一家饭店，客房不但设施好，而且朝向也好，枕山临湖，拉开窗帘，就可以看到秀丽的湖景。入住后不久，小朱突然听到有一位游客连声大喊："朱小姐，我被水烫了！朱小姐，我被水烫了！"小朱听到喊声。连忙奔出自己的客房，只见大喊大叫的是位老年游客。原来，这位游客第一次住这样豪华的饭店，洗澡时，没有事先调好水温就进入了浴缸，结果打开了上面的热水喷头。虽然幸好只是被热水烫了一下，没受伤，但也被惊吓了好一阵。客房服务员闻讯赶来后马上问候和道歉，这位老年游客向服务员大声发泄自己的不满。最后，在导游员小朱的热心安慰下心情渐渐平静下来。

旅游工作人员如果没能做到让客人"消气"，那就应该让客人"出气"。让客人出了气再走，要比让客人憋着一肚子气离去好得多。当客人把一腔怨气全部发泄出来以后，情绪就会平息下去，这时再与客人商量出一个补救性的措施，切实解决客人的问题，尽可能让客人满意地离开。

[微型案例]

一定要让游客满意

一天，某景点接待了48名老年人组成的旅游团。为了使这些老年游客高兴而来、满意而归，景点特意为该团安排了两位导游员做向导和讲解服务。在旅游过程中，两位导游员工作认真、热情，并且不断地提醒游客注意安全。最后，整个旅游活动在轻松愉快的氛围中结束了。

当两位导游员热情欢送旅游团走出大门时，不巧，团队中一名老先生在跨出门槛后三四米远时不小心摔倒了，当时手腕有些红肿。导游员见状后，立即将他扶起来，并表示要送他去医院，同时向景点领导作了汇报。可是老先生却说没关系，表示不愿去医院。这时，导游员采取了紧急措施。他们拿来了纱布和小夹板，把老先生的手固定并包扎好。同时又请周围的游客签名证实，老先生自己承认是因高兴和别人说笑时不慎摔倒的。回到家中，老先生感到受伤的手突然疼痛起来，于是赶紧上医院治疗，经拍片和医生诊断，确定是手腕骨折，用去医药费近600元。过了几天，老先生的老伴儿到景点提出赔偿医疗费、护理费、营养费及精神损失费等。而景点领导认为这是个人意外所致，景点不应承担责任，而且这也不属于景点的责任保险范围，为此双方产生了分歧。

事后，景点领导派两位导游员到老先生家中探望，了解到游客已投保人身意外险，投保公司也根据相关规定支付了老先生的费用，出于人道主义，景点拿出300元作为慰问金表示心意。老先生夫妇对此结果满意地说："景点的售后服务很不错！"

第二节
旅游售后服务心理

良好的售后服务是下一次销售前最好的促销，是塑造品牌美誉度、提升消费者满意度和忠诚度的主要方式，是树立企业口碑和传播企业形象的重要途径。

一、售后服务的概念

旅游企业的售后服务指旅游活动结束后，企业同旅游者保持着经常性的联系，继续向旅游者提供一系列服务。它是旅游企业服务的延伸，是对顾客感情的延伸，目的是增加旅游产品的附加价值，处理和解决旅游过程中出现的各种问题，从而增加旅游者在旅游活动之后的满足感或减少旅游者的不满情绪。其目标顾客是老顾客，目的是为了让老顾客成为"回头客"，或者愿意向其他人推荐使用本企业的产品。由于旅游产品的可替代性强，加之旅游企业之间的竞争愈来愈剧烈，如果只注重售前服务、售中服务，而忽略了售后服务，旅游企业就会失去回头客，一些老主顾会转向其他旅游企业，从而影响本企业的销售。

[小资料]

美国《旅游代理人》杂志对游客不再光顾旅行社原因的调查

不再光顾的原因	所占比例%
客人投诉没有得到令人满意的处理	14
其他旅行社提供了价格更好的旅游	9
经朋友建议，转而订购了其他旅行社的产品	5
搬到别处住了	3
由于年老多病，丧偶等原因而放弃旅游	1
旅行社缺乏售后服务，顾客不再继续订购该旅行社产品	68

二、售后服务的方式

售后服务对旅游企业经营的作用极其重要性，旅游企业必须十分重视售后服务，以争取每一个老主顾、每一个旅游者。售后服务的形式有很多，包括定期拜访顾客、建立客户档案、有奖请客户提意见及建议、邀请客户作兼职质量监督员、与客户之间开展联谊会、向顾客赠送企业自办内部刊物及小礼品等。

（一）建立客户档案

建立客户档案，详尽地记录每一位顾客的生日、住址、联系电话、个人喜好，在相应时间有个性化的关怀服务等。在顾客生日或节假日的时候，适时地为顾客送上一句祝福。在客人再次光临酒店的时候，有针对性地为客人提供个性化服务。同时，建立客户档案，还可使酒店内部客户资源共享，周到、及时地为客人提供各种服务。建立客户档案是一项繁杂的工作，工作量很大，但其带来的后期效益也很乐观。例如，在某家大型宾馆，当一对美国夫妇刚踏入宾馆大门时，迎宾员就非常热情而肯定地喊出了他们的名字，在惊喜之余，这对美国夫妇才恍然想起，几年前，他们来中国时曾经下榻过这家宾馆。而这期间宾馆的迎宾员及服务员已换了很多次。他们为这家宾馆的细致工作而折服，此后，他们成了这家宾馆的忠实客户。

（二）主动登门访问

在旅游者离开旅游目的地时主动登门访问，可以使旅游者感到该旅游企业非常关心他们而产生对该旅游企业的好感。旅游企业也可以借此从中了解到旅游者此次旅行的目的是否达到，还可能通过旅游者了解到其他旅游企业的情况。旅游企业还可以及时掌握旅游者旅游活动中遇到的麻烦事及其抱怨和可能提出的投诉，这样就能争取主动，早做工作，妥善处理。旅游企业主动同宾客打招呼，不仅可以使有怨言或打算投诉的客人消气，而且通过友好地交换意见，加深旅游企业与旅游者之间的感情。

［微型案例］

美国快乐界旅游公司（GCT）的售后服务

1. 注重服务质量的跟踪监督

每一位参加 GCT 旅游的客人，在结束旅游活动回家之后必定会收到 GCT 公司寄来的对整个旅程进行服务质量评价的表格。所有 GCT 客人的服务质量反馈表都会回收至 GCT 精密的质量评价计算机管理系统。在 GCT 公司美国波士顿总部，有 100 多名员工为其质量监督体系工作，当发现游客对旅程有不满意之处，他们会与游客及时取得联系，安抚客人，采取一系列积极的补救措施，努力消除客人的不满情绪，同时将发生的问题及时反馈至相关服务部门，避免影响服务质量的事件再次产生。

2. 运用多样的售后联络手段

GCT 公司为每一位客人设立了完整的客户档案，包括旅游者的基本信息、曾经出游的目的地、兴趣爱好、对游览活动的特殊需求等。每个月和一些特定的假期，公司会根据客人的兴趣和可能的需求给曾经参加过 GCT 旅游的客人寄发世界各国或地区精美的旅游宣传册。客人生日时，会收到 GCT 公司发来的生日贺卡，让客人感到被重视和尊重，觉得旅行社和他很亲近。每隔一段时间 GCT 公司还会分区域举办开放日活动，与客人直接接触。届时，公司会有针对性地邀请一些客人到俱乐部、酒吧或其他一些公共场所，开展旅游讲座，宣传公司新推的旅游产品，发放广告资料，并推出优惠活动，让客人对旅行社的旅游产品加深印象并愿意再次购买。公司所采取的一系列售后服务联络手段让客人感受到 GCT 无处不在，只要去旅游，就一定会选择 GCT。

3. 建立完善的会员制度体系

第三次选择GCT出游的客人即可成为GCT的核心集团成员（简称IC Member）。IC Member是公司的生命线，是GCT重点服务的对象。GCT公司对IC Member的服务可谓是无微不至。除了前面所谈到的常规的售后服务手段，IC Member的客户档案会更加具体，每年的生日、圣诞节、感恩节等节日，IC Member会收到公司寄来的纪念品，如旅行包、雨衣、手杖、帽子等。在整个旅程中，IC Member可享受到更高级别的待遇。每到一地旅游，GCT地区经理都会给他们发出欢迎信，他们享有优先就座、优先办理登机和入住登记手续的待遇，他们可以参加专为IC Member举行的鸡尾酒招待会，并在某些商店购物时享受10%的优惠。IC Member如果能够招揽5名以上的游客参加GCT的团队旅游；还可获得免费旅游的机会。

GCT公司为IC Member所做的一切会让老顾客感到自己是企业的主人，和企业非常亲密，自然而然就会再次消费企业的产品。有数据显示，GCT公司80%以上的生意都是由IC Member和与IC Member有关的人带来的，IC Member为GCT公司带来了稳定并不断增加的客源市场。

（三）寄送意见征询单

旅游企业由于时间和人力的关系，不可能登门拜访每一位旅游者，可以在旅游者返回后给他们邮寄意见征询单。这样可以了解管理与服务存在的缺点和旅游者的需求，以便改进经营管理和服务的水平。意见征询单的条目要简要明了，可以采用让旅游者打分的方法，并附上回寄信封和邮资，提高意见征询单的回收率。

（四）赠送企业内部刊物及小礼品

当旅游者收到那份“礼物”时，也许不会太在意。但那份“小礼品”在他心中涌发出的一丝温暖却能让他真真切切地感受到旅游企业对他的尊重，同时也让他真正地记住了该企业的名字。

（五）定期拜访忠实客户

旅游企业主动向有一定规律性的老主顾（如商务旅游者）联系，向他们及时传送企业最新的经营动态和消费信息，可以让旅游者及时深入地了解和熟知该企业，询问对方是否有近期出行的计划，是否需要给他预留老房号房间，等等。

此外，对一些VIP客户（多次交往的旅游者、团体旅游的负责人、高档次高消费的旅游者等）还可以采用写亲笔信、寄生日贺卡等方法进行售后服务。

总之，售前服务、售中服务是一种及时性服务，售后服务却是一种长期性的感情投入。做好了售后服务，就可以在顾客中树起一种良好的口碑宣传，在老客户成为“回头客”的同时，也招徕了这些老客户的朋友，而这些客户的朋友也将成为旅游企业的新老朋友。

［案例分析］

客人被凳子上的铁钉刺伤了

一天下午，某饭店大堂内，有一个团队在办理离店手续，大堂副理、行李员、总台服务员一个个忙得不亦乐乎。正在此时，住在204房的某厂销售部朱经理焦急地来到大堂。“我被你们的铁钉刺伤了。”她的手捂着臀部，眼里流露出极度不安的神情。大堂副理见状便先搀扶她到沙发上坐下，并让服务员迅速送来热茶、热毛巾，然后请她把事发经过细细道来。事情是这样的：这天午餐后，朱经理回到房里在床上打了个盹。打算下午3点到市郊的一家工厂去联系业务，所以起身后稍许梳洗一番便坐到镜台前整理拎包。岂料刚坐下，臀部便被凳子上一个突出的钉子刺痛了。她用手摸一下凳子，发现海绵层中有一尖钉突出在外。大堂副理听到这儿，立即给医务室打电话。由于饭店里不能注射破伤风针，所以他请大夫马上陪朱经理到附近医院去打针，同时又迅速调来总经理专用车。大夫与客人乘上汽车后，大堂副理立即与客房经理到204房查看凳子。果然有一枚铁钉，上面有一层海绵覆盖着。客房部经理立即让服务员换了凳子，并责成服务员把房内所有用品作一次全面检查。朱经理在大夫陪同下很快回到饭店，大堂副理立即带上大束鲜花登门拜访。“由于我们工作上的疏忽，使您蒙受伤痛，我代表饭店总经理向您致以深切歉意。”他诚恳地说道：“您有什么要求尽可以告诉我，一定尽力而为。”大堂副理话音未落，服务员端上一大盘时鲜水果，果香四溢。朱经理虽受到一些皮肉痛苦、注射过破伤风针后已无后顾之忧，又目睹饭店如此诚意，她当即表示充分理解，并说，贵饭店服务一贯良好，被钉子刺伤虽不高兴，但这毕竟还是可以理解的。

讨论问题：

1. 结合本案例，讨论处理客人投诉的技巧。

2. 如果你是这位客人，你对饭店的处理满意吗？

3. 你认为这个饭店还应该在哪些方面改进服务？

思考与练习

1. 妥善处理旅游投诉有什么重要意义？
2. 引起旅游者投诉的原因有哪些？
3. 旅游者投诉时有什么心理需求？
4. 处理旅游者的投诉应该坚持什么原则？
5. 在处理旅游投诉时，应该履行的程序有哪些？
6. 旅游工作人员处理投诉有什么技巧？
7. 如何预防旅游者的投诉？
8. 简述旅游企业售后服务的主要方式。

第十五章

旅游工作者的心理卫生与保健

内容提示

- 心理健康与心理卫生的含义
- 心理健康的标准
- 旅游工作者的健康心理培养与调节方法
- 旅游工作者的心理健康教育的意义与方法

第一节 心理卫生与心理健康

健康是人类的基本需求之一，是每个人所渴望的。在日常生活中，人们常常将“健康”理解为身体上没有疾病与缺陷，认为“身体没有检查出疾病就是健康”。事实上，人们通常所说的“健康”只是指人的身体健康状况，但是人除了身体之外，还有与之密切联系的心理。我们将健康总结为生理健康和心理健康两方面的内容。一个健康的人，既要有健康的身体，还要有健康的心理。当一个人身体和心理都处于良好状态时，他才是真正健康的。世界卫生组织（WHO）将健康定义为：既没有身体上的疾病与缺陷，又有完整的生理、心理状态和社会适应能力。

一、心理健康与心理卫生的含义

（一）心理健康的含义

有关心理健康的含义，专家们就这个问题已经讨论了半个多世纪，但是至今还没有取得一致意见。有人认为心理健康指人们能高效而快乐地适应环境；有人认为心理健康应是一种积极心理状态，在这种状态下人们能够有效地适应各种环境、充分发展其身心潜能，而绝不是仅仅免于心理疾病；还有人认为心理健康表现为创造性、积极性、人格统一，有行动热情和良好的社会适应力。目前，人们比较认可的观点是：心理健康是能够使个人的潜能得到最大程度的发挥，并能妥善处理和适应人与人之间、人与社会环境间的相互关系的能力的总和。1946 年第三届国际心理卫生大会具体地指出，心理健康应该表现为：（1）身体、智力、情绪十分协调；（2）适应环境，人际交往中能够谦让；（3）有幸福感；（4）在工作和职业中能够充分发挥自己的能力，过有效的生活。

（二）心理卫生的含义

心理卫生学是探讨人类如何维护和保持心理健康的一门学科。它是心理学、卫生学和其他有关学科的多学科交叉科学。说起心理卫生，人们总会联想到“心理不健康”或“精神病”等，认为心理卫生是心理不健康的人的问题，其实这种看法是错误的。心理卫生的含义是对心理健康的维护和增进，是对心理障碍和精神疾病的预防与矫正，它更强调心理能力的增进，健全人格的培养以及社会适应和社会改造能力的提高。心理卫生是以增进人们的心理健康为目的，包括两方面的内容：一是预防和治疗心理疾病；二是促进和提高人们的心理健康水平。从人发展的角度，如何防止不良行为的产生，如何增进心理健康，涉及每个人生活的各个方面，与个体能否愉快、更卓有成效地生活密切相关。这是每个健康的人都十分关心的问题。因此，可以这样认为，维护人的心理健康是心理卫生的最终目的，心理卫生的任务是探讨人类如何维护、保持心理健康的原则和措施。心理健康教育和心理卫生教育实质上是一个概念。

二、心理健康的标准

心理健康是一个相对概念。就人的躯体而言，健康与不健康有明显的生理指标，例如，脉搏、体温等。而识别一个人的心理是否健康并不容易，一个人随时可能产生心境不良，所以个体的心理健康并不是一条直线。每个人随时随地都可能产生心理问题，心理冲突在当今社会里，像感冒、发烧一样不足为奇。评价一个人是否心理健康，常用的方法是心理测验，即根据心理学家编制的有关量表所测验的结果进行论断。

（一）心理健康的一般标准

美国心理学家马斯洛和米特尔曼在 1957 年共同出版了一本《变态心理学》，书中列举了 10 条正常人的心理健康标准。这 10 条心理健康标准，受到人们的普遍重视和引用。它们是：

（1）有足够的自我安全感；

（2）能充分地了解自己，并能对自己的能力作出适度的评价；

（3）生活理想切合实际；

（4）不脱离周围现实环境；

（5）能保持人格的和谐与完整；

（6）善于从经验中学习；

（7）能保持良好的人际关系；

（8）能适度地发泄情绪和控制情绪；

（9）在符合集体要求的前提下，能有限度地发挥自己的个性；

（10）在不违背社会规范的前提下，能恰当地满足个人的基本需求。

（二）旅游工作者的心理健康标准

参照上述心理健康的一般标准，结合旅游工作者的心理特征以及特定的社会角色，旅游工作者的心理健康的标准可概括为：

1. 认识自己，接纳自己

一个心理健康的旅游工作者，应该能够体验到自己存在的价值，既能了解自己，又能接受自己，对自己的能力、性格和特点能够作出恰当、客观的评价，并努力发展自身的潜能。

2. 较好地适应现实环境

心理健康的人能够面对现实、接受现实，并能够主动地适应现实、改造现实；对周围事物和环境能够作出客观的认识评价，并能够与现实环境保持良好的接触；对生活、工作中的各种困难和挑战都能够妥善处理。

3. 和谐的人际关系

心理健康的旅游工作者乐于与人交往，不论与同事交往还是进行客我交往，都能够认可别人存在的重要性和作用。在与人相处时，积极的态度（如友善、同情、信任）总是多于消极的态度（如猜疑、嫉妒、敌视），因而在工作和生活中有较强的适应能力。

4. 合理的行为

心理健康的旅游工作者，其行为应该是合情合理的。具体包括：行为方式与其年龄特征一致；行为方式符合社会角色；行为方式具有一贯性；行为受意识控制，等等。

[小资料]

保持良好情绪状态的方法

- 推陈出新，改变自我。人在安定的生活中，往往觉得沉闷、没有生机、提不起精神。如果适时地对稳定的习惯作些小的变动，就会有一种新鲜感。例如，对办公室进行一些小的调整，改变一下装饰；经常组织员工活动，和其他合作公司的员工交朋友，为培养员工的爱好创造条件。
- 打扮自己。经常衣冠不整，蓬头垢面，不仅影响情绪，也会使自己处于尴尬的状态。打扮无须穿高档服装，只要恰当就可以。
- 巧用颜色。为了保持自己良好的情绪，应积极去寻找、接触那些温暖、柔和而又富有活力的颜色，例如，绿色、粉红色、浅蓝色等。
- 走进大自然。大自然的奇山秀水常常能够震撼人的心灵。登上高山会顿感心胸开阔。放眼大海，会有超脱之感。走进森林，就会觉得一切都那么清新。这种美好的感觉往往都是良好情绪的诱导剂。
- 欣赏音乐。在抒情优美的音乐中，会觉得精神振奋，情绪饱满，信心倍增。
- 多接触阳光。研究表明，阴雨天，人们往往会出现情绪低落的现象，这是人受阳光照射太少而引起的，所以应该多晒晒太阳。

第二节 旅游工作者的健康心理培养与调节

一、旅游工作者的常见心理问题

（一）心理疲劳

心理疲劳是工作疲劳在心理上的体现，一般是由消极情绪、单调感和厌烦感引起的。现代旅游企业分工很细，每个人都有比较明确的权责范围，工

作内容重复性大，这就容易使员工感到单调、乏味和厌倦。心理疲劳也可能由其他原因所导致，例如，工作不如意、感情受到挫折或者遭受了打击等。心理疲劳一般会产生很多不良的后果，会导致员工郁闷消极、工作积极性降低、能力和技术得不到正常水平的发挥等。

[微型案例]

忧郁的导游员

导游员小于最近心情很烦躁，因为他工作的旅行社要裁员，而且女朋友对他的态度也忽然变得冷漠了。这使他不知所措，低落的情绪状态，严重影响了他的工作，他所带的旅游团的客人常常对他投诉。客人反映，他每天都拉长了脸，像谁欠了他钱似的。在导游过程中，面部毫无表情，总是和客人保持着很远的物理距离和心理距离，常常出现客人找不到他的情况。由于他没有明确、清楚地通知客人上船游小三峡的具体时间、地点，使两位老先生错上了其他旅游团队的船，让大家等待、寻找了一个上午。结果，大大影响了旅游团客人的游兴，大家集体向旅行社投诉他的不负责任行为。

（二）焦虑心理

焦虑指一个人由于对事业、感情等各方面的渴望和追求所产生的压力，从而导致心理上的担忧。焦虑已经成为现代人普遍的“心病”，有人甚至说现代社会是一个“焦虑的年代”。焦虑可以源自许多事情：工作压力、人际关系、经济问题、孤独、交通阻塞，等等。由于饱受生活压力与困扰，每个人或多或少都有紧张焦虑的体验。焦虑一般包括现实性焦虑、精神性焦虑和神经性焦虑三种情况。焦虑心理压力过大，会影响员工的工作绩效。

（三）情感障碍

旅游企业的一个非常明显的特点是年轻人的比例很高。年轻的员工正处于走向成熟的过程之中，内心的矛盾冲突通常很严重。他们有很多心理、生理上的需求，其中最明显的表现在情感上。他们希望与年轻的异性交往和接触，希望引起异性的关注，获得对方的友情或者爱情，对感情抱有很多美好的幻想。因此，青年人的感情障碍主要体现在过早恋爱、恋爱动机不端正、失恋后心理行为障碍等。

（四）神经衰弱

心理压力过大，可能会导致易兴奋、易激怒、易疲劳、易衰竭等心理反应。首先的表现为大脑功能衰弱，对微弱的刺激非常敏感；其次表现为情绪上的波动，例如，紧张、烦恼等；最后出现是头痛、失眠等其他肌肉紧张性疼痛。旅游企业的中高层管理者出现在这方面的问题相对比较严重。

（五）性格偏执

多种不良的心理因素综合作用一般会形成性格偏执，可能会产生和现实不符合的固执要求。这在旅游企业的青年员工中表现得比较明显，主要行为表现为孤僻、嫉妒、自卑或者虚荣。

二、旅游工作者的健康心理培养

（一）正确对待心理疾病

来自工作和生活的压力对人的心理冲击是导致心理疾病的主要原因。只要有压力存在，就有可能产生心理疾病，这是很正常的现象，不应该有自卑感。同时，心理疾病并不是不可避免的，只要平时加强心理素质的训练，培养坚强的个性、豁达的心胸，心理疾病是可以预防的。

（二）坚持健康的生活方式

在日常工作和生活中，要遵循一定的行为规律，养成良好的工作和生活习惯。在生活上，要做到早睡早起，睡眠合适；每日三餐要有规律，并注意饮食搭配，营养均衡；要多参加体育锻炼，保持健康的体魄，不要盲目追求“时尚”而损害自己的健康。

（三）提高自我认识的水平

1. 全方位地剖析自己

树立正确的自我意识，对自己的能力、气质和性格等方面进行客观的评价。这样，一方面能够认识到自己的优点，充分挖掘自己的潜能；另一方面也可以认识到自己的缺点和不足，并能够正确对待之。

2. 确定正确的评价和比较标准

片面地认为自己好或者不好都是不对的，因为每个人都有自己的缺点和优点。如果自己在某一方面不如别人，也不要自卑，要看到自己其他方面的长处。

3. 确定恰当的目标

在确定自己奋斗目标的时候，要根据自己的实际情况量力而行。太低的目标无法激发斗志，太高的目标容易带来挫折感，有可能引起心理上的疾

病。

（四）讲究心理卫生

旅游工作者一方面要注意用脑卫生，做到劳逸结合；另一方面要增强情绪的控制能力。要注意保持良好的情绪，如果出现消极的负面情绪，就要注意以积极的方式调整自己的心态，尽可能避免心理失调或心理疾病的发生。

三、旅游工作者的健康心理调节

旅游工作者如果发现自己的情绪状态不佳，可以通过宣泄调节、简易入静等方法等进行调节，以达到改变自己情绪状态的目的。

（一）宣泄调节

宣泄调节法是指通过感情的宣泄来减轻心理负荷。人之所以会陷入消极的情绪状态，除了未能获得预期的满足之外，另一个最常见的原因，是那些想表达而又未能表达的感情已经成了心理上的沉重负担。一个人如果能够痛痛快快地把它表达出来，就会感到轻松了许多。所谓“宣泄”，就是指这种能够减轻人的心理负荷的“痛痛快快的表达”。

旅游工作者在工作中必须以大局为重，即使受了委屈，也不能闹情绪。特别是在面对面地为客人提供服务的时候，有了委屈也决不能向客人发脾气。但是人又不能总是克制自己的感情，而不给自己一个表达的机会。如果一直这样，心理、生理和行为上必将产生不良的后果。旅游工作者应该让自己的感情既有克制的时候，也有宣泄的时候；该克制时要克制，该宣泄时要宣泄。

无论在客人面前，还是在领导面前，受了委屈之后，就应该找一个合适的对象倾诉一下自己的感受，不要总把它“憋”在心里。如果需要采取“攻击性行为”来宣泄，就应该用象征性的攻击来代替真正的攻击。可以做一个玩偶，把它设想成为自己“憎恨”的那个人，痛痛快快地骂它一顿，甚至挥起拳头狠狠地揍它一顿。这些象征性的攻击不会使自己的同志、朋友和客人受到伤害，却可以使自己因为已经得到了宣泄而平静下来。

[小资料]

良性心理宣泄

心理宣泄可以分为两大类别：一类是不良心理宣泄；一类是良性心理宣

泄。不良心理宣泄往往危害社会和家庭，甚至酿成杀人、伤害等违法犯罪行为。而良性心理宣泄，则有利于不良情绪的减轻和消除。良性心理宣泄主要有6种方式：

1. 倾吐式宣泄。向父母、恋人、兄弟姐妹、老师、亲朋好友等信得过的人倾吐真情，以便获得帮助，得到理解和感情的接纳，使自己的不良感情得以宣泄，精神得以解脱。

2. 出气式宣泄。踢球、用木棒击打枕头、沙袋、撕碎废纸等，以物出气，达到心理平衡。

3. 娱乐式宣泄。外出旅游、参加舞会、看电影、打麻将、玩扑克、下棋等娱乐，使不良情绪得以转移。

4. 哭泣式宣泄。哭泣是宣泄不良情绪常见的方式，尤其是女性。大声哭泣，发泄愤怒和不快，使心理得到平衡。

5. 求医式宣泄，找心理咨询部门或心理医生求治。

6. 追求式宣泄。到理发店理发、美容；到洗浴中心或浴池洗浴，或者参加文学或艺术创作，以追求美的享受，使心理达到平衡。

（二）简易入静

旅游工作者经常觉得自己总是静不下来，即使有休息的时间，也不能充分地休息，特别是很难真正地感受到内心世界的宁静。

要想让自己“静下来”，首先要通过肌肉的放松和呼吸的放松，使全身处于非常放松的状态。没有“松”，也就没有“静”。“入静”的要点是：坚持以旁观者的态度对待一切。闭上眼睛，对一切刺激都坚持无动于衷，什么都不要想。旅游工作者应该有拿得起、放得下的豁达心态，而“入静”就是要在一段时间内，把一切都放下。

“入静”的意义在于它能使人进入一种既不是睡眠，又不同于平常清醒时的心理状态。只有真正进入过这种状态的人，才会知道它究竟是一种什么样的状态，才会知道它能给人带来多么美妙的体验，以及它对于维护人的身心健康有多么重要的意义。

（三）合理克制

在旅游服务工作过程中，由于旅游工作者的心理受到各种主客观因素的影响，不愉快的事情经常发生。在这种情况下，稍有不慎就很可能把心中的怨气发泄到客人身上，影响服务质量。有意识地控制调节或者转化自己的情绪，取决于旅游工作者自制力的强弱。如果有良好的自制力，就能做到“有理让三分”，得到客人的谅解。

自制力是一种意志力，是自尊、自爱和自重的表现。为了提高自制力，旅游工作者在日常生活中可采用以下几种方法进行训练：

1. 回避刺激法

遇到可能使自己失去自制力的刺激时，应该竭力回避。例如，如果隔壁有人骂自己，不要侧耳去听，而是要外出散步，刻意回避。

2. 积极补偿法

积极补偿法就是利用愤怒激情所产生的强大动力，找一件自己喜欢的工作埋头猛干，或拼命读书，或伏案疾书，使消极情绪得到充分释放的方法。

[小资料]

心理保健十法

- 返老还童法。常回忆童年趣事，拜访青少年时的朋友，故地重游，旧事重提，仿佛又回到童稚时代。
- 精神胜利法。要不服输，遇到挫折或失败，不灰心丧气，保持旺盛精力，从精神上、行动上战胜挫折。
- 腾云驾雾法。读书、看电影、看电视或听人讲话，要专心致志，并随之腾云驾雾似地将思维扩展开去。
- 异想天开法。极力把自己想象成是实践者，摆脱观赏者的地位，做主人，莫做客人。
- 投机取巧法。每天要尽量省时、省力和节约，想出新的办法解决各类问题。
- 贪得无厌法。对知识的获取永远不要满足，每天的计划要排满，使自己的生活充实而丰富。
- 到处伸手法。广交朋友，乐于为大家办好事，做一个社交家和外交家。
- 广采博集法。要培养广泛的兴趣，用钓鱼、养花、书法、绘画以及收藏各种物品等活动丰富自己的生活。
- 平心静气法。遇到不愉快、生气的事，不要发脾气或急于行事，首先要平心静气10分钟。

● 见异思迁法。要喜欢新鲜的、奇特的、未知的事物，并接近它、研究它、掌握它。

第三节
旅游工作者的心理健康教育

一、与旅游工作者岗位相适应的心理健康教育

对刚刚走上工作岗位的旅游工作者而言，每个人都面对着一个全新的世界，无论是生活环境、工作环境，还是个人社会角色都发生了很大变化。研究表明，旅游工作者的许多心理问题，都与其早期的适应不良有关。因此，做好新员工的心理健康教育工作，有效地帮助他们尽快适应新的工作环境，是旅游企业心理健康教育的重要内容。

（一）新员工角色的改变

新员工第一次走上工作岗位后，所面临的一切都是陌生的：生活环境发生了变化，人际环境发生了变化，学习内容和方式发生了变化，角色地位也发生了变化。参加工作就意味着某种形式的独立，周围的人会用一种成人的眼光来看待他们，对他们生活的独立性、社会的责任感都提出了更高的要求。总之，这些新员工在新的环境中，面临着一个重新评价自己和他人，重新确立自我观念的过程。

（二）新员工的心理适应问题

刚走上工作岗位的员工在心理上都存在着一系列的矛盾和冲突，会出现很多不适应，这些矛盾和冲突主要表现为：

1. 渴望交往与自我封闭的矛盾

新上岗的员工大多正处于青年初期，随着他们自我意识的不断发展，渴望与人交往，希望被同事、社会接纳的需要也日益强烈。但有些员工性格内向，不会与人主动交往，但又渴望别人能够理解自己、渴望别人能与自己交流。如果这种需求得不到满足，就会感到无所寄托，产生孤独感。

2. 自豪与自卑的内心冲突

新员工如果工作积极努力，得到同事和上级领导的表扬，自豪感就会油然而生。也有一些旅游工作者，尽管他们也在自己的岗位上不断努力和钻

研，但是由于种种原因，其结果并不尽如人意，于是他们在心理上就产生了一种自卑感，使自尊心受到沉重的打击，严重者甚至可能会导致失眠、神经衰弱和抑郁症等生理和心理症状。

3. 理想与现实的矛盾

很多新员工都把新的工作岗位想象成为理想的天堂，但是工作一段时间后，会逐渐发现各种各样的不合适和不满意之处，例如，生活安排不好，上下班不方便，工作太辛苦，对本职工作不太感兴趣，等等。这是因为他们把现实的工作当作理想的仙境，把现实世界理想化，给现实赋予了极高的色彩，因此当二者出现矛盾的时候，这些员工就会产生低落的情绪，不能安心地工作。

4. 独立与依赖的矛盾

当代的中国社会是独生子女的时代，大多数青年人都是在家娇生惯养出来的，从小到大都受到外界的帮助和鼓励，不善于独立解决问题。因此很多青年员工都有很强的依赖感，遇到事情不知所措，不知道如何料理自己的生活，不会与他人打交道，等等。这些心理上的不适应和对出现的问题不知所措，很容易导致心理障碍或疾病。

5. 富于思考与认识偏激的矛盾

由于新员工的社会阅历比较肤浅，社会经验匮乏，所掌握的知识数量与分析问题的能力有限，因此他们对一些纷繁复杂的社会现象的认识和判断不免有些偏颇，甚至在认识和情绪上走向极端。

（三）帮助新员工调整自己，适应新的生活模式

针对员工面临的诸多挑战，应该帮助员工从以下几方面入手来调整其心态：

1. 提高生活自理能力

随着员工中独生子女的增多，培养员工的自理能力已经成为新员工上岗适应的第一步，也是将来他们独立走向社会、适应社会生活的重要一课。

2. 学会以平等的态度对待自己和他人

新员工中存在的许多人际关系方面的问题，往往是由于他们各自的生活风格和行为习惯方面的差异引起的。要消除人际交往中的误解和不快，首先要树立与别人平等交往的态度，即使自己的看法是正确的，也不能简单地要求别人按自己的模式去做。另外，还要开阔生活空间，在积极的交往中促进同事间的沟通，并注意交往的技巧。

3. 正确地认识和评价自己

在新的环境中，要真正认识自己的实力，客观地对待别人和自己的长处和不足。只有承认人人都有各自的优势和不足，才能客观地评价自己和他人，吸取他人的优点。在认识到个人在某些方面存在不足的同时，仍能够保持自信。

[小资料]

酒店如何给员工减压

有一个压力管理的小故事：培训师在课堂上拿起一杯水，然后问台下的听众："各位认为这杯水有多重？"有人说是半斤，有人说是一斤，培训师则说："这杯水的重量并不重要，重要的是你能拿多久？拿一分钟，谁都能够做到；拿一个小时，可能觉得手酸；拿一天，可能就得进医院了。其实这杯水的重量是一样的，但是你拿得越久，就越觉得沉重。这就像我们承担着压力一样，如果我们一直把压力放在身上，不管时间长短，到最后就觉得压力越来越沉重而无法承担。我们需要做的是放下这杯水，休息一下后再拿起这杯水，这样我们才能拿得更久。"

在酒店管理中，应该提倡关心人、爱护人、安慰人，用平等的姿态与员工沟通、交心，把员工作为伙伴和朋友，而不是看成管理的对象。要努力构筑体贴、关怀的管理方式，减轻员工的心理压力，为他们创造和谐的工作环境。

由于酒店的工作分工不同，员工日常接触管理层的机会不多，但是网络使员工与酒店管理层沟通更为直接、有效，酒店可以在内部局域网上建立员工的个人主页、BBS论坛、聊天室、建议区及公告栏等，这样员工的不满情绪就有了发泄的地方，酒店管理者也可以随时了解到员工的心声。

每个人都会犯错误，酒店的管理者应该允许员工犯错误。当员工不小心犯了错误，例如，餐厅员工滑了一跤，摔碎了盘子，管理者不能简单地指责、处罚员工，而应该立即组织人力清理好现场，安抚客人，同时询问员工是否受伤，找出问题所在，加以改进，使员工在充满感激的同时找回工作信心。

酒店的服务工作具有单调性和重复性，为了避免员工产生枯燥感和压抑感，酒店可以设立知识主管的职位，根据员工的能力、兴趣、爱好与需要，为他们策划职业生涯发展计划，安排其升职道路、转职培训，使他们的个人发展与酒店的可持续发展得到最佳的结合。

二、旅游工作者人际交往的心理健康教育

每个人都有人际交往的需要，良好的人际关系不但可以稳定情绪，给人以安全感、归属感，还有助于个体自我意识的深化发展。就旅游工作者所处的人生阶段来说，交往的需要在其心理构架中占有突出的位置。因此，培养旅游工作者的人际交往能力是其走向社会所必修的一课。

（一）旅游工作者人际交往的特点

旅游工作者人际交往的特点是由其自身的条件所决定的。旅游工作者的文化层次相对较高，身心趋于成熟，重感情，好幻想，因此在人际交往上通常表现为：追求平等，注重精神领域的交流，情感性强，富于理想。这就容易产生理想与现实的矛盾，导致心理上的困惑和苦恼。

（二）旅游工作者人际交往中的心理不适应

人际关系、社会的复杂性和旅游工作者心理的单纯性，通常会使部分旅游工作者在交往过程中遭受挫折，产生各种各样的心理不适，影响他们正常的人际交往。总体上，旅游工作者由于人际交往所产生的心理不适主要表现为认知、情绪和人格障碍三个方面。

1. 人际交往中的认知障碍

人们走上工作岗位后，其人际关系不再局限于建立友谊这一个层面，而是要求个体要学会与形形色色的人打交道，使自己的行为模式逐渐走向成熟，符合社会的要求。但是有些员工在开始新生活的时候，仍然按照原来的方式进行人际交往，在认识和评价人的过程中常常带有主观、极端和简单化的倾向，因此，在与人交往中，一旦不符合自己的意愿，便会产生交往障碍。

2. 人际交往中的情绪障碍

旅游工作者在人际交往的过程中，具有很强的情感性，因此他们对人的社会认识极易受情绪波动的影响，对人的看法常常大起大落，呈现出不稳定的状况。例如，社交中的恐惧、愤怒和嫉妒等都是影响正常人际交往的情绪障碍。

3. 人际交往中的人格障碍

人际交往中的自卑、怯懦、偏执及性格上的一些缺陷，往往与个体不正

确的自我评价有关。例如，有些人有肯定自我、保护自我的强烈要求；有些人过分自傲，否定他人；有些人则自私、卤莽、高傲孤僻。这些势必会对人际交往的正常进行产生负面影响

（三）旅游工作者人际交往能力的培养

良好的人际关系可以给人带来欢乐，不良的人际关系则会给人带来痛苦和烦恼。因此，旅游工作者应该加强社交能力的培养与训练，提高和完善人际交往能力，享受良好人际关系所带来的快乐。

1. 培养旅游工作者的交往意识和技能

有了良好的交往意识，才能主动与人交往，避免交往中的被动和自我封闭。培养交往意识主要是培养勇于交往、善于交往和正确交往的动机。其中，包括掌握交往的原则、技巧等一系列内容。

2. 克服交往中的认知障碍

改善人际关系，首先要改变自己，要通过改变自己来改变别人。在人际交往过程中，旅游工作者应该学会反省自己在人格、情绪、认知等方面的不足之处，并有意识、有步骤地加以改进。同时，有意识地拓宽自己的交往视野，力争全面、客观地认知对方，也是非常必要的。

3. 寻求具体方法来解决人际关系问题

可以采用感受性训练方法，即培养员工对他人情感的高度敏感性。也可以采用角色扮演方法，即让员工模拟现实问题，站在不同的立场上来处理问题，以便了解别人的需要、感受，从而改善对待他人的态度。

三、旅游企业要重视维护旅游工作者的心理健康

（一）加强企业内部沟通

1. 加强旅游企业员工之间的人际交往

为了使企业员工之间的人际关系融洽，首先，企业管理者要努力营造良好的企业氛围，使员工能够有很强的集体荣誉感、凝聚力和向心力，在员工之间形成和睦团结、和衷共济的氛围。其次，旅游企业要经常举办一些形式活泼的活动，例如，户外篝火晚会、野外拓展训练等，以增进员工之间的感情。

2. 加强员工与企业之间的交流

旅游企业管理者要注意倾听员工的心声，经常开展双向互动交流活动。“金无足赤，人无完人”，管理者在工作中也有很多不足之处，员工会因此

而产生一些不愉快的情绪。企业管理者可以采取在企业网站上开辟专栏、定期举办座谈会、找个别员工单独交谈等方式，融洽员工和管理者之间的关系。

（二）帮助员工解决生活上的困难

心理上的疾病有时候是由于生活上的困难造成的，例如，家庭背景不好的员工的性格会比较内向，家里出了变故的员工容易把情绪带到工作中。虽然员工家庭里的许多事情是企业力所难及的，但是企业应该尽量照顾家庭困难的员工，帮助他们解决一些生活上的困难，解除员工的后顾之忧，减少员工的心理负担，使其工作更加积极。在工作的安排上，要尽量科学合理，每一班次工作的时间不宜过长，以免造成工作效率低下。

（三）重视青年员工的思想道德教育

旅游企业中青年员工的比例一般都比较高。青年时期是人的心理和生理逐渐成熟的时期，是人生最充满生机的时期。但是，青年人的情绪强烈，感情丰富，很容易出现情绪上的不稳定，因此旅游企业要加强对青年员工进行思想品德教育。例如，定期为青年员工举办人生哲理知识讲座，引导员工树立科学的世界观和人生观；对青年员工的异常心理，要注意引导，加强调节；及时地对青年员工的不良情绪进行疏导。

[小资料]

EAP与酒店员工情绪管理

EAP（Employee Assistance Program）直译为员工帮助计划。它是由企业为员工设置的一套系统的、长期的福利与支持计划，通过专业人员对组织的诊断、建议和对员工及其直属亲人提供的专业指导、培训和咨询，旨在帮助解决员工及其家庭成员的各种心理和行为问题，提高员工在企业中的工作绩效。

第一，做好职业心理健康宣传，对员工进行心理健康测试。面临困难和挫折时，心理健康的人往往能够控制和调节自己的情绪，积极、正面地面对，表现出很强的社会适应能力和应对能力；反之，心理不健康的人往往情绪低落，忧郁不振，在困难和挫折面前怨天忧人，自暴自弃，甚至出现过激行为。而员工个人往往对于自己的心理健康问题没有明确的认识，因此应该利用宣传栏、酒店内部刊物、自助卡、健康知识讲座等多种形式使员工关注心理健康、正视心理问题。鼓励员工遇到心理困扰时积极寻求帮助，而不是消极自闭；同时定期由专业人员采用专业的心理健康评估方法评估员工心理健康质量现状，并找出健康问题产生的原因，对症下药，及时将问题解决于萌芽状态。

第二，减少外部压力源对员工的侵害，改善工作环境，对服务流程进行科学合理的再设计。设法为员工建立一个积极的、健康的工作环境，减少或消除导致职业心理健康问题的因素。一方面改善工作的物理环境，例如，在员工休息室播放柔和轻快的背景音乐；另一方面，通过组织结构变革、领导力培训、团队建设、岗位轮换、员工生涯规划等手段改善工作的软环境，丰富员工的工作和业余生活内容，为员工指明职业发展方向。

第三，对员工和管理者进行心理培训。将心理学的理论、理念、方法和技术应用到酒店日常管理和企业拓展训练活动中。通过设置系列课程如压力管理、挫折应对、心态调整、社会支持、人际沟通技巧、教练技术等，对管理者和员工进行心理卫生的自律训练、性格分析和心理检查，使其了解职业心理健康知识，掌握心理素质提高的基本方法，增强心理承受能力。同时通过培训使管理者掌握员工心理管理的技术，在员工出现心理困扰问题时，能够快速找到适当的解决方法。

第四，组织多种形式的员工心理咨询和疏导。对于受心理问题困扰的员工，通过心理咨询热线、网上咨询、个人面询等形式提供有效的个性化心理辅导服务，使员工更易接受心理咨询，及时解决心理困扰和烦恼，使其能够保持较好的心理状态去生活和工作；设置放松室、发泄室、茶室或组织员工参加足球等剧烈的体育活动缓解员工的紧张情绪，进行有效的宣泄疏导；此外还可以采用补偿疏导，例如，帮助员更新工作目标，更换工作环境或进行实质性补偿，设立委屈奖；为每一位员工建立心理健康档案，度身制订个性化的心理健康疏导方案等。

［案例分析］

长春市导游培训增设心理辅导课

没有固定工资、时常面对各色人群、随时应对突发事件，这些压力的确让看似风光的导游员有些难以承受。长春市某旅行社的工作人员认为，导游员的压力是全方位的。例如，在旅游过程中，游客都讨厌进购物店，但是导游员是执行者，必须按照旅行社安排的行程走。如果游客理解导游员，压力还会小一些，但是如果游客强烈抵触，导游就完全处于弱势。“你体会过被人指着鼻子骂还要保持微笑的感觉吗?”说到两年来的导游生涯，曹小姐不禁潸然泪下。“旅游行程是旅行社制定的，游客是前台接待人员拉来的，合同也是游客和旅行社签订的。导游员就是陪同游客按照行程旅游，照顾游客在旅途中的生活，确保不发生意外情况。可是，旅游活动中只要出现问题就是突发事件，导游员就像救火队员一样。如果能平息事件就是好导游，稍有差错，游客说你不负责任，旅行社说你失职。压力实在太大了”。

如何正确调节疲惫的心态是导游从业人员必须面临的问题。长春的一个心理咨询室的老师直言：“实际上导游行业对从业人员的性格有很特殊的要求。性格内向的人很难从事这种个性张扬的工作。据我了解，导游工作既要考虑旅行社的利益，还要考虑游客的利益，所以，在面对压力时，更需要释放。比如向朋友倾诉、在工作过程中与合作者分担压力、获得他人的支持都是很好的减压方式。业余时间，导游员应该注意休息，用幽默的方式调整心态，或者用运动的方式放松身心。在生活中最简单的减压方式就是微笑，让自己的嘴角向上挑、做深呼吸，通过调节面部肌肉的方式来减轻心理压力。”

长春市旅游质监所所长则表示，从今年的导游员年审培训开始，培训内容中将增加心理学知识，请心理咨询专家为长春市登记在册的大约1600名导游员进行培训。她说：“这项培训内容不是短期效应，而是长期的。希望通过此项培训让长春市的导游员增强自我心理调节的能力。”

（资料来源：《城市晚报》，2007年4月4日，有改动。）

讨论问题：

1. 导致导游员心理压力过大的原因是什么？
2. 结合案例，分析缓解和减轻旅游工作人员心理压力的方法和措施。

思考与练习

1. 简述心理健康和心理卫生的概念。
2. 心理健康的一般标准是什么？

3. 旅游工作者心理健康标准是什么？
4. 旅游工作者常见心理问题有哪些？
5. 如何培养旅游工作者的健康心理？
6. 旅游工作者心理调节方法有哪些？
7. 旅游企业如何维护员工的心理健康？
8. 阐述旅游工作者心理健康教育的基本内容。